# 高级财务会计（三）

主　编：张劲松　李　文

副主编：王宇慧

HEUP 哈爾濱工程大學出版社

## 内容提要

本书是在中级财务会计的基础上结合2014年新发布及修改的会计准则，对特殊业务会计的理论、方法和程序进行了阐述。重点介绍了外币会计、所有税会计、上市公司会计信息的披露、租赁会计、衍生金融工具会计、企业合并的账务处理、购并日的合并财务报表、购并日后的合并财务报表、通货膨胀会计概述、一般物价水平会计、现时成本会计、清算会计。本书的目的是扩展学员的会计理论知识，掌握在我国已经成熟或较为成熟的特殊业务会计，并为研究今后可能不断出现的新的特殊业务会计奠定基础，以满足社会对会计人才的需要。

本书资料详实，理论讲解全面、深入，具有较强的实用价值，可供大专院校及自学考试作教材，也可作为从事会计实务工作者拓展知识的参考书。

**图书在版编目(CIP)数据**

高级财务会计.3/张劲松，李文主编.—哈尔滨：哈尔滨工程大学出版社，2015.5

ISBN 978-7-5661-1039-8

Ⅰ.①高… Ⅱ.①张…②李… Ⅲ.①财务会计 Ⅳ.①F234.4

中国版本图书馆CIP数据核字(2015)第102868号

---

**出版发行** 哈尔滨工程大学出版社
**社　　址** 哈尔滨市南岗区东大直街124号
**邮政编码** 150001
**发行电话** 0451-82519328
**传　　真** 0451-82519699
**经　　销** 新华书店
**印　　刷** 哈尔滨市石桥印务有限公司
**开　　本** 787mm×1 092mm 1/16
**印　　张** 14.75
**字　　数** 383千字
**版　　次** 2015年5月第1版
**印　　次** 2015年5月第1次印刷
**定　　价** 38.00元
http://www.hrbeupress.com
E-mail:heupress@hrbeu.edu.cn

# 前　　言

为了适应我国企业和资本市场发展的实际需要，财政部在2014年对会计准则进行了大规模修订，相继修订4项具体会计准则，并发布3项新准则，同时修改了《企业会计准则——基本准则》。7项具体会计准则统一于2014年7月1日起在所有执行企业会计准则的企业范围内施行，实现了我国企业会计准则与国际财务报告准则的持续趋同。

本书是以新发布及修订的准则为背景，研究中级财务会计没有研究的问题，在内容上定位于“特殊业务”的会计理论与方法，同时兼顾会计实践中新产生的需要在理论上予以说明的问题。

全书共分为十二章，由张劲松、李文担任主编，王宇慧担任副主编。具体分工为：第一章、第六章由张劲松编写，第二章、第三章由李文编写，第四章、第十二章由谷丰编写，第五章由姜慧编写，第七章、第八章由陶海军编写，第九章由李沐瑶编写，第十章、第十一章由王宇慧编写。全书由张劲松进行总纂。本书编写过程中得到了于海凤、柳佳及王宗婉的大力帮助，同时还参考了诸多国内的其他教材，谨在此表示诚挚的感谢。

由于水平有限，书中难免出现错误、疏漏和不当之处，恳望读者、学界前辈及同仁不吝赐教，以便匡正。

编者

2015年5月

# 目　　录


**第一章　外币会计** …… 1

第一节　外币业务概述 …… 1

第二节　外币交易的会计处理 …… 3

第三节　外币财务报表的折算 …… 10

复习思考题 …… 13

**第二章　所得税会计** …… 16

第一节　所得税会计概述 …… 16

第二节　资产、负债的计税基础及暂时性差异 …… 17

第三节　递延所得税负债和递延所得税资产的核算 …… 29

第四节　所得税费用的计算和账务处理 …… 32

复习思考题 …… 37

**第三章　上市公司会计信息的披露** …… 40

第一节　上市公司信息披露概述 …… 40

第二节　分部报告 …… 44

第三节　中期财务报告 …… 49

第四节　关联方披露 …… 51

复习思考题 …… 54

**第四章　租赁会计** …… 55

第一节　租赁会计概述 …… 55

第二节　经营租赁业务会计 …… 59

第三节　融资租赁业务会计 …… 62

第四节　售后租回交易 …… 72

复习思考题 …… 75

**第五章　衍生金融工具会计** …… 77

第一节　金融工具会计概述 …… 77

第二节　衍生金融工具一般业务的核算 …… 80

第三节　套期保值的核算 …… 84

第四节　权益工具的核算 …… 90

第五节　衍生金融工具列报 …… 91

复习思考题 …… 93

**第六章　企业合并会计(一)——企业合并的账务处理** …… 95

第一节　企业合并概述 …… 95

第二节　同一控制下企业合并的会计处理 …… 99

第三节　非同一控制下企业合并的会计处理 …… 104
复习思考题 …… 113
**第七章　企业合并会计(二)——购并日的合并财务报表** …… 116
第一节　合并财务报表概述 …… 116
第二节　合并财务报表的合并范围 …… 119
第三节　企业合并控制权取得日合并财务报表的编制 …… 123
**第八章　企业合并会计(三)——购并日后的合并财务报表** …… 133
第一节　集团内部经济业务事项的分类及抵销项目 …… 133
第二节　同一控制下取得子公司合并日后合并财务报表的编制 …… 137
第三节　非同一控制下取得子公司合并日后合并财务报表的编制 …… 149
第四节　内部商品交易的抵销处理 …… 165
第五节　内部债权债务的抵销处理 …… 171
第六节　内部固定资产交易的抵销处理 …… 172
第七节　内部无形资产交易的抵销处理 …… 177
第八节　合并现金流量表的编制 …… 179
**第九章　通货膨胀会计(一)——通货膨胀会计概述** …… 183
第一节　通货膨胀会计的产生 …… 183
第二节　通货膨胀会计的模式 …… 185
第三节　通货膨胀会计的理论和方法 …… 186
**第十章　通货膨胀会计(二)——一般物价水平会计** …… 190
第一节　一般物价水平会计的程序 …… 190
第二节　一般物价水平会计的评价 …… 198
**第十一章　通货膨胀会计(三)——现时成本会计** …… 202
第一节　现时成本会计的程序 …… 202
第二节　现时成本会计评价 …… 209
第三节　现时成本与一般物价水平结合会计 …… 210
**第十二章　清算会计** …… 214
第一节　清算会计概述 …… 214
第二节　普通清算的会计处理 …… 218
第三节　破产清算的会计处理 …… 222
**参考文献** …… 227

# 第一章 外币会计

本章主要介绍了外币业务的概念、内容及外币交易会计处理的方法和外币报表折算的方法。

**【考核知识点】**

汇率的分类和标价方法;外币账户的设置;外币交易核算的基本程序;记账本位币的确定、外币业务的日常账务处理;资产负债表日及结算日有关货币性项目与非货币性项目的调整;境外经营记账本位币的确定;外币财务报表折算的一般原则。

**【重要概念】**

外币　汇率　记账本位币　外币交易　外币报表折算

## 第一节 外币业务概述

### 一、外币交易的相关概念

1. 外币与外汇

外币与外汇是两个概念,外汇包括外币。

外汇是指以外币表示的用于国际结算的支付手段,包括可用于国际支付的特殊债券、其他外币资产。

外币,“外国货币”的简称,有狭义和广义之分,狭义是指本国货币以外的其他国家或地区的货币;广义是指所有以外国货币表示的能用于国际结算的支付凭证。

2. 外币和记账本位币

记账本位币是指企业所选定的登账货币,而外币则是记账本位币之外的货币。所以二者是个相对的概念。本书以下所称外币是指记账本位币以外的货币。

3. 外币业务及外币账户

外币业务:凡是以外币计价的业务,均为外币业务。

外币账户:反映外币收支的账户,主要包括外币现金、外币银行存款、外币应收账款、外币应付账款等。外币账户的最大特点是其价值大小受汇率波动的影响。

### 二、汇率的分类和标价方法

#### (一)汇率的种类

1. 买入汇率和卖出汇率

由于大多数外汇交易都与银行发生关系,因此,汇率总是从银行买卖外汇的角度进行标价的。银行从客户买入外汇的汇率叫买入汇率,也称买入价。银行向客户卖出外汇的汇率叫卖出汇率,也称卖出价。买入汇率和卖出汇率的平均数,称为中间汇率或中间价。在直接标价法下,卖出价高于买入价;而在间接标价法下,卖出价要低于买入价,其间的差额即为银行外汇的毛利。

例如，德国外汇市场上美元对德国马克的汇率，买入价为 US ＄ 1 = DEM 1.648 5，卖出价为 US ＄ 1 = DEM 1.649 5，其间的差额为每 1 美元 0.001 0 德国马克，通常称为卖出价高于买入价 10 点，此处，每一“点”为百分之一的“百分之一”。

2. 现时汇率和历史汇率

现时汇率也称即期汇率，是指当前外币经济业务发生时的当天汇率，或当前编制财务报表时的当天汇率。企业发生外币经济业务时所采取的记账汇率，往往是现时汇率（有时为了简化，也可以采用当月 1 日的汇率）。历史汇率是指最初取得外币资产或最初承担外币负债时的汇率，也即经济业务最初发生时的汇率。一般指已登记入账的账面汇率，即过去的记账汇率。现时汇率与历史汇率是相对的，目前的现时汇率经过一段时间之后，也就成了历史汇率。

3. 即期汇率和远期汇率

即期汇率也称现时汇率，是指在外汇买卖成交后立即或最迟不超过两个营业日进行交割的汇率，即现汇交易中即期交割的汇率。目前通常是指中国人民银行公布的当日人民币外汇牌价的中间价。即期汇率的近似汇率，是指按照系统合理的方法确定的、与交易发生日即期汇率近似的汇率，通常采用当期平均汇率或加权平均汇率等。企业通常应当采用即期汇率进行折算。汇率变动不大的，也可以采用即期汇率的近似汇率进行折算。

远期汇率也称期汇汇率，是指外汇买卖双方订立外汇买卖契约，事先约定在将来的一定时日据以交割的外汇汇率，即期汇交易中采用的汇率。约定后，不论到期时日的即期汇率涨跌如何，均按原定的约定汇率交割。

### （二）汇率的标价方法

1. 直接标价法

直接标价法又称应付标价法，是指每单位外国货币可兑换的本国货币的金额。或者说，是以一定单位的外国货币为标准，来计算应付若干单位的本国货币。例如，我国将人民币对美元的汇率表示为：US ＄ 100 = RMB ¥625.6，即为直接标价法。在直接标价法下，外汇汇率的升降与本国货币标价数额的增减趋势一致。如果兑换一单位外国货币所支付的本国货币比以前多，表明外国货币的币值上升，本国货币的币值下降；反之，表明外国货币币值下降，本国货币币值上升。

2. 间接标价法

间接标价法又称为应收标价法，是指每单位本国货币可兑换的外国货币金额。或者说，是以一定单位的本国货币为标准，来计算应收若干单位的外国货币。在间接标价法下，外汇汇率实际上是以其他国家货币表明的本国货币的价格。如果兑出一单位本国货币收回的外国货币比以前少，表明外国货币币值上升，本国货币币值下降；反之，表明外国货币币值下降，本国货币币值上升。英国和美国采用间接标价方法，但美元兑换英镑采用直接标价法。

## 三、外币账户的设置

我国《企业会计准则》规定：“会计核算以人民币为记账本位币。业务收支以外币为主的企业，也可以选定某种外币作为记账本位币，但编制的财务报表应当折算为人民币”。外币业务的记账方法有外币统账制和外币分账制两种方法。企业在对外币业务进行会计核算时，记账方法上可以选择外币统账制或者外币分账制。

外币统账制是指企业在发生外币业务时必须及时折算为记账本位币记账，并以此编制财务报表。外汇统账制是一种以本国货币为记账本位币的记账方法，即以人民币为记账单位来记录所发生的外汇交易业务，将发生的多种货币的经济业务，折合成人民币加以反映，外币在账上仅作辅助记录。我国除了有外币业务的金融企业外，其他企业一般都采用这种方法。

外币分账制是指商业银行处理外汇业务所采用的一种专门记账方法。它是在外汇业务发生时，对有关外币的账务，从填制凭证，登记账簿到编制报表，都直接以外币核算，各种外币都自成一套独立的账务系统，互不混淆。

在我国，金融企业外币账户采用的是分账制，不需要在业务发生时折算成记账本位币，而应是在期末将报表按照记账本位币折算。

教材中所讲的企业（非金融企业），采用的是统账制，即所涉及的外币业务，在交易发生时，就需要将外币账户折成记账本位币记账。

外币账户的分类如图 1－1 所示。

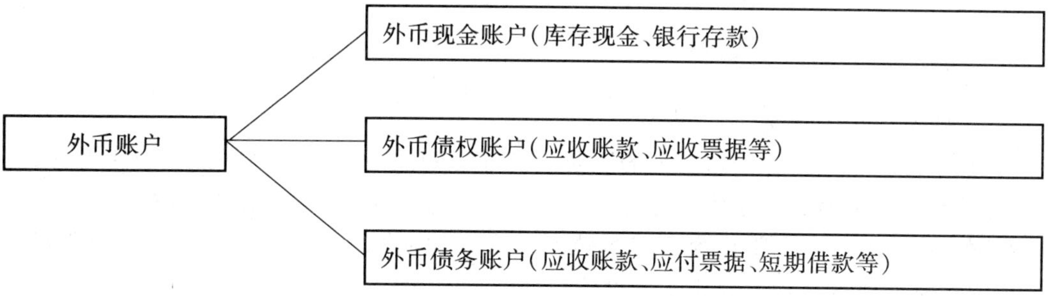


**图 1－1 外币账户的分类**

## 第二节 外币交易的会计处理

### 一、外币交易的主要内容

外币交易，是指以外币计价或者结算的交易，包括买入或者卖出以外币计价的商品或者劳务、借入或者借出外币资金和其他以外币计价或者结算的交易。外币是企业记账本位币以外的货币。

外币交易包括：

（1）买入或者卖出以外币计价的商品或者劳务；

（2）借入或者借出外币资金；

（3）其他以外币计价或者结算的交易。

一项外币业务的发生，从其发生日到结算日，往往要经过一段时间，有的还可能跨越年度。在此期间内，由于交易发生日、报表编制日和交易结算日各个时点上外汇汇率的变动，因而必然会产生以下四个会计处理问题：

(1)外币业务发生时的原始记录，主要是借贷和应收、应付外币账户的记录；
(2)应收、应付外币账款到期结算的记录；
(3)外币汇兑损益的账务处理；
(4)在会计期末如何调整外币账户余额来反映未实现外币汇兑损益。

## 二、外币交易的会计处理

### (一)外币交易会计核算的基本程序

第一，根据一定的折算汇率，将外币金额折算为记账本位币金额，按照折算后的记账本位币金额登记有关账户。

在登记有关记账本位币账户的同时，按照外币金额登记相应的外币账户。

将外币金额折算为记账本位币金额时，应采用外币业务发生时的市场汇率，也可以采用外币业务发生当期期初的市场汇率。

第二，对各种外币账户（包括外币现金、银行存款以及外币结算的债权债务）的期末余额，按照期末市场汇率折算为记账本位币金额，并将外币账户期末余额折算为记账本位币的金额与相对应的记账本位币账户的期末余额之间的差额，确认为汇兑损益。

### (二)记账本位币的确定

1. 记账本位币的定义

记账本位币是指企业经营所处的主要经济环境中的货币。它通常是企业主要收、支现金的经济环境中的货币，因为使用这一货币最能反映企业主要交易业务的经济结果。例如，我国企业一般以人民币作为记账本位币。需要说明的是，我国会计上所称的记账本位币，与国际财务报告准则中的功能货币虽然名称不同，但实质内容是一致的。

2. 记账本位币的确定

我国《会计法》中规定，业务收支以人民币以外的货币为主的企业，可以选定其中一种货币作为记账本位币，但是编报的财务报表应当折算为人民币。企业选定记账本位币，应当考虑下列因素：

(1)该货币主要影响商品和劳务销售价格，通常以该货币进行商品和劳务的计价和折算；

(2)该货币主要影响商品和劳务所需人工、材料和其他费用，通常以该货币进行上述费用的计价和结算；

(3)融资活动获得的货币以及保存从经营活动中收取款项时所使用的货币。

**【例1－1】** 甲公司为外贸自营出口企业，超过80%的营业收入来自对美国的出口，其商品销售价格主要受美元汇率波动的影响，以美元计价。因此，从影响商品和劳务销售价格的角度看，甲公司应选择美元作为记账本位币。

如果甲公司除厂房设施，30%的人工成本在国内以人民币采购或支付外，生产所需原材料、机器设备及70%以上的人工成本都以美元从美国采购或支付，可确定甲公司的记账本位币是美元。

但是，如果甲公司95%以上的人工成本、原材料及相应的厂房设施、机器设备等在国内采购并以人民币计价，甲公司取得的美元营业收入在汇回国内时直接兑换为人民币存款，且甲公司对美元汇率波动产生的外币风险进行了套期保值，降低了汇率波动对企业取得的外币销售收入的影响，甲公司可以选择人民币作为记账本位币。

3. 企业境外经营记账本位币的确定

境外经营有两个方面的含义：

(1)指企业在境外的子公司、合营企业、联营企业、分支机构；

(2)当企业在境内的子公司、联营企业、合营企业或者分支机构，选定的记账本位币与企业的记账本位币不同时，也应当视同境外经营。确定境外经营，不是以位置是否在境外为判定标准，而是要看其选定的记账本位币是否与企业的记账本位币相同。

企业选定境外经营的记账本位币，除考虑前面所讲的因素外，还应考虑下列因素：

(1)境外经营对其所从事的活动是否拥有很强的自主性；

(2)境外经营活动中与企业的交易是否在境外经营活动中占有较大比例；

(3)境外经营活动产生的现金流量是否直接影响企业的现金流量，是否可以随时汇回；

(4)境外经营活动产生的现金流量是否足以偿还其现有债务和可预期的债务。

4. 记账本位币的变更

企业选择的记账本位币一经确定，不得随意变更。企业因经营所处的主要经济环境发生重大变化，确需变更记账本位币的，应当采用变更当日的即期汇率将所有项目折算为变更后的记账本位币，折算后的金额作为以新的记账本位币计量的历史成本，由于采用同一即期汇率进行折算，不会产生汇兑差额。

### (三)外币交易日核算和初始计量

企业发生外币交易的，应在初始确认时采用交易发生日的即期汇率或即期汇率的近似汇率将外币金额折算为记账本位币金额，按照折算后的记账本位币金额登记有关账户；在登记有关记账本位币账户的同时，按照外币金额登记相应的外币账户。

企业通常应当采用即期汇率进行折算。即期汇率一般指中国人民银行公布的当日人民币汇率的中间价。但是，在企业发生单纯的货币兑换交易或涉及货币兑换的交易事项时，仅用中间价不能反映货币买卖的损益，则应当按照交易实际采用的汇率(即银行买入价或卖出价)折算。

当汇率变化不大时，为简化核算，企业也可以采用即期汇率的近似汇率进行折算。即期汇率的近似汇率是指按照系统合理的方法确定的，与交易发生日即期汇率近似的汇率，通常采用当期平均汇率或加权平均汇率等。加权平均汇率需要采用外币交易的外币金额作为权重进行计算。

**【例1-2】** 甲公司属于增值税一般纳税人，记账本位币为人民币，其外币交易采用交易日即期汇率折算。20×3年3月2日，甲公司从国外乙公司购入某原材料，货款300 000美元，当日的即期汇率为1美元=6.23人民币元，按照规定应缴纳的进口关税为204 900人民币元，支付进口增值税为348 330人民币元，货款尚未支付，进口关税及增值税已由银行存款支付。

甲公司账务处理：

借：原材料——××材料　　2 073 900(300 000×6.23+204 900)

　　应缴税费——应缴增值税(进项税额)　　348 330

　贷：应付账款——乙公司(美元)　　1 869 000

银行存款　553 230(204 900 + 348 330)

**【例1-3】** 甲公司记账本位币为人民币，外币交易采用交易日即期汇率折算。20×3年4月10日，向国外丙公司出口销售商品一批，根据销售合同，货款共计800 000欧元，当日的即期汇率为1欧元 = 8.87人民币元。假定不考虑增值税等相关税费，货款尚未收到。

甲公司账务处理为

借：应收账款——丙公司（欧元）　7 096 000(800 000 × 8.87)

　贷：主营业务收入——出口××商品　7 096 000

**【例1-4】** 甲公司的记账本位币为人民币，其外币交易采用交易日即期汇率折算。20×3年2月4日，从银行借入200 000英镑，期限为6个月，年利率为5%（等于实际利率），借入的英镑暂存银行。借入当日的即期汇率为1英镑 = 9.83人民币元。

借：银行存款——××银行（英镑）　1 966 000(200 000 × 9.83)

　贷：短期借款——××银行（英镑）　1 966 000(200 000 × 9.83)

**【例1-5】** 甲公司的记账本位币为人民币，其外币交易采用交易日即期汇率折算。20×3年7月28日，将货款1 000 000欧元到银行兑换成人民币，银行当日的欧元买入价为1欧元 = 8.51人民币元，中间价为1欧元 = 8.72人民币元。

本例中，企业与银行发生货币兑换，兑换所用汇率为银行的买入价，而通常记账所用的即期汇率为中间价，由此产生的汇兑差额计入当期财务费用。

甲公司当日的账务处理为

借：银行存款——××银行（人民币）　8 510 000(1 000 000 × 8.51)

　财务费用——汇兑差额　210 000

　贷：银行存款——××银行（欧元）　8 720 000(1 000 000 × 8.72)

企业收到投资者以外币投入的资本，无论是否有合同约定汇率，均不得采用合同约定汇率和即期汇率的近似汇率折算，而应当采用交易发生日的即期汇率折算。这样，外币投入资本与相应的货币性项目的记账本位币金额相等，不产生外币资本折算差额。需要说明的是，虽然“股本（或实收资本）”账户的金额不能反映股权比例，但并不改变企业分配和清算的约定比例，这一约定比例通常已经包括在合同当中。

根据《关于外商投资的公司审批登记管理法律适用若干问题的执行意见》（工商外企字[2006]81号）的规定，外商投资公司的注册资本只能采用收到出资当日的即期汇率，不再使用合同汇率，也不使用即期汇率的近似汇率，与其相对应的资产类科目也不使用即期汇率的近似汇率。这样，外币投入资本不会产生汇兑差额，资产类科目在期末仍分别为货币性项目与非货币性项目进行处理。

**【例1-6】** 甲公司的记账本位币为人民币，其外币交易采用交易日即期汇率折算。20×3年2月25日，甲公司为增资扩股与某外商签订投资合同，当日收到外商投入资本2 000 000美元，当日的即期汇率为1美元 = 6.22人民币元，假定投资合同约定的汇率为1美元 = 6.25人民币元。

甲公司账务处理为

借：银行存款——××银行（美元）　12 440 000(2 000 000 × 6.22)

　贷：实收资本——××　12 440 000

## (四)外币交易的期末调整

资产负债表日,企业应当分别外币货币性项目和外币非货币性项目进行处理。

1. 外币货币性项目

货币性项目是指企业持有的货币和将以固定或可确定金额的货币收取的资产或者偿付的负债。货币性项目分为货币性资产和货币性负债:货币性资产包括现金、银行存款、应收票据、应收账款、其他应收款、长期应收款等;货币性负债包括短期借款、应付票据、应付账款、其他应付款、应付债券、长期借款和长期应付款等。

资产负债表日或结算货币性项目时,企业应当采用资产负债表日或结算当日即期汇率折算外币货币性项目,因当日即期汇率与初始确认时或者前一资产负债表日即期汇率不同而产生的汇兑差额,作为财务费用处理,同时调增或调减外币货币性项目的记账本位币金额。

**【例1-7】** 沿用**【例1-2】**,20×3年3月31日,甲公司尚未向乙公司支付所欠货款,当日即期汇率为1美元=6.8人民币元。则对该笔交易产生的外币货币性项目"应付账款"采用期末即期汇率进行折算,折算为记账本位币1 860 000人民币元(300 000×6.2),与其原记账本位币之差额9 000人民币元计入当期损益。

甲公司账务处理为

借:应付账款——乙公司(美元)　　9 000[300 000×(6.23-6.2)]

　贷:财务费用——汇兑差额　　9 000

**【例1-8】** 沿用**【例1-3】**,20×3年4月30日,甲公司仍未收到丙公司购货款,当日的即期汇率为1欧元=9.08人民币元。则对该笔交易产生的外币货币性项目"应收账款"采用期末即期汇率进行折算,折算为记账本位币7 264 000人民币元(800 000×9.08),与其原记账本位币之差额168 000人民币元计入当期损益。

甲公司账务处理为

借:应收账款——丙公司(欧元)　　168 000[800 000×(9.08-8.87)]

　贷:财务费用——汇兑差额　　168 000

假定20×3年5月20日收到上述货款,兑换成人民币直接存入银行,当日银行的欧元买入价为1欧元=9.28人民币元。

甲公司账务处理为

借:银行存款——××银行(人民币)　　7 424 000(800 000×9.28)

　贷:应收账款——丙公司(欧元)　　7 264 000(800 000×9.08)

　　财务费用——汇兑差额　　160 000

**【例1-9】** 沿用**【例1-4】**,假定20×3年2月28日即期汇率为1英镑=9.75人民币元,则对该笔交易产生的外币货币性项目"短期借款——××银行(英镑)"采用期末即期汇率进行折算,折算为记账本位币1 950 000人民币元(200 000×9.75),与其原记账本位币之差额16 000人民币元计入当期损益。

甲公司账务处理为

借:短期借款——××银行(英镑)　　16 000

　贷:财务费用——汇兑差额　　16 000

20×3年8月4日以人民币归还所借英镑,当日银行的英镑卖出价为1英镑=11.27人民币元,假定借款利息在到期归还本金时一并支付,则当日应归还银行借款利息5 000英镑

（200 000×5%÷12×6），按当日英镑卖出价折算为人民币为56 350元（5 000×11.27）。假定20×3年7月31日的即期汇率为1英镑=9.75人民币元。

甲公司账务处理为

借：短期借款——××银行（英镑）　　1 950 000
　　财务费用——汇兑差额　　304 000
　贷：银行存款——××银行（人民币）　　2 254 000（200 000×11.27）

借：财务费用——利息费用　　56 350（5 000 ×11.27）
　贷：银行存款——××银行（人民币）　　56 350

2.外币非货币性项目

非货币性项目是指货币性项目以外的项目。例如，预付账款、预收账款、存货、长期股权投资、交易性金融资产（股票、基金等）、固定资产、无形资产等。

（1）对于以历史成本计量的外币非货币性项目，已在交易发生日按当日即期汇率折算，资产负债表日不应改变其原记账本位币金额，不产生汇兑差额。因为这些项目在取得时已按取得时即期汇率折算，从而构成这些项目的历史成本，如果再按资产负债表日的即期汇率折算，就会导致这些项目价值不断变动，从而使这些项目的折旧、摊销和减值不断地随之变动。这与这些项目的实际情况不符。

**【例1－10】** 甲公司的记账本位币为人民币，其外币交易采用交易日即期汇率折算。20×3年3月2日进口一台机器设备，支付价款1 000 000美元，已按当日即期汇率1美元＝6.23人民币元折算为人民币并记入"固定资产"账户。"固定资产"属于非货币性项目，因此，资产负债表日也不需要再按照当日即期汇率进行调整。

（2）对于以成本与可变现净值孰低计量的存货，在以外币购入存货并且该存货在资产负债表日的可变现净值以外币反映的情况下，确定资产负债表日存货价值时应当考虑汇率变动的影响。即先将可变现净值按资产负债表日即期汇率折算为记账本位币金额，再与以记账本位币反映的存货成本进行比较，从而确定该项存货的期末价值。

**【例1－11】** 甲公司为医疗设备经销商，其记账本位币为人民币，外币交易采用交易日即期汇率折算。20×3年10月8日，以1 000欧元/台的价格从国外购入某新型医疗设备200台（该设备在国内市场尚无供应），当日即期汇率为1欧元＝9.28人民币元。20×3年12月31日，尚有120台设备未销售出去，国内市场仍无该设备供应，其在国际市场的价格已降至920欧元/台。20×3年12月31日的即期汇率是1欧元＝9.66人民币元。假定不考虑增值税等相关税费。

本例中，由于存货在资产负债表日采用成本与可变现净值孰低计量，因此，在以外币购入存货并且该存货在资产负债表日获得的可变现净值以外币反映时，确定该项存货的期末价值时应当考虑汇率变动的影响。

12月31日甲公司对该项设备应计提的存货跌价准备＝1 000×120×9.28－920×120×9.66＝47 136（人民币元）

借：资产减值损失——存货——××医疗设备　　47 136
　贷：存货跌价准备——××医疗设备　　47 136

（3）对于以公允价值计量的外币非货币性项目，期末公允价值以外币反映的，应当先将该外币金额按照公允价值确定当日的即期汇率折算为记账本位币金额，再与原记账本位币金额进行比较。属于交易性金融资产（股票、基金等）的，折算后的记账本位币金额与原记账本位币金额之间的差额应作为公允价值变动损益（含汇率变动），计入当期损益；属于可供出售金融资产的，差额则应计入资本公积。

**【例1－12】** 甲公司的记账本位币为人民币，其外币交易采用交易日的即期汇率折算。20×3年6月8日，甲公司以每股4美元的价格购入乙公司B股20 000股，划分为交易性金融资产核算，当日汇率为1美元＝6.22人民币元，款项已支付。20×3年6月30日，乙公司B股市价变为每股3.5美元，当日汇率为1美元＝6.23人民币元。假定不考虑相关税费的影响。

20×3年6月8日，甲公司购入股票

借：交易性金融资产——乙公司B股——成本　　497 600（4×20 000×6.22）

　贷：银行存款——××银行（美元）　　497 600

根据《企业会计准则》第22号——金融工具确认和计量的相关规定，交易性金融资产以公允价值计量。由于该项交易性金融资产以外币计价，在资产负债表日，不仅应考虑B股股票市价的波动，还应一并考虑美元与人民币之间汇率变动的影响。上述交易性金融资产在资产负债表日应按436 100人民币元（3.5×20 000×6.23）入账，与原账面价值497 600人民币元的差额为61 500人民币元应直接计入公允价值变动损益。这61 500人民币元的差额实际上既包含了甲公司所购乙公司B股股票公允价值（股价）变动的影响，又包含了人民币与美元之间汇率变动的影响。甲公司相关的账务处理为：

借：公允价值变动损益——乙公司B股　　61 500

　贷：交易性金融资产——乙公司B股——公允价值变动　　61 500

20×3年7月24日，甲公司将所购乙公司B股股票按当日市价每股4.2美元全部售出，所得价款为84 000美元，按当日汇率1美元＝6.24人民币元折算为524 160人民币元（4.2×20 000×6.24），与其原账面价值436 100人民币元的差额为96 460人民币元。对于汇率的变动和股价的变动不进行区分，均作为投资收益进行处理。因此，售出乙公司B股当日，甲公司的相关账务处理为：

借：银行存款——××银行（美元）　　524 160

　　交易性金融资产——乙公司B股——公允价值变动　　61 500

　贷：交易性金融资产——乙公司B股——成本　　497 600

　　　投资收益——出售乙公司B股　　26 560

　　　公允价值变动损益——乙公司B股　　61 500

**【例1－13】** 甲公司以人民币作为记账本位币，其外币交易采用交易日即期汇率折算，按月计算汇兑损益。甲公司在银行开设的外币账户有欧元账户。

甲公司有关外币账户20×3年5月31日的余额如表1－1所示。

**表1－1　外币账户20×3年5月31日的余额**

| 项目 | 外币账户余额（欧元） | 汇率 | 人民币账户余额（人民币元） |
|---|---|---|---|
| 银行存款 | 800 000 | 8.55 | 6 840 000 |
| 应收账款 | 400 000 | 8.55 | 3 420 000 |
| 应付账款 | 200 000 | 8.55 | 1 710 000 |

（1）甲公司20×3年6月份发生的有关外币交易或事项如下：

①6月5日，以人民币向银行买入200 000欧元。当日即期汇率为1欧元＝8.69人民

币元，当日银行卖出价为 1 欧元 =8.75 人民币元。

②6 月 12 日，从国外购入一批原材料，总价款为 400 000 欧元。该原材料已验收入库，货款尚未支付。当日即期汇率为 1 欧元 =8.64 人民币元。另外，以银行存款支付该原材料的进口关税 644 000 人民币元，增值税 590 000 人民币元。

③6 月 16 日，出口销售一批商品，销售价款为 600 000 欧元，货款尚未收到。当日即期汇率为 1 欧元 =8.41 人民币元。假设不考虑相关税费。

④6 月 25 日，收到应收账款 300 000 欧元，款项已存入银行。当日即期汇率为 1 欧元 =8.54 人民币元。该应收账款系 2 月份出口销售发生的。

⑤6 月 30 日，即期汇率为 1 欧元 =8.64 人民币元。

甲公司相关账务处理为：

①借：银行存款——××银行（欧元）　　1 738 000（200 000 ×8.69）
　　财务费用——汇兑差额　　12 000
　贷：银行存款——××银行（人民币）　　1 750 000（200 000 ×8.75）

②借：原材料——××材料　　4 100 000（400 000 ×8.64 +644 000）
　　应缴税费——应缴增值税——进项税额　　590 000
　贷：应付账款——××单位（欧元）　　3 456 000（400 000 ×8.64）
　　　银行存款——××银行（人民币）　　1 234 000

③借：应收账款——××单位（欧元）　　5 046 000（600 000 ×8.41）
　贷：主营业务收入——出口××商品　　5 046 000

④借：银行存款——××银行（欧元）　　2 562 000（300 000 ×8.54）
　　财务费用——汇兑差额　　3 000
　贷：应收账款——××单位（欧元）　　2 565 000（300 000 ×8.55）

（2）20×3 年 6 月 30 日，计算期末产生的汇兑差额：

①银行存款欧元户余额 =800 000 +200 000 +300 000 =1 300 000（欧元）。

按当日即期汇率折算为人民币金额 =1 300 000 ×8.64 =11 232 000（人民币元）。

汇兑差额 =11 232 000 -（6 840 000 +1 738 000 +2 562 000）=92 000（人民币元）（汇兑收益）。

②应收账款欧元户余额 =400 000 +600 000 -300 000 =700 000（欧元）。

按当日即期汇率折算为人民币金额 =700 000 ×8.64 =6 048 000（人民币元）。

汇兑差额 =6 048 000 -（3 420 000 +5 046 000 -2 565 000）=147 000（人民币元）（汇兑收益）。

③应付账款欧元户余额 =200 000 +400 000 =600 000（欧元）。

按当日即期汇率折算为人民币金额 =600 000 ×8.64 =5 184 000（人民币元）。

汇兑差额 =5 184 000 -（1 710 000 +3 456 000）=18 000（人民币元）（汇兑损失）。

④应计入当期损益的汇兑差额 = -92 000 -147 000 +18 000 = -221 000（人民币元）（汇兑损失）。

借：银行存款——××银行（欧元）　　92 000
　　应收账款——××单位（欧元）　　147 000
　贷：应付账款——××单位（欧元）　　18 000
　　　财务费用——汇兑差额　　221 000

# 第三节　外币财务报表的折算

## 一、外币财务报表折算的一般原则

### (一)境外经营财务报表的折算

企业对境外经营的财务报表进行折算时,应当遵循下列规定。

(1)资产负债表中的资产和负债项目,采用资产负债表日的即期汇率折算,所有者权益项目除“未分配利润”项目外,其他项目采用发生时的即期汇率折算。

(2)利润表中的收入和费用项目,采用交易发生日的即期汇率折算;也可以采用按照系统合理的方法确定的、与交易发生日即期汇率近似的汇率折算。

(3)按照上述折算产生的外币财务报表折算差额,在资产负债表中所有者权益项目下单独列示。在编制合并财务报表时,应在合并资产负债表中所有者权益项目下单独作为“外币报表折算差额”项目列示。

比较财务报表的折算比照上述规定处理。

**【例 1-14】**　甲公司的记账本位币为人民币,该公司在美国有一子公司乙公司,乙公司确定的记账本位币为美元。甲公司拥有乙公司 70% 的股权,并能够对乙公司的财务和经营政策实施控制。甲公司采用当期平均汇率折算乙公司利润表项目。乙公司有关资料如下:

20×2 年 12 月 31 日的汇率为 1 美元 =6.30 人民币元,20×2 年的平均汇率为 1 美元 = 6.35 人民币元,实收资本、资本公积发生日的即期汇率为 1 美元 =7 人民币元。20×1 年 12 月 31 日的股本为 6 000 000 美元,折算为人民币 42 000 000 元;盈余公积为 600 000 美元,折算为人民币 4 080 000 元;未分配利润为 1 400 000 美元,折算为人民币 9 520 000 元,甲、乙两公司均在年末提取盈余公积,乙公司 20×2 年提取的盈余公积为 700 000 美元。利润表(简表)和所有者权益变动表(简表)如表 1-2 和表 1-3 所示。

**表 1-2　利润表(简表)**

编制单位:乙公司　　　20×2 年度　　　单位:万元

| 项　　目 | 本年金额(美元) | 折算汇率 | 折算为人民币金额 |
|---|---|---|---|
| 一、营业收入 | 2 400 | 6.35 | 15 240 |
| 减:营业成本 | 1 800 | 6.35 | 11 430 |
| 营业税金及附加 | 50 | 6.35 | 317.5 |
| 管理费用 | 120 | 6.35 | 762 |
| 财务费用 | 10 | 6.35 | 63.5 |
| 加:投资收益 | 30 | 6.35 | 190.5 |
| 二、营业利润 | 450 | — | 2 857.5 |
| 加:营业外收入 | 50 | 6.35 | 317.5 |
| 减:营业外支出 | 20 | 6.35 | 127 |

**表 1－2**(续)

编制单位:乙公司　　20×2 年度　　单位:万元

| 项　目 | 本年金额(美元) | 折算汇率 | 折算为人民币金额 |
|---|---|---|---|
| 三、利润总额 | 480 | — | 3 048 |
| 减:所得税费用 | 130 | 6.35 | 825.5 |
| 四、净利润 | 350 | — | 2 222.5 |
| 五、每股收益 | | | |
| 六、其他综合收益 | | | |
| 七、综合收益总额 | | | |

注:在本章,为便于排版,在报表中统一以“万元”为单位。在实务中,财务报表应当以“元”为单位列报。

**表 1－3　所有者权益变动表(简表)**

编制单位:乙公司　　20×2 年度　　单位:万元

| 项　目 | 实收资本 | | | 盈余公积 | | | 未分配利润 | | 外币报表折算差额 | 所有者权益合计 |
|---|---|---|---|---|---|---|---|---|---|---|
| | 美元 | 折算汇率 | 人民币 | 美元 | 折算汇率 | 人民币 | 美元 | 人民币 | 人民币 | 人民币 |
| 一、本年年初余额 | 600 | 7 | 4 200 | 60 | | 408 | 140 | 952 | | 5 560 |
| 二、本年增减变动金额 | | | | | | | | | | |
| (一)净利润 | | | | | | | 350 | 2 222.5 | | 2 222.5 |
| (二)其他综合收益 | | | | | | | | | | －537.5 |
| 其中:外币报表折算差额 | | | | | | | | | －537.5 | －537.5 |
| (三)利润分配 | | | | | | | | | | |
| 提取盈余公积 | | | | 70 | 6.35 | 444.5 | －70 | －444.5 | | 0 |
| 三、本年年末余额 | 600 | 7 | 4 200 | 130 | | 852.5 | 420 | 2 730 | －537.5 | 7 245 |

当计提的盈余公积采用当期平均汇率折算,期初盈余公积为以前年度计提的盈余公积按相应年度平均汇率折算后金额的累计,期初未分配利润记账本位币金额为以前年度未分配利润记账本位币金额的累计。

资产负债表(简表)如表 1－4 所示。

**表 1－4　资产负债表(简表)**

编制单位:乙公司　　20×2 年 12 月 31 日　　单位:万元

| 资　产 | 期末数(英镑) | 折算汇率 | 折算为人民币金额 | 负债和所有者权益 | 期末数(英镑) | 折算汇率 | 折算为人民币金额 |
|---|---|---|---|---|---|---|---|
| 流动资产: | | | | 流动负债: | | | |

表1-4(续)

编制单位:乙公司　　20×2年12月31日　　单位:万元

| 资　产 | 期末数(英镑) | 折算汇率 | 折算为人民币金额 | 负债和所有者权益 | 期末数(英镑) | 折算汇率 | 折算为人民币金额 |
|---|---|---|---|---|---|---|---|
| 货币资金 | 230 | 6.3 | 1 449 | 短期借款 | 50 | 6.3 | 315 |
| 应收账款 | 230 | 6.3 | 1 449 | 应付账款 | 340 | 6.3 | 2 142 |
| 存货 | 280 | 6.3 | 1 764 | 其他流动负债 | 130 | 6.3 | 819 |
| 其他流动资产 | 240 | 6.3 | 1 512 | 流动负债合计 | 520 | — | 3 276 |
| 流动资产合计 | 980 | — | 6 174 | 非流动负债: | | | |
| 非流动资产: | | | | 长期借款 | 170 | 6.3 | 1 071 |
| 长期应收款 | 140 | 6.3 | 882 | 应付债券 | 100 | 6.3 | 630 |
| 固定资产 | 660 | 6.3 | 4 158 | 其他非流动负债 | 90 | 6.3 | 567 |
| 在建工程 | 90 | 6.3 | 567 | 非流动资产合计 | 360 | — | 2 268 |
| 无形资产 | 120 | 6.3 | 756 | 负债合计 | 880 | | 5 544 |
| 其他非流动资产 | 40 | 6.3 | 252 | 所有者权益: | | | |
| 非流动资产合计 | 1 050 | — | 6 615 | 实收资本 | 600 | 7 | 4 200 |
| | | | | 盈余公积 | 130 | | 852.5 |
| | | | | 未分配利润 | 420 | | 2 730 |
| | | | | 外币报表折算差额 | | | -537.5 |
| | | | | 所有者权益合计 | 1 150 | | 7 245 |
| 资产合计 | 2 030 | | 12 789 | 负债和所有者权益合计 | 2 030 | | 12 789 |

外币报表折算差额为以记账本位币反映的净资产减去以记账本位币反映的实收资本、资本公积、盈余公积及未分配利润后的余额。

企业选定的记账本位币不是人民币的,应当按照境外经营财务报表折算原则将其财务报表折算为人民币财务报表。

### (二)包含境外经营的合并财务报表编制的特别处理

企业境外经营为子公司的情况下,企业在编制合并报表时,对于境外经营财务报表的折算差额,需要在母公司与子公司少数股东之间按照各自在境外经营所有者权益中所享有的份额进行分摊,其中归属于母公司应分担的部分在合并资产负债表和合并所有者权益变动表中所有者权益项目下单独作为"外币报表折算差额"项目列示,属于子公司少数股东应分担的部分应并入"少数股东权益"项目列示。

## 二、境外经营的处置

企业可能通过出售、清算、返还股本或放弃全部或部分权益等方式处置其在境外经营中的权益。企业在处置境外经营时，应当将资产负债表中所有者权益项目下列示的、与该境外经营相关的外币财务报表折算差额，自所有者权益项目转入处置当期损益；部分处置境外经营的，应当按处置的比例计算处置部分的外币财务报表折算差额，转入处置当期损益。

## 复习思考题

**【简答题】**

1. 什么是汇率，汇率有几种标价方法？
2. 外币交易核算的基本程序是什么？
3. 记账本位币是如何确定的？
4. 外币财务报表折算的一般原则是什么？

**【计算分析题】**

1. 20×3 年 12 月 31 日，甲公司有关资产、负债项目的期末余额如下表所示：

**资产、负债项目的期末余额表**

| 项目 | 外币金额（万美元） | 按照 20×3 年 12 月 31 日年末汇率调整前的账面余额（万元人民币） |
|---|---|---|
| 银行存款 | 300 | 1 866 |
| 应收账款 | 200 | 1 246 |
| 预付款项 | 100 | 621 |
| 持有至到期投资 | 80 | 500 |
| 应付账款 | 150 | 933 |
| 预收款项 | 90 | 560 |

20×3 年 12 月 31 日，即期汇率为 1 美元 =6.2 元人民币。

要求：计算甲公司在 20×3 年度财务报表中因外币货币性项目期末汇率调整应当确认的汇兑损失。

2. 某股份有限公司对外币业务采用业务发生日的市场汇率进行折算，按月计算汇兑损益。6 月 20 日从境外购买零配件一批，价款总额为 500 万美元，货款尚未支付，当日的市场汇率为 1 美元 =6.21 人民币元。6 月 30 日的市场汇率为 1 美元 =6.22 人民币元。7 月 31 日的市场汇率为 1 美元 =6.23 人民币元。

要求：计算该外币债务 7 月份所发生的汇兑损益。

3. 甲公司于 20×2 年 1 月 1 日，为建造某工程项目专门以面值发行公司债券 4 000 万美元，年利率为 6%，期限为 3 年。合同约定，每年 1 月 1 日支付利息，到期还本。工程于 20×2 年 1 月 1 日开始实体建造，20×3 年 12 月 31 日完工，达到预定可使用状态，期间发生的资产支出如下：20×2 年 1 月 1 日，支出 800 万美元；20×2 年 7 月 1 日，支出 2 000 万美元；20×3 年 1 月 1 日，支出 1 200 万美元。甲公司的记账本位币为人民币，外币业务采用业务发生时当日的市场汇率折算。相关汇率如下:20×2 年 1 月 1 日,市场汇率为 1 美元 = 6.40 人民币元;20×2 年 12 月 31 日,市场汇率为 1 美元 = 6.45 人民币元;20×3 年 1 月 1 日,市场汇率为 1 美元 = 6.47 人民币元;20×3 年 12 月 31 日,市场汇率为 1 美元 = 6.50 人民币元。

假定不考虑与发行债券有关的辅助费用、未发生专门借款的利息收入或投资收益。按年计提利息并计算汇兑差额。

要求:(1)计算 20×2 年该债券利息和汇兑差额资本化金额并编制相关会计分录;

(2)计算 20×3 年 1 月 1 日实际支付利息时产生的汇兑差额并编制会计分录;

(3)计算 20×3 年 12 月 31 日该债券利息和汇兑差额资本化金额并编制会计分录。

4. 甲股份有限公司(本题下称甲公司)记账本位币为人民币,外币业务采用发生当日即期汇率进行折算,按季核算汇兑差额。20×3 年 3 月 31 日有关外币账户余额如下表所示:

| 项目 | 外币金额(万美元) | 折算汇率 | 折算人民币金额(万元人民币) |
|---|---|---|---|
| 银行存款(借方) | 1 000 | 6.40 | 6 400 |
| 应收账款(借方) | 300 | 6.40 | 1 920 |
| 长期借款(贷方) | 2 000 | 6.40 | 12 800 |
| 应付利息(贷方) | 30 | 6.40 | 192 |

长期借款 2000 万美元,系 20×2 年 1 月 1 日借入的专门用于建造某生产线的外币借款,借款期限为 36 个月,年利率为 6%,按季计提利息,每年 1 月 1 日和 7 月 1 日支付半年的利息。该生产线于 20×2 年 11 月开工,至 20×3 年 3 月 31 日,该生产线仍处于建造过程之中,已使用外币借款 1 200 万美元,20×3 年第二季度该笔专门借款的利息收入为 12 万美元。预计将于 20×4 年 3 月完工。假定不考虑借款手续费。20×3 年 4 月至 6 月,甲公司发生如下外币业务(假定不考虑增值税等相关税费)。

(1)4 月 1 日,为建造该生产线进口一套设备,并以外币银行存款 100 万美元支付设备购置价款。设备于当日投入安装。当日即期汇率为 1 美元 = 6.40 人民币元。

(2)4 月 20 日,将 100 万美元兑换为人民币,当日银行美元买入价为 1 美元 = 6.30 人民币元,卖出价为 1 美元 = 6.40 人民币元。兑换所得人民币已存入银行。当日即期汇率为 1 美元 = 6.35 人民币元。

(3)5 月 10 日,以外币银行存款向外国公司支付生产线安装费用 60 万美元。当日即期汇率为 1 美元 = 6.30 人民币元。

(4)5 月 15 日,收到第一季度发生的应收账款 200 万美元。当日即期汇率为 1 美元 = 6.30 人民币元。

(5)6 月 20 日,向美国某公司销售 A 商品,售价为 200 万美元,货款尚未收到,A 商品的成本为 800 万元人民币。当日即期汇率为 1 美元 = 6.25 人民币元。

(6)6 月 30 日,计提外币专门借款利息。当日即期汇率为 1 美元 = 6.20 人民币元。

要求:(1)编制 20×3 年第二季度外币业务的会计分录;

(2)计算 20×3 年第二季度计入在建工程和当期损益的汇兑差额;

(3)编制 20×3 年 6 月 30 日确定汇兑损益差额的会计分录。

# 第二章　所得税会计

本章主要介绍了所得税会计的产生，所得税会计的核算程序和方法。

**【考核知识点】**

所得税的性质；所得税会计的核算程序；资产、负债的计税基础、暂时性差异；递延所得税资产核算和递延所得税负债的核算；当前所得税的计算和账务处理；递延所得税计算和账务处理；所得税费用计算和账务处理。

**【重要概念】**

所得税会计　资产负债表债务法　暂时性差异　递延所得税　所得税费用

## 第一节　所得税会计概述

### 一、所得税的性质

从税法的角度看，企业所得税是指国家对企业生产、经营所得和其他所得依法征收的一种税，是国家参与企业利润分配的重要手段。关于企业所得税的性质，有“收益分配观”和“费用观”两种观点。

“收益分配观”沿用了所得税法关于企业所得税是企业利润分配的观念，认为向政府缴纳的企业所得税与向股东分配的股利一样，具有分配企业收益的性质，只不过分配的对象是国家而已。在“收益分配观”下，会计在确认一项所得税负债的同时，所要确认的另一个会计要素项目是属于所有者权益的“利润分配——应缴所得税”。在“收益分配观”下，企业所得税会直接影响所有者权益。

“费用观”则认为，企业所得税是企业为获得收益而发生的一种代价，如同企业经营中发生的其他代价一样，其性质属于费用。在“费用观”下，在确认一项所得税负债的同时，所要确认的另一个会计要素项目是属于费用的“所得税”。在“费用观”下，企业所得税先影响净利润再影响所有者权益。

### 二、所得税会计的方法

《企业会计准则》第 18 号——所得税准则中明确指出企业所得税核算采用资产负债表债务法。

资产负债表债务法是从资产负债表出发，通过比较资产负债表上列示的资产、负债按照企业会计准则规定确定的账面价值与按照税法规定确定的计税基础，对于两者之间的差额分别应纳税暂时性差异与可抵扣暂时性差异，确认相关的递延所得税负债与递延所得税资产，并在此基础上确定每一期间利润表中的所得税费用。

### 三、所得税会计的一般核算程序

采用资产负债表债务法核算所得税的情况下，企业一般应于每一资产负债表日进行所得税的核算。核算过程如下：

(1)按照相关会计准则规定确定资产负债表中除递延所得税资产和递延所得税负债以外的其他资产和负债项目的账面价值；

(2)按照会计准则中对于资产和负债计税基础的确定方法，以适用的税收法规为基础，确定资产负债表中有关资产、负债项目的计税基础；

(3)比较资产、负债的账面价值与其计税基础，对于两者之间存在差异的，分析其性质，除准则中规定的特殊情况外，分别应纳税暂时性差异与可抵扣暂时性差异，确定资产负债日递延所得税负债和递延所得税资产的应有金额，并与期初递延所得税资产和递延所得税负债的余额相比，确定当期应进一步确认的递延所得税资产和递延所得税负债金额或应予转销的金额，作为递延所得税；

(4)就企业当期发生的交易或事项，按照适用的税法规定计算确定当期应纳税所得额，将应税所得税额与适用的所得税税率计算的结果确认为当期应缴所得税；

(5)确定利润表中的所得税费用。

## 第二节 资产、负债的计税基础及暂时性差异

### 一、资产的计税基础

资产的计税基础是指企业收回资产账面价值过程中，计算应纳税所得额时按照税法规定可以自应税经济利益中抵扣的金额。资产的计税基础本质上就是税收口径的资产价值标准。

计算公式为：资产的计税基础 = 未来期间可税前扣除的金额

通常情况下，资产在取得时其入账价值与计税基础是相同的，后续计量过程中因会计准则规定与税法规定不同，可能造成账面价值与计税基础的差异。企业应当按照适用的税收法规规定计算确定资产的计税基础。现就有关资产项目计税基础的确定举例如下。

#### (一)固定资产

1. 折旧方法、折旧年限不同产生的差异

企业会计准则规定，既可以按直线法计提折旧，也可以按照双倍余额递减法、年数总和法等计提折旧，前提是有关的方法能够反映固定资产为企业带来经济利益的实现方式。

税法一般会规定固定资产的折旧方法，除某些按照规定可以加速折旧的情况外（例如，由于技术进步、产品更新换代较快等），基本上可以税前扣除的是按照直线法计提的折旧。

另外，税法还会规定每一类固定资产的最低折旧年限，而会计处理时按照企业会计准则规定，折旧年限是由企业按照固定资产能够为企业带来经济利益的期限估计确定的。因折旧年限的不同，也会产生固定资产账面价值与计税基础之间的差异。

2. 因计提固定资产减值准备产生的差异

持有固定资产期间内，在对固定资产计提了减值准备以后，因所计提的减值准备不允许税前扣除，其账面价值下降，但计税基础不会随资产减值准备的提取而发生变化，也会造成其账面价值与计税基础的差异。

**【例2-1】** 甲公司适用的所得税税率为25%。各年税前利润为10 000万元。2011年

末以1 500万元购入一项固定资产,甲公司在会计核算时估计其使用寿命为5年。按照适用税法规定,按照10年计算确定可税前扣除的折旧额。假定会计与税法均按年限平均法计提折旧,净残值均为零,计算所得税费用并进行账务处理。

(1)2012年末:

资产账面价值=1 500-1 500/5=1 200(万元)

资产计税基础=1 500-1 500/10=1 350(万元)

可抵扣暂时性差异=1 350-1 200=150(万元)

2012年末"递延所得税资产"余额=150×25%=37.5(万元)

2012年末"递延所得税资产"发生额=37.5-0=37.5(万元)

2012年末确认递延所得税费用=-37.5(万元)

2012年应缴所得税=(10 000+1 500/5-1 500/10)×25%=2 537.5(万元)

2012年末确认所得税费用=2 537.5-37.5=2 500(万元)

借:所得税费用　　2 500

　递延所得税资产　　37.5

　贷:应缴税费—应缴所得税　　2537.5

(2)2013年末:

资产账面价值=1 500-1 500/5×2=900(万元)

资产计税基础=1 500-1 500/10×2=1 200(万元)

累计可抵扣暂时性差异=1 200-900=300(万元)

2013年末"递延所得税资产"余额=300×25%=75(万元)

2013年末"递延所得税资产"发生额=75-37.5=37.5(万元)

2013年末确认递延所得税费用=-37.5(万元)

2013年应缴所得税=(10 000+1500/5-1500/10)×25%= 2 537.5(万元)

2013年末确认所得税费用= 2 537.5-37.5=2 500(万元)

借:所得税费用　　2 500

　递延所得税资产　　37.5

贷:应缴税费—应缴所得税　　2537.5

**【例2-2】** A公司适用的所得税税率为25%。2011年12月30日取得的某项固定资产,成本为750万元,使用年限为10年,会计采用年限平均法计提折旧,净残值为零。2013年12月31日,估计该项固定资产的可收回金额为550万元。税法规定,使用年限为10年,该固定资产应采用双倍余额递减法计提折旧,净残值为零。A公司每年实现的利润总额为1 000万元。计算所得税费用并进行账务处理。

(1)2012年末:

资产账面价值=7 500-7 500/10=6 750(万元)

资产计税基础=7 500-7 500×2/10=6 000(万元)

应纳税暂时性差异=6 750-6 000=750(万元)

2012年末"递延所得税负债"余额=750×25%=187.5(万元)

2012年末"递延所得税负债"发生额=187.5(万元)

2012年末应缴所得税=(10 000+7 500/10-7 500×2/10)×25%=2 650(万元)

2012年末确认所得税费用=2 650-187.5=2 462.5(万元)

借:所得税费用 2 462.5

贷:递延所得税负债 187.5

贷:应缴税费—应缴所得税 2 650

(2)2013 年末:

该项固定资产计提减值准备前的账面价值 7 500 - 7 500/10 × 2 = 6 000(万元),该账面价值大于其可收回金额 5 500 万元,两者之间的差额应计提 500 万元的固定资产减值准备。

资产账面价值 = 7 500 - 7 500/10 × 2 - 500 = 5 500(万元)

资产计税基础 = 7 500 - 7 500 × 2/10 - 6 000 × 2/10 = 4 800(万元)

累计应纳税暂时性差异 = 700(万元)

2013 年末“递延所得税负债”余额 = 700 × 25% = 175(万元)

2013 年末“递延所得税负债”发生额 = 175 - 187.5 = -12.5(万元)

2013 年末应缴所得税 = (10 000 + 7 500/10 + 500 - 6 000 × 2/10) × 25% = 2 512.5(万元)

2013 年末确认所得税费用 = 2 512.5 - 12.5 = 2 500(万元)

借:所得税费用 2 500

递延所得税负债 12.5

贷:应缴税费—应缴所得税 2 512.5

### (二)无形资产

企业除内部研发外,取得的无形资产,初始确认时其入账价值与税法规定的成本之间一般不存在差异。有差异的主要有:

1. 内部研究开发形成的无形资产

会计准则规定,研究阶段的支出应当费用化计入当期损益,开发阶段符合资本化条件以后至达到预定用途前发生的支出应当资本化作为无形资产的成本。

税法中规定企业为开发新技术、新产品、新工艺所发生的研究开发费用,未形成无形资产计入当期损益的,在按照规定据实扣除的基础上,按照研究开发费用的 50% 加计扣除;形成无形资产的,按照无形资产成本的 150% 计算每期摊销额。

如无形资产的确认不是产生于企业合并交易,同时在确认时既不影响会计利润也不影响应纳税所得额,则按照所得税准则的规定,不确认有关暂时性差异的所得税影响。

**【例 2-3】** 甲公司自 2012 年 1 月 1 日起自行研究开发一项新专利技术。适用的所得税税率为 25%。甲公司 2012 年与 2013 年实现利润总额均为 1 000 万元。2012 年度研发支出为 200 万元,其中费用化的支出为 80 万元,资本化支出为 120 万元。2012 年 7 月 1 日该项专利技术获得成功并取得专利权。甲公司预计该项专利权的使用年限为 10 年,采用直线法进行摊销,均与税法规定相同。税法规定,研究开发支出未形成无形资产计入当期损益的,按照研究开发费用的 50% 加计扣除;形成无形资产的,按照无形资产成本的 150% 摊销。计算 2012 年和 2013 年末的计税基础及所得税费用。

①2012 年年末:

无形资产账面价值 = 1 200 - 1 200/10 × 6/12 = 1 200 - 60 = 1 140(万元)

无形资产计税基础 = 1 200 × 150% - 1 200 × 150%/10 × 6/12 = 1 140 × 150% = 1 710(万元)

可抵扣暂时性差异 = 1 710 - 1 140 = 570（万元）

自行研发的无形资产确认时，既不影响应纳税所得额也不影响会计利润，故不确认相关的递延所得税资产。

2012 年末应缴所得税 = (10 000 - 800 × 50% + 60 - 1 200 × 150%/10 × 6/12) × 25% = 2 392.5（万元）

②2013 年年末：

无形资产的账面价值与计税基础仍然会产生差异，但是还是初始形成时的差异，不予以确认。

2013 年末应缴所得税 = (10 000 + 1 200/10 - 1 200 × 150%/10) × 25% = 2 485（万元）

2013 年末确认所得税费用 = 2 485（万元）

2013 年末应缴所得税 = (1000 + 120/10 - 120 × 150%/10) × 25% = 248.5（万元）

2013 年末确认所得税费用 = 248.5（万元）

2. 无形资产在后续计量时

无形资产在后续计量时，会计与税收的差异主要产生于对无形资产是否需要摊销及无形资产减值准备的提取。

（1）企业会计准则规定，对于使用寿命不确定的无形资产，不要求摊销，在会计期末应进行减值测试。税法规定，企业取得的无形资产成本，应在一定期限内摊销，即税法中没有界定使用寿命不确定的无形资产。对于使用寿命不确定的在持有期间无形资产，因摊销规定的不同，会造成其账面价值与计税基础的差异。

（2）在对无形资产计提减值准备的情况下，因所计提的减值准备不允许税前扣除，也会造成其账面价值与计税基础的差异。

**【例 2-4】** A 公司每年的税前利润总额均为 20 000 万元；A 公司适用的所得税税率为 25%。2012 年 1 月 1 日，A 公司董事会批准研发某项新产品专利技术，有关资料如下：2012 年，该研发项目发生的费用均属于费用化支出。2013 年 1 月，共发生费用 6 200 万元，其中 6 000 万元符合资本化条件，当月达到预定用途。A 公司预计该新产品专利技术的使用寿命为 10 年，A 公司对其采用直线法摊销；税法规定该项无形资产采用直线法摊销，摊销年限与会计相同。2013 年末，该项无形资产出现减值迹象，经减值测试，该项无形资产的可收回金额为 4 320 万元，减值后摊销年限和摊销方法不需变更。

按照税法规定企业为开发新技术、新产品、新工艺发生的研究开发费用，未形成无形资产计入当期损益的，在按照规定据实扣除的基础上，按照研究开发费用的 50% 加计扣除；形成无形资产的，按照无形资产成本的 150% 摊销。A 公司该研究开发项目符合上述税法规定。

减值测试前无形资产的账面价值 = 6 000 - 6 000/10 = 5 400（万元）

应计提的减值准备金额 = 5 400 - 4 320 = 1 080（万元）

无形资产账面价值 = 4 320 万元

无形资产计税基础 = 6 000 × 150% - 6 000 × 150%/10 = 8 100（万元）

可抵扣暂时性差异 = 8 100 - 4 320 = 3 780（万元）

其中 1 080 万元的可抵扣暂时性差异需要确认递延所得税

应确认的递延所得税资产 = 1 080 × 25% = 270（万元）

应纳税所得额 = 20 000 - 200 × 50% + 6 000/10 - 6 000 × 150%/10 + 1 080 = 20 680（万元）

应缴所得税 =20 680 ×25% =5 170(万元)
确认所得税费用 =5 170 -270 =4 900(万元)
借:所得税费用 4 900
递延所得税资产 270
贷:应缴税费——应缴所得税 5 170

## (三)以公允价值计量且其变动计入当期损益或资本公积的金融资产

《企业会计准则》第22号——金融工具确认和计量的规定,对于以公允价值计量且其变动计入当期损益或资本公积的金融资产,其于某一会计期末的账面价值应修正至此时点的公允价值,税法则对此通常不认定,只承认其原始入账成本。

**【例2-5】** 甲公司适用的所得税税率为25%,各年税前会计利润为1000万元。2012年11月20日,甲公司自公开市场取得一项权益性投资,支付价款100万元,作为交易性金融资产。2012年12月31日,该权益性投资的公允价值为110万元。假定2012年期初暂时性差异余额为零,不考虑其他因素。2013年12月31日,该投资的公允价值为80万元。计算2012年及2013年所得税费用级进行账务处理。

(1)2012年末:
交易性金融资产账面价值 =110(万元)
交易性金融资产计税基础 =100(万元)
应纳税暂时性差异 =110 -100 =10(万元)
年末"递延所得税负债"余额 =10 ×25% =2.5(万元)
应缴所得税 =(1 000 -10) ×25% =247.5(万元)
2012年所得税费用 =247.5 +2.5 =250(万元)
借:所得税费用 250
贷:递延所得税负债 2.5
应缴税费——应缴所得税 247.5

(2)2013年末:
交易性金融资产账面价值 =80(万元)
交易性金融资产计税基础 =100(万元)
累计可抵扣暂时性差异 =20(万元)
"递延所得税资产"余额 =20×25% =5(万元)
"递延所得税资产"发生额 =5 -0 =5(万元)
"递延所得税负债"发生额 =0 -2.5 = -2.5(万元)
确认递延所得税费用 = -5 -2.5 = -7.5(万元)
应缴所得税 =(1 000 +30) ×25% =257.5(万元)
所得税费用 =257.5 -7.5 =250(万元)
借:所得税费用 250
递延所得税资产 5
递延所得税负债 2.5
贷:应缴税费——应缴所得税 257.5

**【例2-6】** 假设【例2-5】将该资产作为可供出售金融资产,其他条件不变。

(1)2012 年末：

可供出售金融资产账面价值 = 110(万元)

可供出售金融资产计税基础 = 100(万元)

应纳税暂时性差异 = 10(万元)

年末“递延所得税负债”余额 = 10 × 25% = 2.5(万元)

确认资本公积 = -2.5(万元)

应缴所得税 = 1 000 × 25% = 250(万元)

2012 年所得税费用 = 247.5 + 2.5 = 250(万元)

借:所得税费用　　250

　资本公积　　2.5

　贷:递延所得税负债　　2.5

　应缴税费——应缴所得税　　250

(2)2013 年末：

可供出售金融资产账面价值 = 80(万元)

计税基础 = 100(万元)

累计可抵扣暂时性差异 = 20(万元)

“递延所得税资产”余额 = 20 × 25% = 5(万元)

“递延所得税资产”发生额 = 5 - 0 = 5(万元)

“递延所得税负债”发生额 = 0 - 2.5 = -2.5(万元)

确认资本公积 = 7.5(万元)

应缴所得税 = 1 000 × 25% = 250(万元)

2013 年所得税费用 = 250(万元)

借:所得税费用　　250

　递延所得税资产　　5

　递延所得税负债　　2.5

　贷:资本公积　　7.5

　应缴税费——应缴所得税　　250

### (四)其他资产

1. 投资性房地产

企业持有的投资性房地产进行后续计量时,会计准则规定可以采用两种模式,一种是成本模式,采用该种模式计量的投资性房地产其账面价值与计税基础的确定与固定资产、无形资产相同;另一种是在符合规定条件的情况下,可以采用公允价值模式对投资性房地产进行后续计量。对于采用成本模式计量的投资性房地产,其计税基础类似于固定资产或无形资产计税基础的确定;对于采用公允价值进行后续计量的投资性房地产,其计税基础的确定类似于交易性金融资产计税基础的确定。

2. 其他计提了资产减值准备的各项资产

有关资产计提了减值准备以后,其账面价值会随之下降,而按照税法规定,资产的减值在转化为实质性损失之前,不允许税前扣除,从而造成资产的账面价值与其计税基础之间的差异。

3. 长期股权投资

按照会计准则规定可以分别采用成本法及权益法进行核算。税法中对于投资资产的处理，要求按规定确定其成本后，在转让或处置投资资产时，其成本准予扣除。因此，税法中对于长期股权投资并没有权益法的概念。长期股权投资取得以后，如果按照会计准则规定采用权益法核算，则一般情况下在持有过程中随着应享有被投资单位净资产份额的变化，其账面价值与计税基础会产生差异。如果企业拟长期持有该项投资，则：

(1)因初始投资成本的调整产生的暂时性差异预计未来期间不会转回，对未来期间没有所得税影响；不确认递延所得税；

(2)因确认投资损益产生的暂时性差异，如果在未来期间逐期分回现金股利或利润时免税，也不存在对未来期间的所得税影响；不确认递延所得税；

(3)因确认应享有被投资单位其他权益变动而产生的暂时性差异，在长期持有的情况下预计未来期间也不会转回；不确认递延所得税。

## 二、负债的计税基础

负债的计税基础是指负债的账面价值减去未来期间计算应纳税所得额时按照税法规定可予抵扣的金额。

计算公式为：负债的计税基础 = 负债的账面价值 - 未来期间可税前扣除的金额

某些情况下，负债的确认可能会影响企业的损益，进而影响不同期间的应纳税所得额，使得其计税基础与账面价值之间产生差额，如按照会计准则规定确认的某些预计负债。

### (一)预计负债

1. 企业因销售商品提供售后服务等原因确认的预计负债

按照或有事项准则的规定，企业应将预计提供售后服务发生的支出在销售当期确认为费用，同时确认预计负债。如果税法规定，有关的支出应于发生时税前扣除，则会产生可抵扣暂时性差异。如果税法规定对于费用支出按照权责发生制原则确定税前扣除时点，则不会产生可抵扣暂时性差异。

**【例2-7】** A公司在2013年销售产品承诺提供3年的保修服务，在当年的利润表中确认了70万元的销售费用，同时确认预计负债，当年未发生任何保修支出。假设税法规定，与产品有关的售后服务费用可在实际发生时税前扣除，计算预计负债的计税基础及所得税费用并进行账务处理。

预计负债账面价值 = 70(万元)

预计负债计税基础 = 70 - 70 = 0

累计可抵扣暂时性差异金额 = 70(万元)

2013年末“递延所得税资产”余额 = 70 × 25% = 17.5(万元)

2013年末“递延所得税资产”发生额 = 17.5(万元)

2013年应缴所得税 = (1 000 + 70) × 25% = 267.5(万元)

2013年所得税费用 = 267.5 - 17.5 = 250(万元)

借：所得税费用　　250

　　递延所得税资产　　17.5

　　贷：应缴税费——应缴所得税　　267.5

2. 未决诉讼

因或有事项确认的预计负债，应按照税法规定的计税原则确定其计税基础。某些情况下，因有些事项确认的预计负债，如果税法规定其支出无论是否实际发生均不允许税前扣除，即未来期间按照税法规定可予抵扣的金额为零，其账面价值与计税基础相同。

**【例2-8】** 甲公司所得税率为25%。2013年12月31日涉及一项违反合同的诉讼案件，甲公司估计败诉的可能性为60%，如败诉，估计赔偿金额很可能为100万元。假定税法规定违反合同的诉讼实际发生时可以税前扣除，假定甲公司税前会计利润为10 000万元。不考虑其他纳税调整。计算2013年预计负债的计税基础、所得税费用并进行账务处理。

预计负债账面价值 = 100（万元）

预计负债计税基础 = 100 - 100 = 0（万元）

可抵扣暂时性差异 = 100（万元）

2013年末"递延所得税资产"余额 = 100 × 25% = 25（万元）

2013年末"递延所得税资产"发生额 = 25（万元）

2013年应缴所得税 = (10 000 + 100) × 25% = 2 525（万元）

2013年所得税费用 = 2 525 - 25 = 2 500（万元）

借：所得税费用 2 500

　　递延所得税资产 25

　贷：应缴税费——应缴所得税 2 525

### （二）预收账款

某些情况下，因不符合会计准则规定的收入确认条件未确认为收入的预收款项，按照税法规定应计入当期应纳税所得额时，有关预收账款的计税基础为0，即因其产生时已经计算缴纳所得税，未来期间可全额税前扣除。

**【例2-9】** A公司于2013年12月20日自客户收到一笔合同预付款，金额为100万元，因不符合收入确认条件，将其作为预收账款核算。假定按照适用税法规定，该款项应计入取得当期应纳税所得额计算缴纳所得税，不考虑其他因素。2013年A公司税前会计利润为10 000万元，所得税率为25%。计算预收账款账面价值、计税基础及所得税费用并进行账务处理。

预收账款账面价值 = 100（万元）

预收账款计税基础 = 100 - 100 = 0

可抵扣暂时性差异 = 100（万元）

2013年末"递延所得税资产"余额 = 100 × 25% = 25（万元）

2013年末"递延所得税资产"发生额 = 25（万元）

2013年应缴所得税 = (10 000 + 100) × 25% = 2 525（万元）

2013年所得税费用 = 2 525 - 25 = 2 500（万元）

借：所得税费用 2 500

　　递延所得税资产 25

　贷：应缴税费——应缴所得税 2 525

## (三)以公允价值计量且其变动计入当期损益的金融负债

**【例2－10】** 2013年10月2日A公司发行1 000万张人民币短期融资券,期限为1年,票面利率为6%,每张面值为100元,到期一次还本付息。A公司将该短期融资券指定为以公允价值计量且其变动计入当期损益的金融负债。年末该短期融资券的市场价格每张95元(不含利息)。做出与短期融资券相关的会计处理,以及相应的所得税会计处理。

(1)2013年10月2日发行短期融资券

借:银行存款　　(5 000×100)500 000

　贷:交易性金融负债—成本　　500 000

(2)2013年12月31日

借:交易性金融负债——公允价值变动　　25 000

　贷:公允价值变动损益　　25 000(500 000－5 000×95)

借:投资收益　　(500 000×6%×3/12)7 500

　贷:应付利息　　7 500

(3)所得税处理

交易性金融负债的账面价值＝500 000－25 000＝475 000(万元)

交易性金融负债的计税基础＝500 000(万元)

应纳税暂时性差异＝25 000(万元)

递延所得税负债＝25 000×25%＝6 250(万元)

递延所得税费用＝6 250

借:所得税费用　　6 250

　贷:递延所得税负债　　6 250

## (四)应付职工薪酬

应付职工薪酬,需要纳税调整如表2－1所示。

**表2－1　应付职工薪酬需纳税调整项目表**

| 项　目 | 需要纳税调整 | 递延所得税 |
| --- | --- | --- |
| 合理的工资允许扣除,如果超过部分 | 在发生当期不得税前扣除,以后期间也不得税前扣除:纳税调增 | 不确认 |
| 超过14%部分福利费及超过2%部分工会经费 | 在发生当期不允许税前扣除,以后期间也不得税前扣除:纳税调增 | 不确认 |
| 超过2.5%部分职工教育经费 | 在发生当期不允许税前扣除,以后期间则可税前扣除:纳税调增 | 确认递延所得税资产 |
| 辞退福利 | 假定税法规定,与该项辞退福利有关的补偿款于实际支付时可税前抵扣:纳税调增 | 确认递延所得税资产 |

**【例2－11】** 甲公司2013年度税前会计利润为10 000万元,所得税税率为25%。

（1）甲公司全年应付职工薪酬为 2 850 万元，其中：工资、薪金为 2 000 万元，职工福利费 300 万元，工会经费 50 万元，因现金结算股份支付确认管理费用 500 万元；假定甲公司全年无其他纳税调整因素。

（2）税法规定，企业发生的合理的工资、薪金支出准予据实扣除；企业发生的职工福利费支出，不超过工资、薪金总额 14% 的部分准予扣除；企业拨缴的工会经费，不超过工资、薪金总额 2% 的部分准予扣除；与股份支付有关确认的费用于实际支付时可税前抵扣。做出相应的所得税会计处理。

（1）应纳税所得额 = 10 000 + 职工福利费（300 − 2 000 × 14%）+ 工会经费（50 − 2 000 × 2%）+ 股份支付确认管理费用 500 万元 = 10 000 +（300 − 280）+（50 − 40）+ 500 = 10 530（万元）

（2）当期应缴所得税额 = 10530 × 25% = 2632.5（万元）

（3）负债账面价值 = 2850（万元）；负债计税基础 = 2850 − 500 = 2350（万元）；形成可抵扣暂时性差异 = 500（万元）

借：所得税费用　　　　2 507.5（2632.5 − 125）
　　递延所得税资产　　　125（500 × 25%）
　　贷：应缴税费——应缴所得税　　　2 632.5

### （五）权益结算的股份支付

2012 年 5 月 23 日，国家税务总局发布了《国家税务总局关于我国居民企业实行股权激励计划有关企业所得税处理问题的公告》（国家税务总局公告 2012 年第 18 号），明确了我国对于股权激励企业所得税的处理原则。

（1）对股权激励计划实行后立即可以行权的，上市公司可以根据实际行权时该股票的公允价格与激励对象实际行权支付价格的差额和数量，计算确定作为当年上市公司工资薪金支出，依照税法规定进行税前扣除。

（2）对股权激励计划实行后，需待一定服务年限或者达到规定业绩条件（以下简称等待期）方可行权的。上市公司等待期内会计上计算确认的相关成本费用，不得在对应年度计算缴纳企业所得税时扣除。在股权激励计划可行权后，上市公司方可根据该股票实际行权时的公允价格与当年激励对象实际行权支付价格的差额及数量，计算确定作为当年上市公司的工资薪金支出，依照税法规定进行税前扣除。

（3）本条所指股票实际行权时的公允价格，以实际行权日该股票的收盘价格确定。

### （六）其他负债

如企业应缴的罚款和滞纳金等，在尚未支付之前按照会计准则规定确认为费用，同时作为负债反映。税法规定，罚款和滞纳金不能税前扣除，其计税基础为账面价值减去未来期间计税时可予税前扣除的金额之间的差额，即计税基础等于账面价值，不产生暂时性差异。

**【例 2 − 12】**　A 公司所得税率为 25%，假定 A 公司税前会计利润为 10 000 万元。不考虑其他纳税调整，2013 年 12 月接到下列处罚书面通知书：（1）因违反当地有关环保法规的规定，接到环保部门的处罚通知，要求其支付罚款 3 000 万元。税法规定，企业因违反国家有关法律法规支付的罚款和滞纳金，计算应纳税所得额时不允许税前扣除。至 2013 年 12

月31日，该项罚款尚未支付。(2)因违反税收法规的规定，接到税务部门的处罚通知，要求其支付罚款2 000万元。税法规定，企业因违反国家有关法律法规支付的罚款和滞纳金，计算应纳税所得额时不允许税前扣除。至2013年12月31日，该项罚款尚未支付。计算所得税费用以及做出相应的所得税会计处理。

负债账面价值 = 5 000(万元)

负债计税基础 = 5 000 - 0 = 5 000(万元)

不形成暂时性差异

借:所得税费用　　　　3 750[(10 000 + 5 000) × 25%]

　贷:应缴税费——应缴所得税　　　　3 750

## 三、暂时性差异

暂时性差异，是指资产或负债的账面价值与其计税基础之间的差额。

### (一)应纳税暂时性差异

所谓应纳税暂时性差异是指在确定未来收回资产或清偿负债期间的应纳税所得额时，将导致产生应税金额的暂时性差异。较为直观的认定规律是：当暂时性差异使得应缴所得税先小于所得税费用、后大于所得税费用时此差异即可认定为应纳税暂时性差异。

### (二)可抵扣暂时性差异

所谓可抵扣暂时性差异，是指在确定未来收回资产或清偿负债期间的应纳税所得额时，将导致产生可抵扣金额的暂时性差异。较为直观的认定规律是：当暂时性差异使得应缴所得税先大于所得税费用、后小于所得税费用时此差异即可认定为可抵扣暂时性差异。

### (三)资产负债表债务法的运算原理

(1)当资产的账面价值小于计税基础时，会产生可抵扣暂时性差异；

(2)新增可抵扣暂时性差异会追加应税所得，转回可抵扣暂时性差异时会冲减应税所得；

(3)可抵扣暂时性差异匹配“递延所得税资产”科目，新增可抵扣暂时性差异时列入借方，转回可抵扣暂时性差异时列入贷方；

(4)“递延所得税资产”的登账额 = 当期可抵扣暂时性差异的变动额 × 所得税税率；

(5)“递延所得税资产”的余额 = 该时点可抵扣暂时性差异 × 当时的税率；

(6)当资产的账面价值大于计税基础时，会产生应纳税暂时性差异；

(7)新增应纳税暂时性差异会调减应税所得，转回应纳税暂时性差异时会追加应税所得；

(8)应纳税暂时性差异匹配“递延所得税负债”科目，新增应纳税暂时性差异时列入贷方，转回应纳税暂时性差异时列入借方；

(9)“递延所得税负债”的登账额 = 当期应纳税暂时性差异的变动额 × 所得税税率；

(10)“递延所得税负债”的余额 = 该时点应纳税暂时性差异 × 当时的税率；

(11)当负债的账面价值大于计税基础时，会产生可抵扣暂时性差异；

(12)当负债的账面价值小于计税基础时，会产生应纳税暂时性差异。

## （四）特殊项目产生的暂时性差异

1. 未作为资产、负债确认的项目产生的暂时性差异

企业发生的符合条件的广告费和业务宣传费支出，除另有规定外，不超过当年销售收入15%的部分，准予扣除；超过部分准予在以后纳税年度结转扣除。该类费用在发生时按照会计准则规定即计入当期损益，不形成资产负债表中的资产，但按照税法规定可以确定其计税基础的，两者之间的差异也形成暂时性差异。

**【例2－13】** A公司所得税率为25%。假定A公司税前会计利润为10 000万元。不考虑其他纳税调整。2013年发生17 000万元广告费支出，发生时已作为销售费用计入当期损益。税法规定，该类支出不超过当年销售收入15%的部分允许当期税前扣除，超过部分允许向以后年度结转税前扣除。A公司2013年实现销售收入100 000万元。进行相应的所得税会计处理。

资产账面价值＝0

资产计税基础＝17 000－100 000×15%＝2 000（万元）

可抵扣暂时性差异＝2 000（万元）

2013年末“递延所得税资产”余额＝2 000×25%＝500（万元）

2013年应缴所得税＝（10 000＋2 000）×25%＝3 000（万元）

2013年所得税费用＝3 000－500＝2 500（万元）

借：所得税费用　　　　2 500

　　递延所得税资产　　　　500

　　贷：应缴税费——应缴所得税　　　3 000

2. 可抵扣亏损及税款抵减产生的暂时性差异

对于按照税法规定可以结转以后年度的未弥补亏损及税款抵减，在会计处理上，与可抵扣暂时性差异的处理相同，符合条件的情况下，应确认与其相关的递延所得税资产。

3. 企业合并中取得的有关资产、负债产生的暂时性差异

因企业会计准则规定与税收法规规定不同，可能使得对于企业合并中取得资产、负债的入账价值与按照税法规定确定的计税基础不同，如对于非同一控制下企业合并，购买方对于合并中取得的可辨认资产、负债按照企业会计准则规定应当按照其在购买日的公允价值确认，而如果该合并按照税法规定属于免税改组，即购买方在合并中取得的可辨认资产、负债维持其原计税基础不变，则会产生因企业合并中取得可辨认资产、负债的公允价值与其计税基础不同，形成暂时性差异。

4. 商誉的处理

商誉只有在计提减值准备时才认定为可抵扣暂时性差异，确认递延所得税资产，其余差异均不考虑。

5. 提取长期股权投资除减值的处理

长期股权投资除减值提取按可抵扣暂时性差异处理外，其余差异均按非暂时性差异处理。

6. 与直接计入所有者权益的交易或事项相关的所得税

与当期及以前期间直接计入所有者权益的交易或事项相关的当期所得税及递延所得税应当计入所有者权益。直接计入所有者权益的交易或事项主要有：对会计政策变更采用

追溯调整法或对前期差错更正采用追溯重述法调整期初留存收益、可供出售金融资产公允价值的变动计入所有者权益、同时包含负债及权益成分的金融工具在初始确认时计入所有者权益等。

(五)资产负债表债务法下既有永久性差异又有暂时性差异时的会计处理

1. 永久性差异的概念

该差异仅影响发生当期,不影响以后期间,不存在不同会计期间摊配问题,如果此差异对应了资产或负债,则账面价值与计税基础相同。

2. 永久性差异的分类

(1)会计认定为收入的税务不认定,比如国债利息收入;

(2)税务认定为费用而会计不认定,比如企业研发费用的追加扣税额;

(3)会计认定为费用而税务不认定,常见的有超标的业务招待费、罚没支出、超过同期金融机构贷款利率标准的利息费用、超标的公益性捐赠支出、非公益性捐赠支出等。

(4)税务认定为收入而会计不认定。

3. 永久性差异对资产负债账面价值的影响

永久性差异对应的资产或负债其账面价值通常与计税基础一致。比如因罚没支出形成的“其他应付款”,其账面价值与计税基础均为入账额,二者没有差异。

## 第三节 递延所得税负债和递延所得税资产的核算

### 一、递延所得税负债的核算

(一)递延所得税负债的确认

企业在确认因纳税暂时性差异产生的递延所得税负债时,应遵循以下原则:

(1)除所得税准则中明确规定可不确认递延所得税负债的情况以外,企业对于所有的应纳税暂时性差异均应确认相关的递延所得税负债。除与直接计入所有者权益的交易或事项以及企业合并中取得资产、负债相关的以外,在确认递延所得税负债的同时,应增加利润表中的所得税费用。

(2)商誉的初始确认。非同一控制下的企业合并中,企业合并成本大于合并中取得的被购买方可辨认净资产公允价值份额的差额,按照会计准则规定应确认为商誉。会计上作为非同一控制下的企业合并,但如果按照税法规定计税时作为免税合并的情况下,商誉的计税基础为零,其账面价值与计税基础形成应纳税暂时性差异(商誉作为资产账面价值大于计税基础),准则中规定不确认与其相关的递延所得税负债(承认这个应纳税暂时性差异,但是这个差异不记账)。

**【例2-14】** A企业以增发市场价值为15 000万元的自身普通股为对价购入B企业100%的净资产,对B企业进行吸收合并(直接接收对方资产和负债),合并前A企业与B企业不存在任何关联方关系(非同一控制下企业合并)。假定该项合并符合税法规定的免税合并条件,交易各方选择进行免税处理,购买日B企业各项可辨认资产、负债的公允价值及其计税基础如表2-2所示。

表 2－2 资产、负债的公允价值及其计税基础

单位：万元

| | 公允价值 | 计税基础 | 暂时性差异 |
|---|---|---|---|
| 固定资产 | 6 750 | 3 875 | 2 875 |
| 应收账款 | 5 250 | 5 250 | — |
| 存货 | 4 350 | 3 100 | 1 250 |
| 其他应付款 | (750) | 0 | (750) |
| 应付账款 | (3 000) | (3000) | 0 |
| 不包括递延所得税的可辨认资产、负债的公允价值 | 12 600 | 9 225 | 3 375 |

B 企业适用的所得税税率为 25%，预期在未来期间不会发生变化，该项交易中应确认递延所得税负债及商誉的金额计算如下：

可辨认净资产公允价值　　12 600

递延所得税资产（可抵扣暂时性差异 × 税率）　　(750 × 25%) 187.5

递延所得税负债（应纳税暂时性差异 × 税率）　　(4 125 × 25%) 1 031.25

考虑递延所得税后

可辨认资产、负债的公允价值　　11 756.25（12 600 + 187.5 － 1 031.25）

商誉　　3 243.75（倒挤）

企业合并成本　　15 000（已知条件）

因该项合并符合税法规定的免税合并条件，即商誉的计税基础为零。

该项合并中所确认的商誉金额 3 243.75 万元与其计税基础零之间产生的应纳税暂时性差异，按照准则中规定，不再进一步确认相关的所得税影响。

应税合并应予说明的是，按照会计准则规定在非同一控制下企业合并中确认了商誉，并且按照所得税法规的规定商誉在初始确认时计税基础等于账面价值的，该商誉在后续计量过程中因会计准则与税法规定不同产生暂时性差异的（比如提减值），应当确认相关的所得税影响。

### （二）递延所得税负债的计量

（1）对于递延所得税负债，按照预期清偿该负债期间的适用税率计量。即递延所得税负债应以相关应纳税暂时性差异转回期间的所得税税率计量。

（2）无论应纳税暂时性差异的转回期间如何，准则中规定递延所得税负债不要求折现。

## 二、递延所得税资产的核算

### （一）递延所得税资产的确认

（1）确认由可抵扣暂时性差异产生的递延所得税资产，应当以未来期间很可能取得用来抵扣可抵扣暂时性差异的应纳税所得额为限。因为确认的递延所得税资产要在以后期间转回的，所以在确认时要考虑以后期间是否有足够的应纳税所得额用以抵扣转回的可抵

扣暂时性差异。

(2)企业对于能够结转以后年度的可抵扣亏损和税款抵减,应当以很可能获得用来抵扣可抵扣亏损和税款抵减的未来应纳税所得额为限,确认相应的递延所得税资产。

### (二)递延所得税资产的计量

1. 税率的确定

确认递延所得税资产时,应估计相关可抵扣暂时性差异的转回时间,以转回期间适用的所得税税率为基础计算确定。无论相关的可抵扣暂时性差异转回期间如何,递延所得税资产均不予抵销。

2. 递延所得税资产的减值

(1)资产负债表日,企业应当对递延所得税资产的账面价值进行复核。如果未来期间很可能无法取得足够的应纳税所得额用以利用递延所得税资产的利益,应当减记递延所得税资产的账面价值(借记"所得税费用",贷记"递延所得税资产")。

(2)递延所得税资产的账面价值减记以后,以后期间根据新的环境和情况判断能够产生足够的应纳税所得额利用可抵扣暂时性差异,使得递延所得税资产包含的经济利益能够实现的,应相应恢复递延所得税资产的账面价值(借记"递延所得税资产",贷记"所得税费用")。

## 三、特定交易或事项中涉及递延所得税的确认

### (一)与直接计入所有者权益的交易或事项相关的所得税

与当期及以前期间直接计入所有者权益的交易或事项相关的当期所得税及递延所得税应当计入所有者权益。直接计入所有者权益的交易或事项。

(1)对会计政策变更采用追溯调整法或对前期差错更正采用追溯重述法调整期初留存收益;

(2)可供出售金融资产公允价值的变动计入所有者权益。

### (二)与企业合并相关的递延所得税

(1)企业在发生企业合并交易或事项时,因会计准则规定与税法规定不同产生的递延所得税的确认,其对应的会计科目为商誉。

(2)已确认的商誉,且未减值,合并中所确认的商誉金额与其计税基础之间产生的应纳税暂时性差异,按照准则中规定,不再进一步确认相关的所得税影响。

(3)在企业合并中,购买方取得被购买方的可抵扣暂时性差异,比如,购买日取得的被购买方在以前期间发生的未弥补亏损等可抵扣暂时性差异。按照税法规定可以用于抵减以后年度应纳税所得额,但在购买日因不符合递延所得税资产的确认条件的,不应予以确认。购买日后 12 个月内,如果取得新的或进一步的信息表明相关情况在购买日已经存在,预期被购买方在购买日可抵扣暂时性差异带来的经济利益能够实现的,购买方应当确认相关的递延所得税资产,同时减少由该企业合并所产生的商誉,商誉不足冲减的,差额部分确认为当期损益(所得税费用)。除上述情况以外(比如,购买日后超过 12 个月、或在购买日不存在相关情况但购买日以后出现新的情况导致可抵扣暂时性差异带来的经济利益预期能够实现),如果符合了递延所得税资产的确认条件,确认与企业合并相关的递延所得税资

产，应当计入当期损益（所得税费用），不得调整商誉。

**【例 2 – 15】** 甲公司于 2012 年 1 月 1 日购买乙公司 80% 的股权，形成非同一控制下的企业合并，因会计准则规定与适用税法规定的处理方法不同在购买日产生可抵扣暂时性差异 3 000 万元。假定购买日及未来期间企业适用的所得税税率为 25%。购买日因预计未来期间无法取得足够的应纳税所得额，未确认与可抵扣暂时性差异相关的递延所得税资产 750（3 000 × 25%）万元。在购买日之后 6 个月，企业预计能够产生足够的应纳税所得额用来抵扣原合并时产生的 3 000 万元可抵扣暂时性差异的影响，企业应当考虑导致该利益变为很可能实现的事实和环境是否在购买日已经存在。做出该企业相应的会计处理。

（1）如果这些事实和环境在购买日已经存在，假定购买日已确认的商誉金额为 500 万元。企业应进行以下账务处理：

借：递延所得税资产　750

　贷：商誉　500（冲减购买日确认的商誉金额为 50 万元）

　　所得税费用　250

（2）如果这些事实和环境在购买日已经存在，假定购买日确认的商誉金额为 2 000 万元。企业应进行以下账务处理：

借：递延所得税资产　750

　贷：商誉　　750（冲减购买日确认的商誉金额 2000 万元的其中 750 万元）

（3）如果这些事实和环境出现在购买日之后，企业应进行以下账务处理：

借：递延所得税资产　750

　贷：所得税费用　　　750

### 四、适用税率变化对已确认递延所得税资产和递延所得税负债的影响

因适用税收法规的变化，导致企业在某一会计期间适用的所得税税率发生变化的，企业应对已确认的递延所得税资产和递延所得税负债按照新的税率进行重新计量。应对原已确认的递延所得税资产及递延所得税负债的金额进行调整，反映税率变化带来的影响。

除直接计入所有者权益的交易或事项产生的递延所得税资产及递延所得税负债，相关的调整金额应计入所有者权益以外，其他情况下因税率变化产生的递延所得税资产及递延所得税负债的调整金额应确认为变化当期的所得税费用（或收益）。

## 第四节　所得税费用的计算和账务处理

### 一、当期所得税的计算和账务处理

当期所得税，是指企业按照税法规定计算确定的针对当期发生的交易和事项，应缴纳给税务部门的所得税金额，即应缴所得税，应以适用的税收法规为基础计算确定，即

当期所得税 = 当期应缴所得税

企业在确定当期所得税时，对于当期发生的交易或事项，会计处理与税收处理不同的，应在会计利润的基础上，按照适用税收法规的要求进行调整，计算出当期应纳税所得额，按照应纳税所得额与适用所得税税率计算确定当期应缴所得税。一般情况下，应纳税所得额可在会计利润的基础上，考虑会计与税收法规的差异，按照以下公式计算确定：

应纳税所得额 = 会计利润 + 按照会计准则规定计入利润表但计税时不允许税前扣除的费用 ± 计入利润表的费用与按照税法规定可予税前抵扣的金额之间的差额 ± 计入利润表的收入与按照税法规定应计入应纳税所得额的收入之间的差额 - 税法规定的不征税收入 ± 其他需要调整的因素

借:所得税费用　　　　　　　　×××

　贷:应缴税费——应缴所得税　　　　　×××

## 二、递延所得税的计算和账务处理

递延所得税是指按照企业会计准则规定应予确认的递延所得税资产和递延所得税负债在期末应有的金额相对于原已确认金额之间的差额,即递延所得税资产及递延所得税负债的当期发生额,但不包括直接计入所有者权益的交易或事项及企业合并的所得税影响。用公式表示为:

递延所得税 =(递延所得税负债的期末余额 - 递延所得税负债的期初余额) - (递延所得税资产的期末余额 - 递延所得税资产的期初余额)

应予说明的是,确认递延所得税资产或递延所得税负债,一般应当计入所得税费用,但是以下两种情况除外。

(1)资本公积:直接计入所有者权益的交易,即其他综合收益;

(2)商誉:企业合并中取得的资产、负债,其账面价值与计税基础不同,应确认相关递延所得税的,递延所得税的确认影响合并中产生的商誉或是计入当期损益的金额,不影响所得税费用。

**【例 2 - 16】** A 公司适用的所得税率为 25%,各年税前会计利润均为 1 000 万元。企业在计税时,对该项无形资产按照 10 年的期限摊销,摊销金额允许税前扣除。

(1)A 公司于 2012 年 1 月 1 日取得的某项无形资产,取得成本为 100 万元,取得该项无形资产后,根据各方面情况判断,A 公司无法合理预计其使用期限,将其作为使用寿命不确定的无形资产;

(2)2013 年 12 月 31 日,对该项无形资产进行减值测试,可收回金额为 60 万元。

要求:计算 2012 年和 2013 年末的所得税费用。

(1)2012 年末:

账面价值 = 100(万元)

计税基础 = 100 - 10 = 90(万元)

应纳税暂时性差异 = 10(万元)

"递延所得税负债"发生额 = 10 × 25% = 2.5(万元)

应缴所得税 = (1000 + 0 - 10) × 25% = 247.5(万元)

所得税费用 = 247.5 + 2.5 = 250(万元)

(2)2013 年末:

计提减值准备 = 100 - 60 = 40(万元)

账面价值 = 60(万元)

计税基础 = 100 - 10 × 2 = 80(万元)

可抵扣暂时性差异 = 20(万元)

"递延所得税资产"余额 = 20 × 25% = 5(万元)

“递延所得税负债”发生额 = 0 - 2.5 = -2.5（万元）

“递延所得税资产”发生额 = 5 - 0 = 5（万元）

递延所得税收益 = 2.5 + 5 = 7.5（万元）

应缴所得税 = (1000 + 40 - 10) × 25% = 257.5（万元）

所得税费用 = 257.5 - 7.5 = 250（万元）

## 三、所得税费用

利润表中的所得税费用由两个部分组成：当期所得税和递延所得税，即

所得税费用 = 当期所得税 + 递延所得税

计入当期损益的所得税费用或收益不包括企业合并和直接在所有者权益中确认的交易或事项产生的所得税影响。与直接计入所有者权益的交易或者事项相关的当期所得税和递延所得税，应当计入所有者权益。

所得税费用应当在利润表中单独列示。

**【例2-17】** 甲公司适用的企业所得税税率为25%。甲公司申报20×8年度企业所得税时，涉及以下事项：

(1)20×8年，甲公司应收账款年初余额为300万元，坏账准备年初余额为零；应收账款年末余额为2400万元，坏账准备年末余额为200万元。税法规定，企业计提的各项资产减值损失在未发生实质性损失前不允许税前扣除。

(2)20×8年9月5日，甲公司以240万元购入某公司股票，作为可供出售金融资产处理。至12月31日，该股票尚未出售，公允价值为260万元。税法规定，资产在持有期间公允价值的变动不计税，在处置时一并计算应计入应纳税所得额的金额。

(3)甲公司于20×6年1月购入的对乙公司股权投资的初始投资成本为280万元，采用成本法核算。20×8年10月3日，甲公司从乙公司分得现金股利20万元，计入投资收益。至12月31日，该项投资未发生减值。甲公司、乙公司均为设在我国境内的居民企业。税法规定，我国境内居民企业之间取得的股息、红利免税。

(4)20×8年，甲公司将业务宣传活动外包给其他单位，当年发生业务宣传费480万元，至年末尚未支付。甲公司当年实现销售收入3000万元。税法规定，企业发生的业务宣传费支出，不超过当年销售收入15%的部分，准予税前扣除；超过部分，准予结转以后年度税前扣除。

(5)其他相关资料

①20×7年12月31日，甲公司存在可于3年内税前弥补的亏损260万元，甲公司对这部分未弥补亏损已确认递延所得税资产65万元。

②甲公司20×8年实现利润总额300万元。

③除上述各项外，甲公司会计处理与税务处理不存在其他差异。

④甲公司预计未来期间能够产生足够的应纳税所得额用于抵扣可抵扣暂时性差异，预计未来期间适用所得税税率不会发生变化。

⑤甲公司对上述交易或事项已按企业会计准则规定进行处理。

要求：

(1)确定甲公司20×8年12月31日有关资产、负债的账面价值及其计税基础，并计算相应的暂时性差异。

(2)计算甲公司20×8年应确认的递延所得税费用(或收益)。

(3)编制甲公司20×8年与所得税相关的会计分录。

计算过程如下:

(1)甲公司20×8年暂时性差异计算表如表2-3所示。

**表2-3　暂时性差异计算表**

单位:万元

| 项 目 | 账面价值 | 计税基础 | 应纳税暂时性差异 | 可抵扣暂时性差异 |
|---|---|---|---|---|
| 应收账款 | 2 400-200=2 200 | 2 400 | | 200 |
| 可供出售金融资产 | 260 | 240 | 20 | |
| 长期股权投资 | 280 | 280 | | |
| 其他应付款 | 480 | 3 000×15% =450 | | 30 |

(2)递延所得税资产=(200+30)×25% -65= -7.5(万元)

(3)甲公司20×8年的应纳税所得额=300+200-20+30-260=250(万元)

应缴所得税=250×25% =62.5(万元)

借:所得税费用　　70

　资本公积——其他资本公积　　5

　贷:应缴税费——应缴所得税　　62.5

　　递延所得税资产　　7.5

　　递延所得税负债　　5

## 四、所得税费用计算和账务处理

计算确定了当期所得税及递延所得税以后,利润表中应予确认的所得税费用为两者之和,即所得税费用=当期所得税+递延所得税。

**【例2-18】** A公司20×7年度利润表中利润总额为3 000万元,该公司适用的所得税税率为25%。递延所得税资产及递延所得税负债不存在期初余额。与所得税核算有关的情况如下:

20×7年发生的有关交易和事项中,会计处理与税收处理存在差别的有:

(1)20×7年1月开始计提折旧的一项固定资产,成本为1 500万元,使用年限为10年,净残值为0,会计处理按双倍余额递减法计提折旧,税收处理按直线法计提折旧。假定税法规定的使用年限及净残值与会计规定相同。

会计折旧=1 500×2/10=300(万元)

税收折旧=1 500/10=150(万元)

(2)向关联企业捐赠现金500万元。假定按照税法规定,企业向关联方的捐赠不允许税前扣除。

(3)当期取得作为交易性金融资产核算的股票投资成本为800万元,20×7年12月31日的公允价值为1 200万元。税法规定,以公允价值计量的金融资产持有期间市价变动不计入应纳税所得额。

（4）违反环保法规定应支付罚款250万元。

（5）期末对持有的存货计提了75万元的存货跌价准备，该存货原值2 075万元。

分析：

（1）20×7年度当期应缴所得税

应纳税所得额＝3 000＋150＋500－400＋250＋75＝3 575（万元）

应缴所得税＝3 575×25%＝893.75（万元）

（2）20×7年度递延所得税

递延所得税资产＝225×25%＝56.25（万元）

递延所得税负债＝400×25%＝100（万元）

递延所得税＝100－56.25＝43.75（万元）

（3）利润表中应确认的所得税费用

所得税费用＝893.75＋43.75＝937.50（万元），确认所得税费用的账务处理如下：

借：所得税费用　　9 375 000（倒挤）

　　递延所得税资产　　562 500

　　贷：应缴税费——应缴所得税　　8 937 500

　　　　递延所得税负债　　1 000 000

该公司20×7年资产负债表相关项目金额及其计税基础如表2－4所示。

**表2－4　暂时性差异计算表**　　单位：万元

| 项　目 | 账面价值 | 计税基础 | 差　异 | |
|---|---|---|---|---|
| | | | 应纳税暂时性差异 | 可抵扣暂时性差异 |
| 存货 | 2 000 | 2 075 | | 75 |
| 固定资产： | | | | |
| 固定资产原价 | 1 500 | 1 500 | | |
| 减：累计折旧 | 300 | 150 | | |
| 减：固定资产减值准备 | 0 | 0 | | |
| 固定资产账面价值 | 1 200 | 1 350 | | 150 |
| 交易性金融资产 | 1 200 | 800 | 400 | |
| 其他应付款 | 250 | 250 | | |
| 总　计 | | | 400 | 225 |

## 五、所得税的列报

### （一）当期所得税资产及当期所得税负债以抵销后的净额列示

同时满足以下条件的，企业应当将当期所得税资产及当期所得税负债以抵销后的净额列示：

（1）企业拥有以净额结算的法定权利；

(2)意图以净额结算或取得资产、清偿负债同时进行。

对于当期所得税资产及当期所得税负债以净额列示是指当企业实际缴纳的所得税税款大于按照税法规定计算的应缴税时,超过部分在资产负债表中应当列示为“其他流动资产”;当企业实际缴纳的所得税税款小于按照税法规定确定的应缴税时,差额部分应当作为资产负债表中的“应缴税费”项目列示。

### (二)递延所得税资产及递延所得税负债以抵销后的净额列示

同时满足以下条件的,企业应当将递延所得税资产及递延所得税负债以抵销后的净额列示:

(1)企业拥有以净额结算当期所得税资产及当期所得税负债的法定权利;

(2)递延所得税资产及递延所得税负债是与同一税收征管部门对同一纳税主体征收的所得税相关或者是对不同的纳税主体相关,但在未来每一具有重要性的递延所得税资产及负债转回的期间内,涉及的纳税主体意图以净额结算当期所得税资产和负债或是同时取得资产、清偿负债。

### (三)合并财务报表

一方的当期所得税资产或递延所得税资产与另一方的当期所得税负债或递延所得税负债一般不能予以抵销,除非所涉及的企业具有以净额结算的法定权利并且意图以净额结算。

## 复习思考题

**【简答题】**

1. 所得税会计产生的原因是什么?
2. 资产负债表债务法的程序是什么?
3. 新增暂时性差异与转回暂时性差异是如何界定的?
4. 固定资产及无形资产账面价值与计税基础产生差异的原因是什么?
5. 所得税费用是怎么构成的?

**【计算分析题】**

1. 甲公司为增值税一般纳税企业,适用的增值税税率为17%。适用的所得税税率为25%,采用资产负债表债务法核算所得税,假定产生的可抵扣暂时性差异预计在未来有足够的应纳税所得额用于抵扣;不考虑其他相关税费。商品销售价格均不含增值税额;商品销售成本按发生的经济业务逐笔结转。销售商品及提供劳务均为主营业务;所提供的劳务均属于工业性劳务。商品、原材料及劳务销售均为正常的商业交易,采用公允的价格结算。除特别指明外,所售资产均未计提减值准备。

甲公司2014年12月发生的经济业务及相关资料如下:

①12月1日,与A公司签订合同,向A公司销售商品一批,以托收承付方式结算。该批商品的销售价格为1 000万元,实际成本为800万元。12月5日,商品已发出并向银行办理了托收承付手续。

②12月1日,与B公司签订合同,向B公司销售商品一批。该批商品的销售价格为

400 万元，实际成本为 340 万元。商品已发出，款项已收到。该合同规定，甲公司应在 2013 年 6 月 1 日将该批商品回购，回购价格为 418 万元（不含增值税额）。

③12 月 10 日，收到 A 公司来函。来函提出，11 月 5 日所购商品外观存在质量问题，要求在销售价格上给予 8% 的折让。甲公司同意了 A 公司提出的折让要求。12 月 12 日，收到 A 公司支付的含增值税额的价款 1 076.4 万元（A 公司已扣除总价款的 8%），并收到 A 公司交来的税务机关开具的索取折让证明单。甲公司开具了红字增值税专用发票。

④12 月 12 日，与 E 公司签订合同，向 E 公司销售本公司生产的一条生产线，销售价格为 8 000 万元，实际成本为 7 200 万元。合同规定：该生产线的安装调试由甲公司负责，如安装调试未达到合同要求，E 公司可以退货。至 12 月 31 日，货已发出但安装调试工作尚未完成。

⑤12 月 20 日，向 H 公司出售一项专利权，价款为 765 万元，款项已收到并存入银行。该专利权的账面价值为 602 万元，出售该专利权应缴纳营业税 38 万元。

⑥12 月 25 日，对外出售一项持有至到期投资，收到价款 80 万元。该债券投资的账面余额为 105 万元，已经计提减值准备为 45 万元，已经确认但尚未收到的分期付息利息为 5 万元。

⑦12 月 31 日，确认并收到国家按产品销量及规定的补助定额计算的定额补贴 60 万元。

⑧12 月 31 日，计提坏账准备 4 万元，计提存货跌价准备 16 万元，计提在建工程减值准备 10 万元。

⑨除上述经济业务外，本月还发生销售费用 8 万元，管理费用 4 万元，财务费用 9 万元和营业税金及附加 56 万元。

⑩12 月 31 日，计算并结转本月应缴所得税（假定不考虑减值准备外的其他纳税调整事项）。

要求：(1) 计算 2014 年 12 月甲公司利润表中营业利润项目的金额；

(2) 2012 年 12 月甲公司利润表中利润总额项目的金额；

(3) 2012 年 12 月甲公司利润表中净利润项目的金额万元；

(4) 2012 年 12 月甲公司利润表中营业收入项目的金额。

2. 甲公司 2009 年度涉及所得税的有关交易或事项如下：

(1) 甲公司持有乙公司 40% 股权，与丙公司共同控制乙公司的财务和经营政策。甲公司对乙公司的长期股权投资系甲公司 2007 年 2 月 8 日购入，其初始投资成本为 3000 万元，初始投资成本小于投资时应享有乙公司可辨认净资产公允价值份额的差额为 400 万元。甲公司拟长期持有乙公司股权。根据税法规定，甲公司对乙公司长期股权投资的计税基础等于初始投资成本。

(2) 2009 年 1 月 1 日，甲公司开始对 A 设备计提折旧。A 设备的成本为 8 000 万元，预计使用 10 年，预计净残值为零，采用年限平均法计提折旧。根据税法规定，A 设备的折旧年限为 16 年。假定甲公司 A 设备的折旧方法和净残值符合税法规定。

(3) 2009 年 7 月 5 日，甲公司自行研究开发的 B 专利技术达到预定可使用状态，并作为无形资产入账。B 专利技术的成本为 4 000 万元，预计使用 10 年，预计净残值为零，采用直线法摊销。根据税法规定，B 专利技术的计税基础为其成本的 150%。假定甲公司 B 专利技术的摊销方法、摊销年限和净残值符合税法规定。

(4) 2009 年 12 月 31 日，甲公司对商誉计提减值准备 1 000 万元。该商誉系 2007 年 12 月 8 日甲公司从丙公司处购买丁公司 100% 股权并吸收合并丁公司时形成的，初始计量金额为3 500万元,丙公司根据税法规定已经缴纳与转让丁公司100%股权相关的所得税及其他税费。根据税法规定,甲公司购买丁公司产生的商誉在整体转让或者清算相关资产、负债时,允许税前扣除。

(5)甲公司的C建筑物于2007年12月30日投入使用并直接出租,成本为6 800万元。甲公司对投资性房地产采用公允价值模式进行后续计量。2009年12月31日,已出租C建筑物累计公允价值变动收益为1 200万元,其中本年度公允价值变动收益为500万元。根据税法规定,已出租C建筑物以历史成本按税法规定扣除折旧后作为其计税基础,折旧年限为20年,净残值为零,自投入使用的次月起采用年限平均法计提折旧。甲公司2009年度实现的利润总额为15 000万元,适用的所得税税率为25%。假定甲公司未来年度有足够的应纳税所得额用于抵扣可抵扣暂时性差异。

要求:(1)计算甲公司2009年度确认应缴所得税金额;

(2)计算甲公司2009年末无形资产B专利技术确认的递延所得税资产的金额;

(3)计算甲公司2009年应确认所得税费用的金额。

# 第三章　上市公司会计信息的披露

本章介绍了股份公司与上市公司信息披露的基本要求和内容；介绍了分部报告、中期报告的编制要求以及关联交易信息的披露。

**【考核知识点】**

股份公司与上市公司；上市公司信息披露的意义及其法律责任；上市公司信息披露的基本框架；分部报告的编制基础；分部的确定；分部报告的种类及其确定；分部报告信息的披露；中期财务报告的基本构成；关联方关系的确定；关联方交易的确认和类型；关联方信息的披露。

**【重要概念】**

上市公司　信息披露　分部报告　中期报告　关联交易

## 第一节　上市公司信息披露概述

### 一、股份公司与上市公司的定义

上市公司是指所发行的股票经过国务院或者国务院授权的证券管理部门批准，在证券交易所上市交易的股份有限公司。

股份公司是由一定人数的股东所组成，股东以其所认购的股份金额为限对公司承担责任的公司。

### 二、上市公司信息披露的意义及法律责任

#### （一）上市公司信息披露的意义

目前，投资者和社会公众对上市公司信息的获取主要是通过广大媒体阅读各类临时公告和定期报告。投资者和社会公众在获取上市公司信息后，可以作为投资决策的重要依据。因此，上市公司真实、全面、及时、充分地进行信息披露至关重要，只有这样，才能保护投资者的合法权益和社会公共利益。

上市公司对外披露信息，既是其筹资和利益分配的需要，又是与企业有经济利益关系的单位、个人决策以及政府部门进行管理的要求，同时也是上市公司树立自身形象的必要方式。在上市公司以各种书面报告形式披露的信息中，包含着大量的会计信息。会计信息的披露在上市公司的组建和运行中发挥着非常重要的意义。

上市公司信息披露对投资者而言，其重要意义主要在于：

（1）有助于投资者进行投资决策。广大股东和潜在投资者可以在平等的基础上获得上市公司的信息，各投资主体可以根据公开的信息做出恰当的投资决策。

（2）落实公司管理人员托管责任。所有权和管理权相互分离是上市公司的重要特征之一。股东资金投入公司是为了保值和增值，通过上市公司披露的会计信息，可以反映管理

人员的经营业绩和受托经营管理责任的履行情况，进而督促上市公司管理人员进一步做好经营管理工作。

(3)促进上市公司加强经营管理，通过上市公司披露的会计信息，可以反映公司经营管理情况，也可以通过股票价格反映公司经营管理情况，公司董事会、股东会就会从自身利益出发，加强经营管理。

### (二)上市公司信息披露的法律责任

上市公司对其信息披露具有严肃的法律责任，为保护投资者的权益，我国证券法规定，上市公司依法披露的信息必须真实、准确、完整，不得有虚假记载、误导陈述或者重大遗漏。

上市公司不按照规定公开其财务状况，或者对财务会计报告做虚假记载，可能误导投资者，由证券交易所决定暂停其股票上市交易；不按照规定公开其财务状况，或者对财务会计报告做虚假记载、误导性陈述或者重大遗漏，只要投资者在证券交易中遭受损失的，上市公司应当承担赔偿责任。

## 三、上市公司披露的基本框架

为了保证上市公司信息披露的合理性，我国先后颁布了一系列涉及上市公司信息披露的法规如《中华人民共和国公司法》《中华人民共和国证券法》《上市公司信息披露管理办法》《首次公开发行股票并上市管理办法》《公开发行证券的公司信息披露内容与格式准则》等。根据上述法律和行政法规规定，上市公司必须公开披露的信息内容主要包括：招股说明书、上市公司公告书、定期报告书、临时报告书及其他披露文件。其中披露的内容均含有大量的会计信息，比如向广大投资者、债权人及其他信息使用者披露公司财务状况、经营成果和现金流量等对决策有用的信息。

### (一)招股说明书

招股说明书的内容与格式包括：

(1)招股说明书的封面。

(2)招股说明书目录。

(3)招股说明书正文：主要资料；释义；绪言；发售新股的有关当事人；风险因素与对策；募集资金的运用；股利分配政策；验资证明；承销；发行人情况；发行人公司章程摘录；董事、监事、高级管理人员及重要职员；经营业绩；股本；债项；主要固定资产；资产评估；财务会计资料；盈利预测；重要合同及重大诉讼事项；公司发展规划。

(4)招股说明书附录。

(5)招股说明书备查文件。

### (二)上市公告书

上市公告书的主要内容有：

(1)股票获准在证券交易所上市的日期和批准文号；

(2)股票发行情况、股权结构和最大的10名股东的名单及持股数量；

(3)公司创立大会或者股东大会同意公司股票在证券交易所上市交易的决议；

(4)董事、监事和高级管理人员简历及其持有本公司股票的情况；

(5)公司近3年或者成立以来经会计师审计的经营业绩和财务状况以及下一年的盈利预测文件；

(6)公司的名称、住所；

(7)本次发行前每股净资产值和发行结束后每股净资产值；

(8)发起人、发行人简况；

(9)募集资金的运用计划及收益、风险预测；

(10)重要合同、重大诉讼和其他重大事项；

(11)发行人董事会的上市承诺与责任声明；

(12)证券监督管理部门和证券交易所要求载明的其他事项。

### (三)定期报告书

按照《细则》的规定，公司应当在每个会计年度中不少于两次向公众提供公司的定期报告。定期报告包括中期报告和年度报告。

(1)中期报告的内容和格式

中期报告正文：财务报告；经营情况的回馈与展望；重大事件揭示；发行在外股票的变动和股权结构的变化；临时股东大会简介及备查文件。

(2)年度报告内容与格式

封面及目录；年度报告正文：公司简介、会计数据和业务数据摘要、董事长或总经理的业务报告、董事会报告、财务报告、公司在报告年度内发生的重大事件及其披露情况要览、关联企业、有关本公司的参考信息；备查文件。

### (四)临时报告书

上市公司的临时报告，主要包括重大事件公告、公司收购公告。

1. 重大事件公告

上市公司的重大事件是指可能对公司的股票价格产生重大影响的事件。包括(但不限于)以下情况：

(1)公司订立有重要合同，而该合同可能对公司的资产、负债、权益和经营成果中的一项或者多项产生显著影响；

(2)公司的经营政策或者经营项目发生重大变化；

(3)公司发生了重大投资行为或者购置金额较大的长期资产的行为；

(4)公司发生重大债务；

(5)公司未能归还到期重大债务的违约情况；

(6)公司发生重大经营性或者非经营性亏损；

(7)公司资产遭受重大损失；

(8)公司生产经营环境发生重大变化；

(9)新颁布的法律、法规、政策、规章等，可能对公司的经营有显著影响；

(10)董事长、30%以上的董事或者总经理发生变动；

(11)持有公司5%以上的发行在外的普通股的股东，其持有该种股票的增减变化每达到该种股票发行在外总额的2%以上的事实；

(12)涉及公司的重大诉讼事项；

(13)公司进入清算、破产状态;

(14)公司章程的变更,注册资金和注册地址的变更;

(15)发生大额银行退票;

(16)公司更换为其审计的会计师事务所;

(17)公司公开发行的债券或者已发行债券的数额的变更或增减;

(18)公司增资发行股票,或者其可转换公司债券依规定转为股份;

(19)公司营业用主要资产的抵押、出售或者报废一次超过其资产的30%;

(20)发起人或者董事的行为可能依法负有重大损害赔偿责任;

(21)股东大会或监事会议的决定被法院依法撤销;

(22)法院做出裁定禁止对公司有控股权的大股东转让其股份;

(23)公司发生合并或者分立事件。

除上述列举外,其他任何可能对公司股票价格产生重大影响的事件均应视为重大事件。

按照《细则》规定,公司在发生无法事先预测的重大事件后1个工作日内,应当向证监会做出报告;同时应当按其挂牌的证券交易所的规定及时报告该交易 场所。公司在重大事件通告书编制完成后,应当立即报送证监会10份供备案,并备置于公司所在地、挂牌交易的证券交易所、有关证券经营机构及网点,供公众查阅。

公司认为有必要通过新闻媒介披露某一重大事件时,应当在公开该重大事件前向证监会报告其披露方式和内容。如果证监会认为有必要时可对披露时机、方式与内容提供要求,公司应当按照证监会的要求进行披露。

2. 公司收购公告

按照有关规定,发起人以外的任何法人直接或者间接地持有一个上市公司发行在外的普通股达到30%时,应当自该事实发生之日起的45个工作日内,向该上市公司的所有股东发出收购公告书,该公告书除具有事实披露意义外,还具有收购要约的法律意义。收购公告书的披露同样应用采取复杂披露的方式,即收购人应当将不超过5 000字的收购公告书概要刊登在至少一种证监会指定的全国性报刊上;同时应当将收购公告书正本向中国证监会报送10份供备案,并将其备置于公司所在地、挂牌交易的证券交易所、有关的证券经营机构及其网点,以供公众查阅。

收购公告书的内容应当包括以下事项:

(1)收购人名称、所在地、所有制性质及收购代理人;

(2)收购人的董事、监事、高级管理人员名单及简要情况;收购人为非股份有限公司,应说明其主管机构、主要经营管理人员及主要从属和所属机构的情况;

(3)收购人的董事、监事、高级管理人员及其关联公司持有收购人和被收购人股份数量;

(4)持有收购人5%以上股份的股东和最大的10名股东名单及简要说明;

(5)收购价格、支付方式、日程安排及说明;

(6)收购人欲收购股票数量不得低于被收购在外发行普通股的50%;

(7)收购人和被收购人的股东和权利义务;

(8)收购人前3年的资产负债、盈亏概况及股权结构;

(9)收购人在过去12个月中的其他收购情况;

（10）收购人对被收购人继续经营计划；

（11）收购人对被收购人资产的重整计划；

（12）收购人对被收购人员工的安排计划；

（13）被收购人资产重估及说明；

（14）收购后，收购人或收购人与被收购人组成的新公司的章程及有关规则；

（15）收购后，收购人或收购人与被收购人组成的新公司对其关联公司贷款、抵押及债务担保等负债情况；

（16）收购人、被收购人各自现有的重大合同及说明；

（17）收购后，收购人或收购人与被收购人组成的新公司的发展规划和将来一个会计年度的盈利预测；

（18）证监会要求载明的其他事项。

3. 其他临时公告

除重大事件公告和公司收购公告外，上市公司对其他某些实施情况也有信息披露和公告的责任。

## 第二节　分部报告

### 一、分部报告的编制基础

提供分部报告信息的基础涉及的问题是分部报告信息是以集团公司的合并会计报表为基础提供，还是以母公司的个别会计报表为基础提供。对此通常有两种做法，第一种做法是既要以合并会计报表为基础提供，还要以母公司个别报表为基础提供。第二种做法是仅以合并会计报表为基础提供。目前，国际上通行的做法是以合并会计报表为基础提供。国际会计准则第 14 号认为：如果一份财务报告既包括证券公开交易的企业的合并财务报表也包括母公司或一个或多个子公司的个别财务报表则分部报告信息只需以合并会计报表为基础列报。如果子公司本身就是证券公开交易的企业则它应在其个别财务报表中列报分部信息。

### 二、分部的确定

#### （一）分部划分标准

在编制分部报告时首先必须确定分布的划分，而影响分部报告的中心问题是风险和报酬。将分部之间风险和报酬区分开来的标准多种多样，主要包括行业、地区、客户、组织结构、独立核算单位、生产线、产品或劳务等。目前，国际上划分分部的标准主要有两种：一是："类似法"，即按报告主体内部各组成部分相似的风险和报酬，以产品或劳务以及地区划分分部，称为业务分部和地区分部；二是"管理法"，即以企业内部管理当局进行经营决策、分配资源和评价业绩而组织的分部为基础，并以产品或劳务、地区、法律主体或顾客的种类等多种不同的方式，确定对外报告的分部，称作"经营分部"。

我国企业会计准则（2006）采用的分部划分标准与国际会计准则相同，要求企业以风险和报酬差异为基础划分业务分部和地区分部，并按此划分的分部披露信息，国际会计准则理事会于2006年11月正式颁布《国际财务报告准则第8号——经营分部》，取消了地区分部和业务分布的划分及其主要报告形式和次要报告形式的规定，要求以内部政治结构、管理要求和内部报告制度为依据确定企业的经营分部。为了体现企业会计准则与国际会计准则的持续趋同，财政部于2009年6月在《企业会计准则准则》解释第3号中做出的相应调整，规定企业应当以内部组织结构、管理要求、内部报告制度为依据确定单独的经营分部。

### （二）经营分部的确定

1. 经营分部的定义

经营分部是企业确认分部报告中的报告分部的基础、指企业内部同时满足下列条件的各组成部分：①该组成部分能够在日常活动中单独产生收入并发生费用；②企业管理层能够定期或分期评价该组成部分的经营成果，已决定向其配置资源和评价其业绩；③企业能够取得该组成部分的财务状况、经营成果和现金流量等会计信息。

2. 经营分部的确定原则

（1）企业应当以内部组织结构、管理要求、内部报告制度为依据确定单独的经营分部；

（2）每一个经营分部一般应具有独自的经济特征，经济特征不相似的经营分部，应当分别确认为不同的经营分部。

3. 经营分部的合并

在实务中，并非所有的经营分部都适合作为独立的经营分部来考虑，也会出现两个或多个经营分部具有相近的长期财务业绩，且确定这些分部所考虑的因素也具有较强的相似性。这通常表明这些分部具备了具有相似经济特征的经营分部的合并标准。

经营分部的合并是指当企业内部存在相似经济特征的两个或多个经营分部时，在满足分部合并标准时，可将其合并为一个经营分部。我国企业会计准则规定两个或多个经营分部同时满足下列条件的，可以予以合并。

（1）具有相近的长期财务业绩，包括相近的长期平均毛利率、资产回报率、未来现金流量等。

（2）确定经营分部所考虑的因素类似，通常是指几个分部在以下几个方面均相同或相似。①单项产品或劳务的性质，包括产品或劳务的规格、型号、最终用途等。②生产过程的性质，包括采用劳动密集或资本密集方式组织生产、使用相同或相似的设备和原材料、采用委托生产或加工方式等。③产品或劳动的客户类型，包括大宗客户、零散客户等。④销售产品或提供劳务的方式，包括批发、零售、自产自销、委托销售、承包等。⑤生产产品或提供劳务受法律、行政法规的影响，包括经营范围或交易定价限制等。

## 三、分部报告的种类及其确定

### （一）报告分部的定义及种类

报告分部是指在分部报告中单独披露其财务信息的经营分部，根据分部报告准则的规定，并非所有的经营分部都有必要在分部报告中的附注披露相关的财务信息。在确定报告分部时，应当考虑重要性原则，通常情况下，符合重要性标准的经营分部才能确定为报告分部。分部报告有两种类型：按其经营业务不同性质编制的分部报告，成为业务分部报告；按经营业务的地域范围编制的分部报告成为地区分部报告。

### （二）分部报告的编制基础

提供分部报告信息的基础涉及的问题是，分部报告信息是以集团公司的合并会计报表为基础提供，还是以母公司的个别会计报表为基础提供。对此，通常有两种做法。第一种做法是，既要以合并会计报表为基础提供，还要以母公司个别报表为基础提供。第二种做法是，仅以合并会计报表为基础提供。目前，国际上通行的做法是以合并会计报表为基础提供。比如，国际会计准则认为，如果一份财务报告既包括证券公开交易的企业的合并财务报表，也包括母公司或一个或多个子公司的个别财务报表，则分部报告信息只需以合并会计报表为基础列报。当然，如果子公司本身就是证券公开交易的企业，则它应在其个别财务报表中列报分部信息。美国会计准则也有类似规定。

### （三）报告分部的定量确定标准

报告分部的将确定要遵循“3 个 10%，一个 75% 和一个 10”的规定。

1. 重要性标准的定量标准（3 个 10%）

根据分部报告准则的规定，判断经营分部是否重要的标准主要由以下三个标准决定。满足三只中任意一条标准都被认为是重要分部、并应确定为报告分部。

（1）分部收入占所有分部收入合计的 10% 或者以上的经营分部。

分部收入是指可归属于经营分部的对外交易收入和对其他分部交易收入。分部收入主要有可归属于经营分部的对外交易收入构成，通常为营业收入。可归属经营分部的交易而产生；而若是可以间接归属于经营分部的收入，即将企业交易产生的收入在相关经营分部之间进行分配，按属于某经营分部的收入金额确定为分部收入。

分部收入通常不包括下列项目：①利息收入和股利收入，但分布的日常活动就是金融性质的除外；②营业外收入，如固定资产盘盈、处置固定资产净收益、出售无形资产净收益等；③处置投资产生的净收益，但分布的日常活动是金融性质的除外；④采用权益法合算的长期股权投资确定的投资收益，但分布的日常活动是金融性质的除外。

需要注意，对外交易收入包括两部分：一时对外交易收入，而是对其他分部交易收入，当某分部的分部收入大部分是对外交易收入，并且满足上述条件是，则可以将其确定为报告分部；繁殖当某分部的分部收入大部分是通过与其他分部交易而取得，并且企业的分部管理不属于按垂直一体化经营分部的不同层次来划分的，及时满足上述 10% 的条件，也不能确定为报告分部。

（2）分部利润（亏损）的绝对额占所有盈利分部利润合计数或者所有亏损分部亏损额占亏损数的绝对值两者中较大者的 10% 或者以上的经营分部。分部利润（亏损），是指分部收入减去分部费用后的余额。在计算分部利润（亏损）时，应注意将不属于分部收入和分布费用的项目剔除。

分部费用是指可归属于经营分部的将对外交易费用和对企业的分部交易费用。分部费用主要由可归属于经营分部的对外交易费用构成，通常包括营业成本、营业税金及附加、销售费用等。与分布收入的确定相同，归属于经营分部的非营业来源于两个渠道：一是可以直接归属于经营分部的费用，即直接由经营分部的业务交易而发生；二是可以间接归属于经营分部的费用，即将企业交易分部的费用在相关分部之间进行分配，按属于某经营分部的费用金额确认为分部费用。

分部费用通常不包括下列项目:①利息费用,如发行债券产生的利息费用,但分布的日常活动就是金融性质的除外;②营业外支出,如处置固定资产、无形资产等发生的净损失;③处置投资发生的净损失,但分布的日常活动是金融性质的除外;④采用权益法合算的长期股权投资确定的投资损失,但分布的日常活动是金融性质的除外。⑤与企业整体相关的管理费用和其他费用。

(3)分部资产占所有分部资产合计额的10%或者以上的经营分部。

分部资产是指经营分部日常活动汇总时用的可归属于该经营分布的资产,不包括递延所得税资产。企业在计量分部资产时,应当按照分部资产的账面净值进行计量,即原值扣除相关累计折旧或摊销额以及累计减值准备后的金额计量。

企业在确认分部资产时,应注意分部资产与分部利润(亏损)、分部费用等之间的存在的对应关系,这些关系主要包括:①如果分部收入(亏损)包括利息或鼓励收入,分部资产中就应当包括相应的应收账款、贷款、投资或其他金融资产;②如果分部费用包括某项固定资产的折旧费用,分部资产中就应当包括该项固定资产;③如果分部费用包括某项无形资产或商誉的摊销额或减值额,分部资产中就应当包括该项无形资产或商誉。

有两个或两个以上经营分部共同享有的资产,其归属权取决于与该资产相关收入和费用的分配,与共享资产相关的收入和费用归属于哪个经营分部,共享资产就应该分配给哪个经营分部。共享资产的折旧费或摊销费应该在其所归属的分部经营成果中扣减。

2. 报告分部的外部收入约束条件(75%)

企业的经营分部达到规定的10%重要性标准确认为报告分部后,确定为报告分部的对外交易收入合计额占合并总收入的比重应当达到75%的比例。如果未达到75%的标准,企业必须增加报告分部的数量,将其他未作为经营分部纳入报告分部的范围,直到该比例达到75%,此时,其他未作为报告分部的经营分部很可能为满足前述规定的10%重要性标准,单位报告分部的对外交易收入合计额占合并总收入或企业总收入的总体比重能够达到75%的比例要求,也应当将其区定位报告分部。

3. 报告分部的数量标准(10个)

根据前述报告分部的确定标准以及外部交易收入75%的约束条件,企业最终确定的报告分部数量可能会超过10个,这样企业提供的分部信息可能变得非常烦琐,不利于会计信息使用者理解和使用。因此,分部报告准则规定,在分部报告中,报告分部的数量不应该超过10个。如果按照规定标准确定的分部数量超过10个,企业应该考虑其具有相似经济特征、满足经营分部合并条件的报告分部进行合并,以确保报告分部的数量不超过10个。

### (四)报告分部的定性确定标准

1. 低于10%重要性标准的选择

如果经营分部为满足上述10%重要性标准,可以按照下列规定确定报告分部。

(1)企业管理层如果认为披露该经营分部信息对会计信息使使用者有用,那么无论该经营分部是否满足10%的重要性标准,可以将该分部直接指定为报告分部。

(2)将未满足报告分部确认标准的经营分部与一个或一个以上的具有相似经济特征、满足经营分部合并条件的其他经营分部合并,作为一个报告分部,对经营分部10%的重要性测试可能会导致企业拥有大量未满足10%数量临界限额经营分部,在这种情况下,如果企业没有直接将这些经营分部指定为报告分部,就可以将他们适当合并成一个报告分部。

2. 未提供可比信息确定报告分部

企业在确定报告分部时,除应遵循相应的确定标准即约束条件外,还应当考虑不同会计期间经营分部信息的可比性和一致性。对于某一经营分部,在上期可能满足报告分部的确定条件从而确定为报告分部,但本期并不满足报告分部的确定条件,基于可比性原则,如果企业认为该经营分部仍然重要,单独披露该经营分部的信息能够更有助于会计信息使用者了解企业的整体情况,则无需考虑该经营分部确定为报告分部的条件,仍应当将该经营分部确定为本期的报告分部。

总之,对于某一经营分部,在本期可能满足报告分部的确定条件从而确定为报告分部的本期可能并不满足报告分部的去项条件从而未确定为报告分部,基于可比性原则,也可以将以前会计期间该分部信息进行重述,并追溯披露该分部信息,如果重述需要的信息无法获得,或者不符合成本效益原则,则无需重述以前会计期间的分部信息,不论是否对以前期间相应的报告分部进行重述,企业均应当在报告时披露这一事实。

## 四、分部报告信息的披露

### （一）描述性信息

企业应当在财务报表附注中披露如下分部报告相关的描述性信息:(1)确定报告分部考虑的因素。确定报告分部考虑的因素通常包括企业管理层是怎样对报告分部进行管理的,例如按照产品和服务管理、按地理区域管理或综合各种因素进行组织管理等。(2)报告分部的产品和劳务的类型。

### （二）每一报告分部的利润（亏损）总额相关信息

企业应当在财务报表附注中披露每一报告分部的利润（亏损）信息,包括利润（亏损）总额以及组成项目。同时还应披露与利润（亏损）相关的每一报告相关下列信息。

(1)对外交易收入和分部间交易收入;

(2)利息收入和信息费用,但是报告分部的日常活动属于金融性质的除外;

(3)折旧费用和摊销费用,以及其他重大的非现金项目;

(4)采用权益法合算的长期股权投资确认的投资收益;

(5)所得税费用或所得税收益;

(6)其他重大的收益或费用项目。

### （三）每一报告分部的资产中资产、负债总额相关信息

企业应当在财务报表附注中披露每一报告分部的资产总额、负债（不包括递延所得税负债）总额信息。包括资产总额组成项目的信息。同时还应当在附注中披露与资产相关的每一报告分部的下列信息。

(1)采用权益法合算的长期股权投资金额。

(2)非流动资产（不包括自融资产、独立账户资产、递延所得税资产）金额。

多于两个或多个经营分部共同承担的负债,其分配取决于与共同负债相关费用的分配。与共同负债相关费用分配给哪个经营分部,该共同负债也应当分配给哪个经营分部。

（四）会计计量相关的会计政策信息

1. 分部间转移价格的确定及其变更

企业在计量分部之间的交易收入时，需要确定分部间转移交易价格。一般情况下，分部之间的交易定价不同于市场公允交易价格，为准确计量分部间转移价格，企业核定分部间交易收入时，应当以实际交易金额为基础计量。由于企业不同期间生产的产品的成本不同，可能导致不同期间分部间转移间的转移价格的确定产生差异，造成转移交易价格的变更。对于分部间转移价格的确定及其变更，企业除了应在附注中披露转移价格的确定基础外，对于转移交易金额的变更情况，也应当在附注中进行披露。

2. 分部会计政策披露

分部会计政策是指与披露分部报告特别相关的会计政策。一般来说分部会计政策应当与编制企业集团合并财务报表企业财务报表时所采用的会计政策一致，但某些分部信息采用了分部特有的会计政策，比如分部的确定。分部间转移价格的确定方法，以及其收入和费用、资产和负债分配给报告分部的基础等。

企业应当在附注中披露与报告分部利润（亏损）计量相关的分部会计政策：分部间转移价格的确定基础；相关收入和费用分配各报告分布的基础；确定报告分部利润（亏损）使用的计量方法的变更及变更的性质及影响数等。

企业还应当在附注中披露和部分资产、负债计量相关的分部会计政策：分部间转移价格的确定基础；相关资产或负债分配给报告分部的基础。

如果企业因管理战略或内部组织结构改变对经营业务范围做出变更或对经营地区做调整，使企业愿意确定的报告分部所面临的风险和报酬产生较大差异，则必须改变原报告分部的分类。在这种情况下，企业就应当对次行分部会计政策变更予以披露。

## 第三节　中期财务报告

### 一、中期财务报告的范围

中期财务报告至少应当包括下面几个部分：资产负债表；利润表；现金流量表；附注。

（1）资产负债表、利润表、现金流量表和附注是中期财务报告至少应当编制的法定内容，对其他财务报表或者相关信息，如所有者权益（或股东权益）变动表等，企业可以根据需要自行决定。

（2）中期资产负债表、利润表和现金流量表的格式和内容，应当与上年度财务报表一致。但如果当年新施行的会计准则对财务报表格式和内容作了修改的，中期财务报表应当按照修改后的报表格式和内容编制，与此同时，在中期财务报告中提供的上年度比较财务报告的格式和内容也应当做相应的调整。

（3）中期财务报告中的附注相对于年度财务报告中的附注而言，是适当简化的。中期财务报表附注的编制应当遵循重要性原则。如果某项信息没有在中期财务报告中披露，会影响到投资者等信息使用者对企业财务状况、经营成果和现金流量判断的正确性，那么就认为这一信息是重要的。但企业至少应当在中期财务报告附注中披露中期财务报告准则规定的信息。

## 二、中期财务报告的基本规定

按我国《中级财务报告准则》的要求，编制中期财务报告的基本规定如下：

(1)在中期财务报告中所提供的资产负债表、利润表和现金流量表应当是完整的会计报表，其格式和内容应当与上年度会计报表相一致。

(2)如果企业在上年度财务报告中编制的是合并会计报表，则企业在中期期末也应当编制合并会计报表；如果企业在上年度财务报告中还包括母公司会计报表，则企业中期财务报告中也应当提供母公司会计报表。如果企业上年度财务报告中既包括合并会计报表，也包括母公司会计报表，但是在报告中期内，企业处置了所有纳入上年度合并会计报表编制范围的子公司，则企业在中期财务报告中只需要提供母公司会计报表，但是根据准则第7条要求提供的上年度比较会计报表应当包括合并跨季报表，除非上年度可比中期的财务报告没有提供合并会计报表。

(3)在中期财务报告中，企业应当提供以下比较会计报表：本中期末资产负债表和上年度末的资产负债表；本中期的利润表、年初至本中期末的利润表以及上年度可比期间的利润表(其中上年度可比期间的利润表是指上年度可比本中期的利润表和上年度年初至可比本中期末的利润表)；年初至本中期末的现金流量表和上年度初值可比本中期末的现金流量表。

(4)中期会计报表附注应当以“年初至本中期末”为基础编制，重点披露自上年度资产负债表日之后繁盛的有助于理解企业财务状况、经营成果和现金流量变化的重要事项或者交易。同时，对于理解本中期财务状况、经营成果和现金流量有关的重要事项或者交易，也应当在中期会计报表附注中予以披露。中期会计报表附注至少应当包括下列信息：

①中期会计报表所采用的会计政策与上年度会计报表相一致的说明。如果发生了会计政策的变更，应当那个说明会计政策变更的内容、理由及其影响数；如果会计政策变更的累积影响数不能合理确定，应当说明理由。

②会计估计变更的内容、理由及其影响数；如果影响数不能确定，应当说明理由。

③重大会计差错的内容及其更正金额。

④企业经营的季节性或者周期性的特征。

⑤存在控制关系的管理企业发生变化的情况；关联方之间发生交易的，应当披露关联方关系的性质、交易的类型和交易要素。

⑥合并会计报表的合并范围发生变化的情况。

⑦对性质特别或者金额异常的会计报表项目的说明。

⑧债务性证券和权益性证券的发型、回购和偿还情况。

⑨向企业所有者非配利润的情况(包括在中期内实施的利润分配和已提出或或者已批准但尚未实施的利润分配情况)，包括向所有者分配的利润总额和每股股利。

⑩业务分部和地区分部的分部收入和分部利润(亏损)。

★中期至资产负债表日以后所发生的或有负债和或有资产的变化情况。

★企业结构变化情况的说明，比如企业合并和重组，对被投资单位具有重大影响、共同控制关系或者控制关系的长期股权投资的购买或者处置，终止营业等。

★其他重大交易或者事项，如重大的长期资产转让及其出售情况、重大的固定资产和无形资产取得情况、重大的研究和开发支出、重大的非货币性交易事项、重大的债务重组事项、重大的资产价值损失及其减值损失的转回情况等。

与具体准则的要求相比，中国证监会对上市公司的中期报告的披露内容增加了很多，要求也更严格。具体请参阅证监会发布的《公开发行证券的公司披露的内容和和格式准则》第3号——中期报告和《公开发行证券的公司信息披露编报规则》第13号——季度报告。

## 第四节　关联方披露

### 一、关联方关系的确定

从一个企业的角度出发，与其存在关联方关系的各方包括以下10种情况。

（1）该企业的母公司，不仅包括直接或间接地控制该企业的其他企业，也包括能够对该企业实施直接或间接控制的单位等。某一个企业直接控制一个或多个企业。例如，母公司控制一个或若干个子公司，则母公司与子公司之间即为关联方关系；某一个企业通过一个或若干个中间企业间接控制一个或多个企业。例如，母公司通过其子公司，间接控制子公司的子公司，表明母公司与其子公司的子公司存在关联方关系；某一个企业直接地和通过一个或若干中间企业间接地控制一个或多个企业。

（2）该企业的子公司，包括直接或间接地被该企业控制的其他企业，也包括直接或间接地被该企业控制的企业、单位、基金等特殊目的实体。

（3）与该企业受同一母公司控制的其他企业。因为两个或多个企业有相同的母公司，对它们都具有控制能力，即两个或多个企业如果有相同的母公司，它们的财务和经营政策都由相同的母公司决定，各个被投资企业之间由于受相同母公司的控制，可能为自身利益而进行的交易受到某种限制。因此，关联方披露准则规定，与该企业受同一母公司控制的两个或多个企业之间构成关联方关系。

（4）对该企业实施共同控制的投资方。这里的共同控制包括直接的共同控制和间接的共同控制。需要强调的是，对企业实施直接或间接共同控制的投资方与该企业之间是关联方关系，但这些投资方之间并不能仅仅因为共同控制了同一家企业而视为存在关联方关系。

（5）根据该企业施加重大影响的投资方。这里的重大影响包括直接的重大影响和间接的重大影响。对企业实施重大影响的投资方与该企业之间是关联方关系，但这些投资方之间并不能仅仅因为对同一家企业具有重大影响而视为存在关联方关系。

（6）企业的合营企业。合营企业，指按照合同规定经营活动由投资双方或若干方共同控制的企业。合营企业的主要特点在于投资各方均不能对被投资企业的财务和经营政策单独做出决策，必须由投资各方共同做出决策。因此，合营企业是以共同控制为前提的，两方或多方共同控制某一企业时，该企业则为投资者的合营企业。

（7）企业的联营企业。联营企业指投资方对其具有重大影响，但不是投资者的子公司或合营企业的企业。联营企业和重大影响是相联系的，如果投资者能对被投资企业施加重大影响则该被投资企业视为投资者的联营企业。

（8）该企业的主要投资者个人及与其关系密切的家庭成员。主要投资者个人是指能够控制、共同控制一个企业或者对一个企业施加重大影响的个人投资者。

(9)该企业或其母公司的关键管理人员及与其关系密切的家庭成员。关键管理人员包括董事长、董事、董事会秘书、总经理、总会计师、财务总监等。

(10)该企业主要投资者个人、关键管理人员或与其关系密切的家庭成员控制、共同控制或施加重大影响的其他企业。与主要投资者个人或关键管理人员关系密切的家庭成员,例如父母、配偶、兄弟、姐妹和子女等。对于这类关联方,应当根据主要投资者个人、关键管理人员或与其关系密切的家庭成员对两家企业的实际影响力具体分析判断。

## 二、关联方交易的确认和类型

1. 关联方交易的定义

关联方交易是指关联方之间转移资源、劳务或义务的行为,而不论是否收取价款。从关联方交易的概念可以发现:

(1)按照关联方定义,构成关联方关系的企业之间、企业与个人之间的交易,即通常是在关联方关系已经存在的情况下,关联各方之间的交易。

(2)资源或义务的转移是关联方交易的主要特征,通常情况下,在资源或义务转移的同时,风险和报酬也应转移。

(3)关联方之间资源或义务的转移价格是了解关联方交易的关键,关联方交易通常来说能在一般商业条款中使参与双方受益。一般商业条款是指那些不会比与非关联方交易可望合理收益更多或更少的商业条款,母公司与子公司之间的交易在使用其他条款没有有利之处时,经常以这种条款进行。但在某些情况下,关联方交易是为了使交易的一方收益进行的。例如,某一公司的董事可能影响销售给他本人的一项资产的价格,使值低于市价,或是一方为另一方提供便利而参与交易。另外,一项关联方交易可能按为减少企业由于另一国家税收或关税而引起的财务负担而设计的条款定价。会计上确认资源或义务的转移通常是以风险和报酬的转移为依据,并以各方同意的价格为计量标准。

(4)关联方在确定价格时可能有一定程度的弹性,而在非关联方之间的交易中则没有这种弹性。非关联方之间的价格是公平价格,国际会计准则提供了关联交易确定价格的几种方法,如可比不可控价格,转售价格、成本加利润法。

2. 关联方交易的表现形式

根据《企业会计准则》的规定,关联方交易的类型通常包括下列各项。

(1)购买或销售商品。购买或销售商品是关联方交易较为常见的交易事项。例如,企业集团成员之间互相购买或销售商品,从而形成了关联方交易。

(2)购买或销售商品以外的其他资产。例如母公司出售给其子公司的设备或出售联营企业给其子公司等。

(3)提供或接受劳务。例如,A 企业为 B 企业的联营企业,A 企业专门从事设备维修服务,B 企业的所有设备均由 A 企业负责维修,B 企业每年支付设备维修费 20 万元。

(4)担保。担保包括再借贷、买卖、货物运输、加工承揽等经济活动中,为了保障其债权实现而实行的保证、抵押等。当存在关联方关系时,一方往往为另一方提供为取得贷款、买卖等经济活动中所需的担保。

(5)提供资金(贷款或股权投资)。例如,企业从其关联方取得资金,或权益性资金的变动等。

(6)租赁。租赁通常包括经营租赁和融资租赁等。

(7)代理。代理主要是依据合同条款,一方可为另一方代理某些事务,如代理销售货物,或一方代另一方签订合同等。

(8)研究与开发项目的转移。在存在关联方关系时,有时某一企业所研究与开发的项目会由于一方的要求而放弃或转移给其他企业。例如,B公司是A公司的子公司,A公司要求B公司停止对某一新产品的研究和试制,并将B公司研究的现有成果转给A公司。

(9)许可协议。当存在关联关系时,可能关联方之间达成某项协议,允许一方使用另一方的商标等,从而形成关联方之间的交易。

(10)代表企业或由企业代表另一方进行债务结算。

(11)关键管理人员薪酬。

企业支付给关键管理人员的报酬也是一项主要的关联交易。值得注意的是《企业会计准则》所举的交易类型的例子只是各种交易形式的一部分,判断是否属于关联方交易,应以交易是否发生为准,而不以是否收取价款为前提。例如,A公司为B公司的母公司,B公司的某项专有技术无偿提供给A公司使用,A公司由于使用了B公司的专有技术而打开了产品的销路,利润大幅度增长,在这项交易中,虽然B公司没有就A公司使用其专有技术而收取价款,但是交易已经存在,而且A公司由于使用了B公司的专有技术而提高了盈利水平,这时A公司的财务状况和经营成果产生较大的影响,因此,应当将其作为关联方交易,如果在会计报表附注中披露了A公司无偿使用B公司的某项专有技术获得利润,这就告诉了广大报表使用者这一事实。如果税法规定对无偿提供其他企业使用本企业的专有技术需要纳税的,那么可以告诉报表使用者,B公司为此项交易需要缴纳的税金是B公司的一项损失,借以评价管理当局在处理与A公司的这项交易时是否恰当。②交易的发生时已存在关联方关系为前提的,在某些情况下,不存在关联方关系时交易不可能发生,而存在关联方关系时,这种交易才可能发生。例如,我国按照行业会计制度规定,应期的销售退回冲减当期的销售收入,以便于简化核算手续。但有些企业利用这一规定,为了体现良好的经营业绩,在年度终了前将产品大量销售给本企业的关联方,形成当年的销售利润,然后到下年初又作销售退回,冲减下年度的销售收入和销售成本,以这种虚假销售作为调节利润的手段。再如,通过对被控制企业资产的重估,调整企业长期投资的账面价值,达到虚增资产的目的等。

## 三、关联方信息的披露

1. 企业无论是否发生关联方交易,均应当在附注中披露与该企业之间存在直接控制关系的母公司和子公司有关的信息。

(1)母公司和子公司的名称。母公司不是该企业最终控制方的,还应当披露最终控制方名称。母公司和最终控制方均不对外提供财务报表的,还应当披露母公司之上与其最相近的对外提供财务报表的母公司名称。

(2)母公司和子公司的业务性质、注册地、注册资本(或实收资本、股本)及其变化。

(3)母公司对该企业或者该企业对子公司的持股比例和表决权比例。

2. 企业与关联方发生关联方交易的,应当在附注中披露该关联方关系的性质、交易类型及交易要素。

关联方关系的性质是指关联方与该企业的关系,即关联方是该企业的子公司、合营企业、联营企业等;交易类型通常包括购买或销售商品、购买或销售商品以外的其他资产、提供或接受劳务、担保、提供资金（贷款或股权投资）、租赁、代理、研究与开发项目的转移、许可协议、代表企业或由企业代表另一方进行债务结算等。

交易要素至少应当包括交易的金额；未结算项目的金额、条款和条件以及有关提供或取得担保的信息；未结算应收项目坏账准备金额；定价政策。

类型相似的关联方交易，在不影响财务报表阅读者正确理解关联方交易对财务报表影响的情况下，可以合并披露。

对外提供合并财务报表的，对于已经包括在合并范围内各企业之间的交易不予披露。合并财务报表是将集团作为一个整体来反映与其有关的财务信息，在合并财务报表中，企业集团作为一个整体看待，企业集团内的交易已不属于交易，并且已经在编制合并财务报表时予以抵销。因此，关联方披露准则规定对外提供合并财务报表的，除了应按上述1，2的要求进行披露外，对于已经包括在合并范围内并已抵销的各企业之间的交易不予披露。

## 复习思考题

**【简答题】**

1. 企业无论是否发生关联方交易，均应当在附注中披露母公司和子公司的哪些信息？
2. 关联方交易的类型主要有哪些？
3. 具有相似经济特征的两个或多个经营分部，在同时满足哪些条件时，可以合并为一个经营分部？
4. 简述确定为报告分部的条件。
5. 简述中期财务报告的组成部分。

# 第四章　租 赁 会 计

本章概述了租赁业务及其特点、类别及租赁会计的产生发展和租赁会计核算内容。阐述了经营租赁会计、融资租赁会计以及售后租回会计的会计核算。

**【考核知识点】**

租赁业务的特点和分类,租赁会计核算的基本内容;经营租赁业务会计的有关规定;承租人经营租赁的账务处理;出租人经营租赁的账务处理;经营租赁业务财务报告的列示与披露;融资租赁业务会计;融资租赁业务承租人的会计核算;融资租赁业务出租人的账务处理;融资租赁业务在财务报告的列示与披露;售后租回融资租赁业务的会计核算;售后租回经营租赁业务的会计核算

**【重要概念】**

租赁　融资租赁　经营租赁售后回租

## 第一节　租赁会计概述

### 一、租赁的含义

租赁是指在约定的期间内,出租人将资产使用权让与承租人,以获取租金的协议。租赁的主要是以转移资产的使用权,而不是转移资产的所有权,并且这种使用权是以租金为代价有偿转移的。

### 二、租赁的产生和发展

租赁是一种历史悠久的交易形式,是伴随着商品经济和生产社会化发展而逐步发展起来的,从最早可追溯到公元前2000年的原始租赁活动发展到今天各种复杂的创新租赁形式,经历了一个漫长的历史过程。租赁的内涵也不断发展和变化,租赁形式不断创新,租赁交易合同也日渐复杂,租赁业从原始租赁阶段向更高级的传统租赁、近代租赁、现代租赁阶段发展,租赁的内涵日益丰富。现代租赁业的标志就是1952年在美国出现的融资租赁,融资租赁是现代租赁的主要形式。

受经济发展水平和生产关系特点的影响,租赁业形成了三个不同的发展阶段:传统租赁阶段、近代租赁阶段、现代租赁阶段。

#### (一)传统租赁始于所有权与使用权的分离

租赁是一个古老的经济范畴。古代最早的记载可以追溯到公元前1400年,居住在地中海沿岸的腓基人发明了租赁这种新的商业贸易模式。我国早在周秦时代就出现租赁现象,汉唐以后,土地、房屋、农具等财产租赁比较普遍。古代租赁是一种原始的实物信用,产生于相互交换实物的需要,当时没有固定的租赁契约形式和报酬条件。

（二）近代设备租赁是制造商产品促销的一种手段

近代设备租赁开始于18世纪的工业革命。工业革命使社会生产从农业、手工业经济为主转向以机器制造业为主，英国是最早发生产业革命的国家，也是近代设备租赁业的发源地。近代早期租赁主要是以获取出租物使用权为目的的租赁信用形式，其特征是签订租赁合同并规定租金报酬。

（三）现代融资租赁以融物方式实现融资目的

现代融资租赁始于20世纪50年代，以1952年美国租赁公司的成立为标志。20世纪50年代，正是二战结束的恢复建设时期，许多大规模的企业需要重新建造，传统的设备急需更新，扩大投资、技术进步迅速。融资租赁由于其独特的优点，融资与融物相结合，以融物方式实现融资目的，融资租赁业务迅速由美国扩展到欧洲、日本等地，包括商业银行、投资银行、人寿保险公司、养老基金、信托基金在内的各类金融机构为改革传统的信贷方式，保证资金的安全性和获取高回报率，纷纷以各种方式介入融资租赁业，极大地推动了租赁业的发展，各种类型的租赁公司不断涌现，信息技术和航空航天事业的发展，各种高价值设备、新技术设备如大型成套设备、飞机、计算机、信息技术设备、办公机器等成为主要租赁对象，租赁交易额大增，租赁成为一项新兴产业。从20世纪70年代起，随着国际贸易的发展和跨国公司海外投资的扩张及发展中国家吸引外资的需求，融资租赁开始跨越国界，发达国家的租赁公司纷纷在发展中国家建立分支机构或合资企业，国际租赁成为现代租赁业发展的新趋势，已成为国际贸易活动中的一种重要形式，极大地促进了国际贸易的发展。

据世界银行的报告，租赁业务已成为金融业的一个重要分支，在全世界的私人投资中占有1/8份额。在发展中国家，现代租赁业日益发挥重要的作用，在世界排名前50名的租赁市场中有半数在发展中国家。

## 三、租赁业务的特点、分类及一般程序

（一）租赁业务的特点

企业的租赁业务与一般商品交易不同，具有以下特点：

（1）租赁资产的使用权和所有权分离。从法律关系上看，租赁资产的所有权和使用权相分离，租赁交易中的出租人始终拥有租赁资产的所有权，承租人只是经出租人授权，在约定的期限内获得租赁资产的使用权。

（2）“融资”与“融物”相结合。从融资方式上看，租赁交易融资是以“融物”为形式达到“融资”的目的，融资与融物相结合。租赁交易中出租人和承租人的债权债务关系，不同于单纯的货币信贷关系。

（3）租赁资产分期获得补偿。从租赁的业务关系上看，在用消耗的租赁资产以分期收入租金形式得到补偿，即出租人定期收取承租人的租金。这种定期收取租金形式既可满足企业一次性支付能力不足而需要购买设备的需求，又可满足企业短期拥有所需设备的要求。

(二)租赁业务的分类

租赁业务多种多样,为深入认识和理解租赁业务的内容,现按一定标准将租赁业务进行分类。

租赁按其目的不同可分为经营租赁和融资租赁。

(1)经营租赁,是为满足经营使用上的临时或季节性需要而发生的资产租赁。经营租赁中出租人拥有租赁资产的所有权和保有风险与报酬。租赁资产一般需要经过多次出租,才能收回其投资;承租人是因资产使用的临时需要,但并不准备拥有资产设备。

(2)融资租赁,是指实质上转移了与资产所有权有关的全部风险和报酬的租赁。其所有权最终可能转移,也可能不转移。

一项租赁应否认定为融资租赁,不在于租赁合同的形式,而应视出租人是否将租赁资产的风险和报酬转移给了承租人而做出判断。如果一项租赁实质上转移了与资产所有权有关的全部风险和报酬,无论租赁合同采用什么样的形式,都应将该项租赁认定为融资租赁。如果一项租赁实质上并没有转移与资产所有权有关的全部风险和报酬,那么应将该项租赁认定为经营租赁。

承租人和出租人在对租赁分类时,应全面考虑租赁期届满时租赁资产所有权是否转移给承租人、承租人是否有购买租赁资产的选择权等各种因素。符合下列一项或数项标准的,应当认定为融资租赁;除融资租赁以外的租赁为经营租赁。

①租赁资产的所有权转移给承租人;

②承租人有购买租赁资产的选择权,所订立的购买价款预计将远低于行使选择权时租赁资产的公允价值,因而在租赁开始日就可以合理确定承租人将会行使这种选择权;

③资产的所有权不转移,但租赁期占租赁资产使用寿命的大部分;

④租赁开始日的最低租赁付款额现值,几乎相当于租赁开始日租赁资产公允价值;

⑤资产性质特殊,如果不作较大改造,只有承租人才能使用。

(三)租赁业务的一般程序

租赁业务的一般程序包括租赁资产的购入、租赁合同的旅行和租赁期届满时租赁资产的处置。下面以业务程序较为复杂的直接租赁中的租赁为例,说明租赁业务一般程序。

1. 租赁资产的购入

租赁资产的购入包括以下内容:

(1)租赁资产的准备。企业在选择直接融资租赁方式筹集资金后,就应审慎地选择适当的出租公司,并向其提出申请书。出租公司在收到承租申请后,须对承租企业进行审查与评估。

(2)签订租赁合同。

(3)签订购货合同。

(4)租赁资产款项交付。

2. 租赁合同的履行

在租赁期间,租赁协议的签订的各方,认真履行各自的义务,享受规定的权利。主要包括:

(1)租赁资产的验收。

(2)租金支付。

（3）租赁资产的担保。

（4）租赁资产的使用、维修、保养与计提折旧。

3. 租期届满租赁资产的处置

租期届满，融资租赁资产的处置方法有退租、续租和留购。租赁费用的高低受到资产处置方式的影响，为了避免承租双方产生纠纷，在租赁合同中明确规定租赁资产的处置方法，并于期满后认真执行。

## 四、与租赁有关的几个基本概念

（1）租赁开始日，是指租赁协议日与租赁各方就主要租赁条款做出承诺日中的较早者。对租赁开始日的定义区别了租赁期开始日。在租赁开始日，承租人和出租人应当将租赁认定为融资租赁或经营租赁，并确定在租赁期开始日应确认的金额。

（2）租赁期开始日，是指承租人有权行使其使用租赁资产权利的日期，表明租赁行为的开始。在租赁期开始日，承租人应当对租入资产、最低租赁付款额和未确认融资费用进行初始确认；出租人应当对应收融资租赁款、未担保余值和未实现融资收益进行初始确认。

（3）租赁期，是指租赁合同规定的不可撤销的租赁期间。租赁合同签订后一般不可撤销，但下列情况除外：①经出租人同意。②承租人与原出租人就同一资产或同类资产签订了新的租赁合同。③承租人支付一笔足够大的额外款项。④发生某些很少会出现的或有事项。

（4）最低租赁付款额，是指在租赁期内，承租人应支付或可能被要求支付的款项（不包括或有租金和履约成本），加上由承租人或与其有关的第三方担保的资产余值。最低租赁付款额是租赁开始日就可确定的、承租人将必须向出租人支付的最小金额或承租人对出租人的最小负债。租赁合同规定的内容不同，最低租赁付款额的构成内容也不相同。

如果租赁合同没有规定优惠购买选择权，则承租人在租赁期应支付或可能被要求支付的各种款项包括：①租赁期内承租人每期支付的租金；②租赁期届满时，由承租人或与其有关的第三方担保的资产余值；③赁期届满时，承租人未能续租或展期而造成的任何应由承租人支付的款项。

如果租赁合同规定有优惠购买选择权，则承租人在租赁期应支付或可能被要求支付的各种款项包括：①整个租赁期内承租人每期支付的租金；②承租人行使优惠购买选择权而支付的任何款项。

（5）租赁资产的公允价值，是指在买卖双方不存在任何关联关系的情况下，依照公平交易，租赁物所能成交的价格。如果出租人是制造商或者销售商，则公允价值指的是它的正常销售价格；如果出租人是租赁公司，则公允价值是指购买租赁资产的成本；如果购买和出租已经相隔一定的时间，则租赁资产的公允价值是租赁开始日的重置成本。

（6）优惠购买选择权，是指承租人有权在租赁期届满或者在约定的日期，依照低于当时公允价值的价格购买租赁资产，其价格低到在租赁开始日几乎可以确定承租人一定会购买。

（7）优惠续租权，是指承租人有权在租赁期届满或者在约定的日期起，依照低于当时公平租金的租金继续承租租赁资产，其价格低到在租赁开始日几乎可以确定承租人一定会继续承租。

（8）或有租金，是指金额不固定、以时间长短以外的其他因素（如销售量、使用量、物价指数等)为依据计算的租金。

(9)履约成本,是指租赁期内为租赁资产支付的各种使用费用,如技术咨询和服务费、人员培训费、维修费、保险费等。

(10)资产余值,是指在租赁开始日估计的租赁期届满时租赁资产的公允价值。

(11)担保余值,为了促使承租人谨慎地使用租赁资产,尽量减少出租人自身的风险和损失,租赁协议有时要求承租人与其有关的第三方对租赁资产的余值进行担保。因此担保余值,就承租人而言,是指由承租人或与其有关的第三方担保的资产余值;就出租人而言,是指就承租人而言的担保余值加上独立于承租人和出租人的第三方担保(如担保公司)的资产余值。

(12)未担保余值,是指租赁资产余值中扣除就出租人而言的担保余值以后的资产余值。对出租人而言,如果租赁资产余值中包括未担保余值,表明这部分余值的风险和报酬并没有转移,其风险应由出租人承担,因此,未担保余值不能作为应收融资租赁款的一部分。

(13)最低租赁收款额,是指最低租赁付款额加上独立于承租人和出租人的第三方对出租人担保的资产余值。

(14)租赁内含利率,是指在租赁开始日,使最低租赁收款额的现值与未担保余值的现值之和等于租赁资产公允价值与出租人的初始直接费用之和的折现率。

(15)不可撤销租赁,是指只在以下一种或数种情况下才可撤销的租赁:①经出租人同意;②承租人与原出租人就同一资产或同类资产签订了新的租赁合同;③承租人支付了一笔足够大的额外款项;④发生某些很少会出现的或有事项。

## 第二节 经营租赁业务会计

经营租赁是指除融资租赁以外的其他租赁。我国《企业会计准则》第 21 号——租赁中,对承租人和出租人的会计核算分别做出了规定。

### 一、经营租赁业务承租人的会计处理规定和账务处理

#### (一) 对承租人会计处理的规定

(1)对于经营租赁的租金,承租人应当在租赁期内各个期间按照直线法计入相关资产成本或当期损益;如果其他方法更为系统合理的,也可以采用其他方法。

(2)承租人发生的初始直接费用,应当计入当期损益。初始直接费用是指承租人在租赁谈判和签订租赁合同过程中发生的,可归属于租赁项目的手续费、律师费、差旅费、印花税等。

(3)在实际发生的或有租金时,应当将或有租金计入当期损益。

在经营租赁中,由于承租人是为满足经营上的临时需要而租入的资产,不涉及租赁资产所有权上的风险和报酬转移问题,也没有购置租赁资产的特殊权利。因此,在租赁开始日承租人租入资产不需要作为本企业的资产计价入账,应付的租金不确认为长期负债;租入资产不需要计提折旧;承租人仅需要按期支付租金,租金按直线法分配就是在租赁期限内均衡地确认成本与费用。

### （二）经营租赁业务承租人的账务处理

在经营租赁下，承租人租入资产的主要目的是为了取得资产的使用权，而不是为了在租赁期届满后，取得该项资产的所有权。承租人对经营租赁的账务处理比较简单，承租人不须将所取得的租入资产的使用权资本化。其主要问题是解决应支付的租金与计入当期成本、费用的关系。承租人在经营租赁下发生的租金应当在租赁期内的各个期间按直线法确认为费用；如果其他方法更合理，也可以采用其他方法。

一般情况下，承租人应当在租赁期内各个期间按照直线法计入相关资产成本或当期损益；其他方法更为系统合理的，也可以采用其他方法。比如根据租赁资产的使用量来确认租金费用。例如，租赁一台起重机，根据起重机的工作小时来确认当期应分摊的租金费用就比按直线法确认更为合理。

某些情况下，出租人可能对经营租赁提供激励措施，如免租期、承担承租人某些费用等。在出租人提供了免租期的情况下，应将租金总额在整个租赁期内，而不是在租赁期扣除免租期后的期间内进行分配；在出租人承担了承租人的某些费用的情况下，应将该费用从租金总额中扣除，并将租金余额在租赁期进行分配。

其账务处理为：确认各期租金费用时，借记“制造费用”或“管理费用”等科目，贷记“其他应付款”等科目。实际付出租金时，借记“其他应付款”等科目，贷记“银行存款”等科目。承租人发生的初始直接费用，应当计入当期损益。或有租金应当在实际发生时计入当期损益。

### （三）经营租赁业务承租人账务处理举例

**【例4－1】** 大中公司为季节性制造企业，每年9～11月为生产月份，企业在生产期内租入设备，以供生产所需。按照租赁协议租赁期限为3个月，应付租金132 000元，每月支付44 000元，并要预先支付押金22 000元。以上各个款项均已支付银行存款，收回押金存入银行。根据上述业务企业应作如下会计处理：

1. 预付和收回押金账务处理

承租人支付押金时应在“其他应收款——存在保证金”科目核算。

（1）预付押金时：

借：其他应收款——存出保证金　　22 000

　　贷：银行存款　　22 000

（2）收回押金时：

借：银行存款　　22 000

　　贷：其他应收款——存出保证金　　22 000

2. 按期支付租金的账务处理

（1）按期租赁协议支付第一期租金时：

借：制造费用　　44 000

　　贷：银行存款　　44 000

（2）若协议规定租金于租赁月份次月初支付，在发生租金的当月，应按权责发生制进行处理，应当发生时：

借：制造费用　　44 000

贷:其他应付款——应付租赁费 44 000

(3)下月支付时:

借:其他应付款——应付租赁费 44 000

贷:银行存款 44 000

## 二、经营租赁业务出租人的会计处理规定和账务处理

### (一)经营租赁业务出租人的会计处理的规定

(1)出租人应当按资产的性质,将用作经营租赁的资产包括在资产负债表中的相关项目内。

(2)出租人经营租赁取得租金收入应当在租赁期内各个会计期间按照直线法确认为当期损益;其他方法更为系统合理的,也可以采用其他方法。

(3)对于经营租赁资产中的固定资产,出租人应当采用类似资产的折旧政策计提折旧;对于其他经营租赁资产,应当采用系统合理的方法进行摊销。

(4)出租人发生的初始直接费用,应当计入当期损益。

### (二)经营租赁业务出租人账务处理

出租人应当按资产的性质,将用作经营租赁的资产包括在资产负债表中的相关项目内。出租人在经营租赁下收取的租金,出租人应当在租赁期内各个期间按照直线法确认为当期损益;其他方法更为系统合理的,也可以采用其他方法。比如根据租赁资产的使用量来确认租金收入。例如,租赁一台起重机,根据起重机的工作小时来确认当期应分配的租金收入就比直线法确认更为合理。

某些情况下,出租人可能对经营租赁提供激励措施,如免租期、承担承租人某些费用等。在出租人提供了免租期的情况下,应将租金总额在整个租赁期内,而不是在租赁期扣除免租期后的期间内进行分配;在出租人承担了承租人的某些费用的情况下,应将该费用从租金总额中扣除,并将租金余额在租赁期进行分配。

其账务处理为:确认各期租金收入时,借记“应收账款”或“其他应收款”等科目,贷记“主营业务收入——租金收入”、“其他业务收入——经营租赁收入”等科目。实际收到租金时,记“银行存款”等科目,贷记“应收账款”或“其他应收款”等科目。

出租人发生的初始直接费用,应当计入当期损益。对于经营租赁资产中的固定资产,出租人应当采用类似资产的折旧政策计提折旧;对于其他经营租赁资产,应当采用系统合理的方法进行摊销。或有租金应当在实际发生时计入当期损益。

### (三)出租人经营租赁业务账务处理举例

**【例4-2】** 大东公司20×7年2月计划经营租出的资产5 500 000元,资产使用年限为10年,采用直线折旧法,年折旧率为10%。3月1日出租其中10台设备,每台单价275 000元,租期2个月,月租金6 600元。根据以上业务,出租人做如下账务处理:

(1)出租资产的账务处理。将2 750 000元的自有资产出租。

借:固定资产——出租资产 2 750 000

贷:固定资产——自有资产 2 750 000

(2)计提折旧账务处理。计提已租出资产折旧,2 750 000 ÷ 10 = 275 000(元/年)

借:其他业务成本——折旧费　　275 000

　贷:累计折旧　　275 000

(3)收到第一期租金账务处理。按租约规定收到第一期租金时:

借:银行存款　　6 600

　贷:其他业务收入　　6 600

(第二期方法同上。)

(4)到期收回出租资产账务处理。

借:固定资产——自有资产　　2 750 000

　贷:固定资产——出租资产　　2 750 000

## 四、经营租赁业务的财务报告附注披露

### (一)承租人经营租赁业务在报表附注中的披露

(1)资产负债表日后连续三个会计年度每年将支付的不可撤销经营租赁的最低租赁付款额。

(2)以后年度将支付的不可撤销经营租赁的最低租赁付款额总额。

此外,为了保证租赁资产的安全和有效使用,承租人应设置“经营租赁资产”备查簿做备查登记,以反映和监督租赁资产的使用、归还和结存情况。

### (二)出租人经营租赁业务在报表附注中的披露

出租人应在报表附注中对经营租赁披露各类租出资产的账面价值。出租人经营租赁各类租出资产的账面价值披露格式见表4-6。

# 第三节　融资租赁业务会计

## 一、融资租赁业务承租人的会计处理

### (一)租赁资产的资本化及其金额的确定

在租赁期开始日,承租人应当将租赁开始日租赁资产公允价值与最低租赁付款额现值两者中较低者作为租入资产的入账价值,将最低租赁付款额作为长期应付款的入账价值,其差额作为未确认融资费用。

承租人在计算最低租赁付款额的现值时,必须合理选择折现率。承租人在计算最低租赁付款额的现值时,能够取得出租人租赁内含利率的,应当采用租赁内含利率作为折现率;否则,应当采用租赁合同规定的利率作为折现率。承租人无法取得出租人的租赁内含利率且租赁合同没有规定利率的,应当采用同期银行贷款利率作为折现率。

其会计处理为:在租赁期开始日,承租人应按租赁资产公允价值与最低租赁付款额的现值两者中的较低者,借记“固定资产——融资租入固定资产”科目,按最低租赁付款额,贷记“长期应付款——应付融资租赁款”科目,按其差额,借记“未确认融资费用”科目(在编

制资产负债表时,“未确认融资费用”应作为“长期应付款”的抵减项目列示)。

如果融资租入的固定资产在租赁开始日需要经过安装,应先通过“在建工程”科目核算,安装完毕达到预定可使用状态时,再由“在建工程”科目转入“固定资产——融资租入固定资产”科目。

### (二)初始直接费用的会计处理

初始直接费用是指在租赁谈判和签订租赁合同过程中承租人发生的、可归属于租赁项目的费用,通常有印花税、佣金、律师费、差旅费、谈判费等。承租人发生的初始直接费用,应当计入租入资产价值。其会计处理为:借记“固定资产”等科目,贷记“银行存款”、“现金”等科目。

### (三)未确认融资费用分摊的会计处理

融资租赁下,在分摊未确认融资费用时,未确认融资费用应当在租赁期内各个期间进行分摊。承租人应当采用实际利率法计算确认当期的融资费用。

承租人采用实际利率法分摊未确认融资费用时,应当根据租赁期开始日租入资产入账价值的不同情况,对未确认融资费用采用不同的分摊率:

(1)以出租人的租赁内含利率为折现率将最低租赁付款额折现、且以该现值作为租入资产入账价值的,应当将租赁内含利率作为未确认融资费用的分摊率;

(2)以合同规定利率为折现率将最低租赁付款额折现、且以该现值作为租入资产入账价值的,应当将合同规定利率作为未确认融资费用的分摊率;

(3)以银行同期贷款利率为折现率将最低租赁付款额折现、且以该现值作为租入资产入账价值的,应当将银行同期贷款利率作为未确认融资费用的分摊率;

(4)以租赁资产公允价值为入账价值的,应当重新计算分摊率。该分摊率是使最低租赁付款额的现值与租赁资产公允价值相等的折现率。

### (四)租赁资产折旧的计提

承租人应对融资租入的固定资产计提折旧,主要应解决两个问题:一是折旧政策,二是折旧期间。

1. 折旧政策

计提租赁资产折旧时,承租人应采用与自有应折旧资产相一致的折旧政策。同自有应折旧资产一样,租赁资产的折旧方法一般有年限平均法、工作量法、年数总和法、双倍余额递减法等。如果承租人或与其有关的第三方对租赁资产余值提供了担保,则应提的折旧总额为融资租入固定资产的入账价值减去担保余值加上预计清理费用;如果承租人或与其有关的第三方未对租赁资产余值提供担保,则应提的折旧总额为融资租入固定资产的入账价值减去预计残值加上预计清理费用。

2. 折旧期间

由于融资租赁的分类标准影响着租赁资产的折旧期间的确定,因此,应根据租赁合同的规定来确定租赁资产的折旧期间。如果能够合理确定租赁期届满时取得租赁资产所有权的,应当在租赁资产使用寿命内计提折旧;无法合理确定租赁期届满时能够取得租赁资产所有权的,应当在租赁期与租赁资产使用寿命两者中较短的期间内计提折旧。

### （五）履约成本的会计处理

履约成本名目较多，承租人在实际工作中可根据其内容分别进行处理。例如，对于固定资产的修理费用、保险费等，直接计入当期费用，借记“制造费用”、“管理费用”等科目，贷记“银行存款”等科目。

### （六）或有租金的会计处理

由于或有租金的金额不固定，无法采用系统合理的方法对其进行分摊，因此，或有租金应当在实际发生时计入当期损益，并分情况进行会计处理：如果或有租金是以销售百分比、使用量等为依据计算的，借记“销售费用”等科目，贷记“银行存款”等科目；如果或有租金是以物价指数为依据计算的，借记“财务费用”科目，贷记“银行存款”等科目。

### （七）租赁期届满时的会计处理

租赁期届满时，承租人通常对租赁资产有三种选择权：返还、留购和优惠续租。

1. 返还租赁资产

租赁期届满承租人向出租人返还租赁资产时：

（1）如果存在承租人担保余值，借记“长期应付款——应付融资租赁款”、“累计折旧”科目，贷记“固定资产——融资租入固定资产”科目；

（2）如果不存在承租人担保余值，借记“累计折旧”科目，贷记“固定资产——融资租入固定资产”科目，如果还存在净残值，还应借记“营业外支出”科目。

2. 优惠续租租赁资产

（1）如果承租人行使优惠续租选择权（此处的优惠续租选择权，是指承租人续租的租金低于行使优惠续租选择权），则应视同该项租赁一直存在而做出相应的会计处理，如继续支付租金等；

（2）如果租赁期届满时承租人没有续租，承租人向出租人返还租赁资产时，其会计处理同上述返还租赁资产的会计处理。

3. 留购租赁资产

在承租人享有优惠购买选择权的情况下，支付购买价款时，借记“长期应付款——应付融资租赁款”科目，贷记“银行存款”等科目；同时，将固定资产从“融资租入固定资产”明细科目转入有关明细科目。

**【例 4－3】** 假设 2009 年 12 月 31 日，A 公司与 B 公司签订了一份租赁合同，合同主要内容如下：

（1）租赁标的物：车床；

（2）租赁期开始日：2010 年 1 月 1 日；

（3）租赁期：2010 年 1 月 1 日～2014 年 1 月 1 日，共 4 年；

（4）租金支付：自租赁期开始日每年年末支付租金 1 500 000 元；

（5）该机器在 2009 年 12 月 31 日的公允价值为 5 000 000 元，预计使用年限为 5 年，无残值，采用年限平均法计提折旧；

（6）租赁合同规定的年利率为 7%；

（7）初始直接费用为 10 000 元；

(8)租赁期届满时,A 公司享有优惠购买该机器的选择权,购买价格为 1 000 元,估计该日租赁资产的公允价值为 800 000 元。

会计处理过程:

(1)租赁期开始日的会计处理

第一步,确定租赁类型。

本例存在优惠购买选择权,优惠购买价 1 000 元远低于行使选择权日租赁资产的公允价值 800 000 元(1 000/800 000 =0.125%),所以在 2010 年 1 月 1 日就可合理确定 A 公司将会行使这种选择权,符合融资租赁判断标准;另外,最低租赁付款额的现值为 5 081 562.9 元(计算过程见后)大于租赁资产公允价值的 90% 即 4 500 000 元(5 000 000 元×90%),符合第 4 条判断标准。所以这项租赁应当判定为融资租赁。

第二步,计算租赁开始日最低租赁付款额的现值,确定租赁资产入账价值。

最低租赁付款额 = 各期租金之和 + 行使优惠购买选择权支付的金额

=1 500 000 × 4 +1 000 =6 000 000 +1 000 =6 001 000(元)

计算现值的过程如下;

每期租金 1 500 000 元的年金现值 =1 500 000 × PA(4,7%)

优惠购买选择权行使价 1 000 元的复利现值 =1 000 × PV(4,7%)

查表得知:PA(4,7%) =3.387 2,PV(4,7%) =0.762 9

现值合计 =1 500 000 ×3.387 2 +1 000 ×0.7629

=5 080 800 +762.9 =5 081 562.9(元) >5 000 000 元

根据本准则规定的孰低原则,租赁资产的入账价值应为公允价值 5 000 000 元。

第三步,计算未确认融资费用。

未确认融资费用 = 最低租赁付款项 - 租赁资产公允价值

=6 001 000 - 5 000 000 =1 001 000(元)

第四步,会计处理为:

2010 年 1 月 1 日,

| | | |
|---|---|---|
| 借:固定资产——融资租入固定资产 | 5 010 000 | |
| 未确认融资费用 | 1 001 000 | |
| 贷:长期应付款——应付融资租赁款 | | 6 001 000 |
| 银行存款 | | 10 000 |

(2)未确认融资费用分摊的会计处理

第一步,确定融资费用分摊率。

租赁开始日最低租赁付款的现值 = 租赁资产公允价值

当 R =7% 时:1 500 000 × 3.387 2 +1 000 × 0.762 9 =5 081 562.9 >5 000 000(元)

当 R =8% 时:1 500 000 × 3.312 1 +1 000 × 0.735 0 =4 968 885 <5 000 000(元)

计算可知 7% <R <8% 。插值法计算得出 R =7.72%

第二步,在租赁期采用实际利率法分摊未确认融资费用,如表 4 -1 所示。

表 4-1 未确认融资费用分摊表

2010 年 1 月 1 日　　单位:元

| 日　期 | 租　金 | 确认的融资费用 | 应付本金减少额 | 应付本金余额 |
|---|---|---|---|---|
| ① | ② | ③=期初③×7.72% | ④=②-③ | 期末⑤=期初③-④ |
| | | | | 5 000 000 |
| (1)2010.12.31 | 1 500 000 | 386 000 | 1 114 000 | 3 886 000 |
| (2)2011.12.31 | 1 500 000 | 299 999.2 | 1 200 000.8 | 2 685 999.8 |
| (3)2012.12.31 | 1 500 000 | 207 359.34 | 1 292 640.88 | 1 393 358.34 |
| (4)2013.12.31 | 1 500 000 | 107 641.66 | 1 392 358.34 | 1 000 |
| (5)2014.1.1 | 1 000 | | 1 000 | 0 |
| 合　计 | 6 001 000 | 1 001 000 | 5 000 000 | |

第三步,会计处理为:

2010 年 12 月 31 日,支付第一期租金:

借:长期应付款——应付融资租赁款　　1 500 000

　　贷:银行存款　　1 500 000

2010 年 1~12 月,每月分摊未确认融资费用:

借:财务费用　　(386 000÷12)30 666.67

　　贷:未确认融资费用　　(386 000÷12)30 666.67

2011 年~2013 年支付租赁及分摊未确认融资费用会计处理略。

(3)按月计提租赁资产折旧的会计处理:

借:制造费用　　(5 010 000÷48)104 375

　　贷:累计折旧　　(5 010 000÷48)104 375

(4)租赁期届满时的会计处理:

借:长期应付款——应付融资租赁款　　10 000

　　贷:银行存款　　10 000

(5)财务会计报告中的列示与披露(略)。

## 二、融资租赁业务出租人的会计处理

### (一)租赁开始日租赁债权的确认

由于在融资租赁下,出租人将与租赁资产所有权有关的风险和报酬实质上转移给承租人,将租赁资产的使用权长期转让给了承租人,并以此获取租金,因此,出租人的租赁资产在租赁开始日实际上就变成了收取租金的债权。出租人应在租赁期开始日,出租人应当将租赁开始日最低租赁收款额与初始直接费用之和作为应收融资租赁款的入账价值,同时记录未担保余值;将最低租赁付款额、初始直接费用及未担保余值之和与其现值之和的差额确认为未实现融资收益。

出租人在租赁期开始日按照上述规定转出租赁资产,租赁资产公允价值与其账面价值如有差额,应当计入当期损益。

其会计处理为:在租赁期开始日,出租人应按最低租赁收款额,借记“长期应收款”科目,按未担保余值,借记“未担保余值”科目,按租赁资产的账面价值,贷记“融资租赁资产”科目,按其差额,贷记“递延收益——未实现融资收益”科目。

### (二)初始直接费用的会计处理

出租人发生的初始直接费用和承租人发生的初始直接费用相类似,通常有印花税、佣金、律师费、差旅费、谈判费等,出租人应计入应收融资租赁款的入账价值,在确认各期融资收入时作为收入的调整,计入各期损益。

### (三)未实现融资收益分配的会计处理

在分配未实现融资收益时,出租人应当采用实际利率法计算当期应确认的融资收入;其会计处理为:出租人每期收到租金时,按收到的租金,借记“银行存款”科目,贷记“长期应收款”科目。每期采用实际利率法分配未实现融资收益时,按当期应确认的融资收入金额,借记“递延收益——未实现融资收益”科目,贷记“主营业务收入——融资收入”科目。

### (四)或有租金的会计处理

或有租金应当在实际发生时计入当期损益。

### (五)未担保余值发生变动的会计处理

出租人至少应当于每年年度终了时,对未担保余值进行复核。未担保余值增加的,不做调整。有证据表明未担保余值已经减少的,应当重新计算租赁内含利率,将由此引起的租赁投资净额的减少,计入当期损益;以后各期根据修正后的租赁投资净额和重新计算的租赁内含利率确认融资收入。租赁投资净额是融资租赁中最低租赁收款额及未担保余值之和与未实现融资收益之间的差额。

已确认损失的未担保余值得以恢复的,应当在原已确认的损失金额内转回,并重新计算租赁内含利率,以后各期根据修正后的租赁投资净额和重新计算的租赁内含利率确认融资收入。

### (六)租赁期届满时的会计处理

租赁期届满时,出租人应区别以下情况进行会计处理。

1. 收回租赁资产

收回租赁资产通常有可能出现以下四种情况。

(1)存在担保余值,不存在未担保余值

出租人收到承租人返还的租赁资产时,借记“融资租赁资产”科目,贷记“长期应收款”科目。

如果收回租赁资产的价值低于担保余值,则应向承租人收取价值损失补偿金,借记“其他应收款”科目,贷记“营业外收入”科目。

(2)存在担保余值,同时存在未担保余值

出租人收到承租人返还的租赁资产时,借记“融资租赁资产”科目,贷记“长期应收款”、

“未担保余值”等科目。

如果收回租赁资产的价值扣除未担保余值后的余额低于担保余值，则应向承租人收取价值损失补偿金，借记“其他应收款”科目，贷记“营业外收入”。

（3）存在未担保余值，不存在担保余值

出租人收到承租人返还的租赁资产时，借记“融资租赁资产”科目，贷记“未担保余值”科目。

（4）担保余值和未担保余值均不存在

此时，出租人无需做会计处理，只需做相应的备查登记。

2. 优惠续租租赁资产

（1）如果承租人行使优惠续租选择权，则出租人应视同该项租赁一直存在而做出相应的会计处理；

（2）如果租赁期届满时承租人没有续租，承租人向出租人返还租赁资产时，其会计处理同上述收回租赁资产的会计处理。

3. 留购租赁资产

租赁期届满时，承租人行使了优惠购买选择权。出租人按收到的承租人支付的购买资产的价款，借记“银行存款”等科目，贷记“长期应收款”科目。如果还存在未担保余值，还应借记“营业外支出”科目，贷记“未担保余值”科目。

**【例4－4】** 2010年12月30日，新世纪有限责任公司（以下简称新世纪公司）与西部开发租赁公司（以下简称西部公司）签订了一份租赁合同。合同主要条款如下：

（1）租赁标的物：程控生产线。

（2）租赁开始日：租赁物运抵新世纪公司生产车间之日（即2012年1月1日）

（3）租赁期：从起租日算起36个月（即2012年1月1日～2014年12月31日）。

（4）租金支付方式：自起租日起每年年末支付租金1 100 000元。

（5）该生产线在2012年1月1日西部公司的公允价值为2 860 000元。

（6）租赁规定的利率为8%（年利率）。

（7）该生产线为全新设备，估计使用年限为5年。

（8）2013年和2014年两年，新世纪公司每年按该生产线所生产的产品——微波炉的年销售收入的1%向西部公司支付经营分享收入。

假设2012年、2013年销售收入分别为10 000 000元和15 000 000元。

（1）租赁期开始日的会计处理

第一步，计算租赁内含利率。

根据租赁内含利率的定义，即租赁内含利率是指在租赁开始日，使最低租赁收款额的现值与未担保余值的现值之和等于租赁资产公允价值的折现率。

由于本例中不存在与承租人和出租人均无关，但在财务上有能力担保的第三方对出租人担保的资产余值，因此最低租赁收款额等于最低租赁付款额。即

租金×期数＋承租人担保余值＝1 000 000×3＋0＝3 000 000（元）

$$1\ 000\ 000 \times PA(3,R) = 2\ 600\ 000（元）$$

经查表，可知利率为7%，年金系数2.624 3；利率为8%，年金系数2.577 1。

采用内插法计算$R$＝7.51%，即租赁内含利率为7.51%。

第二步，计算租赁开始日最低租赁收款额及其现值和未实现融资收益。

最低租赁收款额 + 未担保余值 =（最低租赁付款额 + 第三方担保的余值）+ 未担保余值 =(1 000 000 ×3 +0) +0 =3 000 000(元)

最低租赁收款额 =1 000 000 ×3 =3 000 000(元)

最低租赁收款额的现值 =1 000 000 ×PA(3,7.51%) =2 600 000(元)

未实现融资收益 =3 000 000 -2 600 000 =400 000(元)

第三步,判断租赁类型。

本例中租赁期(3 年)占租赁资产尚未使用年限(5 年)的60%(小于75%),没有满足融资租赁的第 3 条标准;另外,最低租赁收款额的现值为 2 600 000 元大于租赁资产公允价值的90%即2 340 000 元(2 600 000 ×90%),满足融资租赁的第 4 条标准,因此,西部公司应当将该项租赁认定为融资租赁。

第四步,会计处理为:

2012 年 1 月 1 日,租出程控生产线

借:长期应收款　　3 000 000

　贷:融资租赁资产　　2 600 000

　　未实现融资收益　　400 000

(2)未实现融资收益分配的会计处理

第一步,计算租赁期内各租金收取期应分配的未实现融资收益,如表 4 -2 所示。

第二步,会计处理为:

2012 年 12 月 31 日,收到第一期租金

借:银行存款　　1 000 000

　贷:长期应收款　　1 000 000

**表 4 -2　未实现融资收益分摊表**

2012 年 1 月 1 日　　单位:元

| 日　期 | 租　金 | 确认的融资收益 | 租赁投资净额减少额 | 租赁投资净额余额 |
|---|---|---|---|---|
| ① | ② | ③ = 期初⑤ ×7.51% | ④ =② -③ | 期末 = 期初⑤ -④ |
| (1)2012.01.01 | | | | 2 600 000 |
| (2)2012.12.31 | 1 000 000 | 195 260 | 804 740 | 1 795 260 |
| (3)2013.12.31 | 1 000 000 | 134 824.03 | 865 175.97 | 930 084.03 |
| (4)2014.12.31 | 1 000 000 | 69 915.97 * | 930 084.03 * | 0 |
| 合　计 | 3 000 000 | 400 000 | 2 600 000 | |

注:* 做尾数调整。69 915.97 =1 000 000 -930 084.03

2012 年 1 ~12 月,每月确认融资收入时

借:未实现融资收益　　(195 260 ÷12)16 271.67

　贷:租赁收入　　16 271.67

2013 年 12 月 31 日,收到第二期租金

借:银行存款　　1 000 000

　贷:长期应收款　　1 000 000

2013 年 1 ~ 12 月，每月确认融资收入时

借：未实现融资收益　　(134 824.03 ÷ 12) 11 235.34

　贷：租赁收入　　11 235.34

2014 年 12 月 31 日，收到第三期租金

借：银行存款　　1 000 000

　贷：长期应收款　　1 000 000

2014 年 1 ~ 12 月，每月确认融资收入时

借：未实现融资收益　　(69 915.97 ÷ 12) 5 826.33

　贷：租赁收入　　5 826.33

(3) 或有租金的会计处理：

2013 年 12 月 31 日，

借：应收账款——新世纪公司　　1 000 000

　贷：租赁收入　　1 000 000

2014 年 12 月 31 日，

借：应收账款——新世纪公司　　150 000

　贷：租赁收入　　150 000

(4) 租赁期届满时的会计处理：

2014 年 12 月 31 日，将该生产线从新世纪公司收回，做备查登记。

(5) 财务会计报告中的列示与披露（略）

## 三、融资租赁业务在财务报告上的列示与披露

### （一）融资租赁业务在资产负债表上的列示

1. 承租人融资租赁业务在资产负债表上列示

在融资租赁方式下，承租人应当在资产负债表中，将与融资租赁相关的长期应付款减去未确认融资费用的差额，分别一年内到期的长期负债和长期负债进行列示，如表 4－3 所示。

**表 4－3　× × 公司资产负债表（简表）**

| | | | |
|---|---|---|---|
| | | 流动负债： | |
| 非流动资产： | | 于一年内支付的租金 | × × × |
| 固定资产 | × × × | 非流动负债： | |
| 减：累计折旧 | × × × | 长期应付款（减未确认融资费用后的净额） | × × × |
| 固定资产净值 | × × × | （融资租入固定减产应付款） | |

2. 出租人融资租赁业务在资产负债表上列示

出租人应当在资产负债表中，将应收融资租赁款减去未实现融资收益的差额，作为长期债权列示，应单独列出融资租赁租赁投资总额，如表 4－4 所示。

表 4－4　××公司资产负债表(简表)

| | | |
|---|---|---|
| 非流动资产：<br>长期应收租赁款(减去未实现融资收益的净额) | ××× | |

### (二)融资租赁业务在财务报表附注中的披露

1. 承租人对于融资租赁，应当在报表附注中披露下列信息：

(1)各类租入固定资产的期初和期末原价、累计折旧额。

(2)资产负债表日后连续三个会计年度每年将支付的最低租赁付款额，以及以后年度将支付的最低租赁付款额总额。披露格式如表 4－5 所示。

表 4－5　融资租赁披露内容

| 剩余租赁期 | 最低租赁付款额 |
|---|---|
| 1 年以内(含 1 年) | |
| 1～2 年(含 2 年) | |
| 2～3 年(含 3 年) | |
| 3 年以上 | |
| 合　　计 | |

(3)未确认融资费用的余额，以及分摊未确认融资费用所采用的方法。

2. 出租人对于融资租赁，应当在附注中披露下列信息：

(1)资产负债表日后连续三个会计年度每年将收到的最低租赁收款额，以及以后年度将收到的最低租赁收款额总额。披露格式如表 4－6 所示。

表 4－6　租赁披露内容

| 剩余租赁期 | 最低租赁收款额 |
|---|---|
| 1 年以内(含 1 年) | |
| 1～2 年(含 2 年) | |
| 2～3 年(含 3 年) | |
| 3 年以上 | |
| 合　　计 | |

(2)未实现融资收益的余额，以及分配未实现融资收益所采用的方法。

# 第四节　售后租回交易

## 一、售后租回交易

售后租回交易是一种特殊形式的租赁业务，是指卖方（售后租回交易的承租人）将一项自制或外购的资产出售，然后又向买主（即出租人）租回使用，这种租赁方式称为售后租回。通过售后租回交易，资产的原所有者（即承租人）在保留对资产的占有权、使用权和控制权的前提下，将固定资本转化为货币资本，在出售时可取得全部价款的现金，而租金则是分期支付的，从而获得了所需的资金；而资产的新所有者（即出租人）通过售后租回交易，找到了一个风险小、回报有保障的投资机会。

对于售后租回交易，无论是承租人还是出租人，均应按照租赁的分类标准，将售后租回交易认定为融资租赁或经营租赁。对于出租人来讲，售后租回交易（无论是融资租赁还是经营租赁的售后租回交易）同其他租赁业务的会计处理没有什么区别。而对于承租人来讲，由于其既是资产的承租人同时又是资产的出售者，因此，售后租回交易同其他租赁业务的会计处理有所不同。售后租回交易的会计处理应根据其所形成的租赁类型而定，可按融资租赁和经营租赁分别进行会计处理。

## 二、售后租回交易的会计处理

1. 售后租回交易形成融资租赁

如果售后租回交易被认定为融资租赁，那么这种交易实质上转移了买方（出租人）所保留的与该项租赁资产的所有权有关的全部风险和报酬，是出租人提供资金给承租人并以该项资产作为担保。在会计上作为一项销售业务予以记录，在销售时应将售价与资产账面价值的差额（称为未实现的售后租回损益）予以递延，并按该项租赁资产的折旧进度进行分摊，作为折旧费用的调整。对未实现的售后租回损益分摊时使用的折旧率，与该项资产计提折旧时采用的折旧率相同。

2. 售后租回交易形成经营租赁

有确凿证据表明售后租回交易是按照公允价值达成的，销售的商品按照售价确认收入，并按照账面价值结转成本。销售的固定资产按照售价和固定资产账面价值之间差额确认营业外支出；没有确凿证据表明售后租回交易是按照公允价值达成的。

（1）售价低于公允价值的，应确认当期损益，如果损失将由低于市价的未来租赁付款额补偿的，应将其递延，并按租赁付款比例分摊于预计的资产使用期限内。

（2）售价高于公允价值的，其高出公允价值的部分应予递延，并在预计的资产使用期限内摊销。售后租回资产公允价值与账面价值的差额确认为当期损益。

## 三、售后租回交易的会计处理

对于出租人来讲，售后租回交易同其他租赁业务的会计处理没有什么区别；对于承租人来讲，由于其既是资产的承租人同时又是资产的出售者，因此，售后租回交易同其他租赁业务的会计处理有所不同。

（1）出售资产时，按固定资产账面价值，借记“固定资产清理”科目，按已计提的折旧，借记“累计折旧”科目,按其账面原值,贷记“固定资产”科目。已计提减值准备的,还应同时结转已计提的减值准备。

(2)收到价款时,借记“银行存款”科目,贷记“固定资产清理”科目,按其差额借记或贷记“递延收益——未实现售后租回损益”科目。

(3)租回资产时,各期根据该项租赁资产的折旧进度或租金支付比例分摊未实现售后租回损益时,借记或贷记“递延收益——未实现售后租回损益”,贷记或借记“制造费用”、“管理费用”、“营业费用”等科目。

## 四、会计处理举例

1. 融资租赁

**【例 4-5】** 假设2009年12月31日,甲公司将一项生产经营用固定资产按770 000元的价格销售给乙公司。该机器的公允价值为700 000元,账面原价为1 000 000元,已提折旧400 000元。同时又签订了一份融资租赁协议将机器租回,租赁期限为5年。

甲公司对售后租回交易中售价与资产账面价值的差额会计处理如下(计算过程如表4-7):

**表4-7 未实现售后租回收益分摊表(年限平均法)**

2009年12月31日 单位:元

| 日　期 | 售　价 | 固定资产账面价值 | 摊销期 | 分摊率 | 摊销额 | 未实现售后租回损益 |
|---|---|---|---|---|---|---|
| 2009.12.31 | 770 000 | 660 000 | 60个月 | | | 110 000 |
| 2010.12.31 | | | | 20% | 22 000 | 88 000 |
| 2011.12.31 | | | | 20% | 22 000 | 66 000 |
| 2012.12.31 | | | | 20% | 22 000 | 44 000 |
| 2013.12.31 | | | | 20% | 22 000 | 22 000 |
| 2014.12.31 | | | | 20% | 22 000 | 0 |
| 合　计 | 770 000 | 660 000 | | 100% | 110 000 | |

(1)2009年12月31日,结转出售固定资产的成本

借:固定资产清理　　660 000

　累计折旧　　440 000

　贷:固定资产——塑钢机　　1 100 000

(2)2009年12月31日,向乙公司出售塑钢机

借:银行存款　　770 000

　贷:固定资产清理　　660 000

　　递延收益——未实现售后租回损益　　110 000

(3)2010年1月31日,确认本月应分摊的未实现售后租回损益

借:递延收益——未实现售后租回损益 (22 000/12)1 833.33

贷:制造费用 1 833.33

2. 经营租赁,且公允

这种情况下,出售资产,按照正常出售业务处理,租入资产做正常经营租入处理。

**【例4-6】** 假设2014年1月1日,A公司将一套全新办公设备,按照公允价值3 190万元的价格售给乙公司,并立即签订了一份租赁合同,从乙公司租回该办公设备,租期为4年。办公设备原账面价值为3 190万元,预计使用年限为25年。租赁合同规定,在租期的每年年末支付租金60万元。租赁期满后乙公司收回办公设备使用权(假设甲公司和乙公司均在年末确认租金费用和经营租赁收入并且不存在租金逾期支付的情况)。

甲公司的会计处理如下:

(1)2014年1月1日,向乙公司出售办公设备

借:固定资产清理 3 190

贷:固定资产 3 190

借:银行存款 3 190

贷:固定资产清理 3 190

(2)2014年12月31日,支付租金

借:管理费用——租赁费 60

贷:银行存款 60

3. 经营租赁,不公允,且售价低于公允价值

售价低于公允价值的,应确认为当期损益;如果损失将由低于市价的未来租赁付款额补偿的,应将其递延,并在预计资产使用期限内分摊。

(1)售价低于公允价值且售价低于账面价值

**【例4-7】** 如公允价值341万元,售价319万元,账面价值330万元,这时的损失是账面价值-售价=330-319=11万元,该损失可以得以补偿,这11万元计入递延收益。分录为

借:固定资产清理 330

贷:固定资产 330

借:银行存款 319

递延收益 11

贷:固定资产清理 330

(2)售价低于公允价值且售价高于账面价值

公允价值341万元,售价330万元,账面价值319万元,则收益直接确认损益,分录为:

借:固定资产清理 319

贷:固定资产 319

借:银行存款 330

贷:固定资产清理 319

营业外收入 11

4. 经营租赁,不公允,且售价高于公允价值

**【例4-8】** 假设2014年1月1日,A公司将公允价值为3 190万元的全新办公设备一套,按照3 300万元的价格售给乙公司,并立即签订了一份租赁合同,从乙公司租回该办公

设备,租期为4年。办公设备原账面价值为3 190万元,预计使用年限为25年。租赁合同规定,在租期的每年年末支付租金66万元。租赁期满后乙公司收回办公设备使用权(假设甲公司和乙公司均在年末确认租金费用和经营租赁收入并且不存在租金逾期支付的情况)。

甲公司的会计处理如下:

(1)2014年1月1日,向乙公司出售办公设备。

借:固定资产清理 3 190

  贷:固定资产 3 190

借:银行存款 3 300

  贷:固定资产清理 3 190

    递延收益——未实现售后租回损益(经营租赁)110

(2)2014年12月31日,支付租金。

借:管理费用——租赁费 66

  贷:银行存款 66

(3)2014年12月31日,分摊未实现售后租回损益。

借:递延收益——未实现售后租回损益(经营租赁)27.5

  贷:管理费用——租赁费 27.5(110÷4)

## 复习思考题

**【简答题】**

1. 企业租赁业务的特点有哪些?

2. 简述融资租赁的认定条件。

3. 如果租赁合同没有规定优惠购买选择权,则承租人在租赁期应支付或可能被要求支付的各种款项包括哪些?

**【计算分析题】**

1. 20×2年1月1日,A公司向B公司租入办公设备一台,租期为3年。设备价值为1 100 000元,预计使用年限为10年。租赁合同规定,租赁开始日(20×2年1月1日)A公司向B公司一次性预付租金165 000元,第一年年末支付租金165 000元,第二年年末支付租金220 000元,第三年年末支付租金275 000元。租赁期届满后B公司收回设备,三年的租金总额为825 000元。(假定A公司和B公司均在年末确认租金费用和租金收入,并且不存在租金逾期支付的情况。)

要求:编制A公司此项业务的会计分录。

2. 某租赁合同如下:

20×1年12月28日,A公司与B公司签订了一份租赁合同。合同主要条款如下:

(1)租赁标的物:程控生产线。

(2)租赁期开始日;租赁物运抵A公司生产车间之日(即20×2年1月1日)。

(3)租赁期:从租赁期开始日算起36个月(即20×2年1月1日~20×4年12月31日)。

(4)租金支付方式:自租赁期开始日起每年年末支付租金1 100 000元。

(5)该生产线在20×2年1月1日B公司的公允价值为2 860 000元。

(6)租赁合同规定的利率为8%(年利率)。

(7)该生产线为全新设备,估计使用年限为5年。

(8)20×3年和20×4年两年,A公司每年按该生产线所生产的产品——微波炉的年销售收入的1%向B公司支付经营分享收入。

A公司：

(1)采用实际利率法确认本期应分摊的未确认融资费用。

(2)采用年限平均法计提固定资产折旧。

(3)20×3年、20×4年A公司分别实现微波炉销售收入11 000 000元和16 500 000元。

(4)20×4年12月31日,将该生产线退还B公司。

(5)A公司在租赁谈判和签订租赁合同过程中发生可归属于租赁项目的手续费、差旅费11 000元。

要求：编制A公司此项业务的会计分录。

# 第五章　衍生金融工具会计

本章主要介绍金融工具的概念及分类，衍生金融工具的会计核算和列报。

**【考核知识点】**

金融工具的类别；金融工具会计的基本内容；衍生金融工具的确认、计量和会计核算；套期保值的类别；套期工具和被套期项目；套期保值业务的账务处理；权益工具和金融负债的区分原则；权益工具产生的衍生金融工具的账务处理；衍生金融工具的表内列示；衍生金融工具信息披露的要求。

**【重要概念】**

金融工具　衍生金融工具　套期保值　套期工具　被套期项目　套期会计

## 第一节　金融工具会计概述

### 一、金融工具的概念和内容

金融工具是在市场经济条件下，完成货币流通和银行信用的重要手段。它包括企业的金融资产、金融负债和权益工具。其中，金融资产通常指：库存现金、银行存款、应收账款、应收票据、贷款、股权投资、债权投资等；金融负债通常指企业的应付账款、应付票据、应付债券等。权益工具从发行方看，指能证明拥有某个企业在扣除所有负债后的资产中的剩余权益的合同，具体则指企业发行的普通股、在资本公积项下核算的认股权等。

### 二、金融工具的类别

金融工具可以分为基础金融工具和衍生金融工具。

#### （一）基础金融工具的内容

基础金融工具是自市场经济形成以来用以完成货币流通和信用逐渐形成并经常使用的，包括企业持有的现金、存放于金融机构的款项、普通股，以及代表在未来期间收取或支付金融资产的合同权利或义务等的金融工具，如应收账款、应付账款、其他应收款、其他应付款、存出保证金、存入保证金、客户贷款、客户存款、债券投资、应付债券等。

#### （二）衍生金融工具

1. 衍生金融工具的概念和特征

衍生金融工具也称衍生工具，是指其价值随某些因素变动而变动，不要求初始净投资或很少净投资，以及在未来某一时期结算而形成的企业金融资产、金融负债和权益工具。衍生金融工具具有下列特征。

（1）衍生金融工具价值随着特定利率、金融价格、商品价格、汇率、价格指数、费率指数、信用等级、信用指数或其他类似变量的变动而变动；变量为非金融变量的，该变量与合同的任一方不存在特定关系，其价值变动取决于标的变量的变化。衍生金融工具的结算金额，也往往通过标的变量作用于衍生金融工具的名义金额来确定。其中，衍生金融工具的“名义金额”既指一定数量的货币金额，也可能指一定数量的股份，还可能指衍生金融工具合同所约定的一定数量的其他项目。衍生金融工具的结算金额也可能不需要通过名义金额确定，而是通过合同中明确的结算条款确定。

（2）不要求初始净投资，或与对市场情况变动有类似反应的其他类型合同相比，要求很少的初始净投资。

（3）在未来某一日期结算。衍生金融工具在未来某一日期结算，表明衍生金融工具结算需要经历一段特定期间而不需立即结算。但是，“在某一日期结算”不能理解为只在未来某一日期进行一次结算。

2. 衍生金融工具的内容

衍生金融工具目前包括远期合同、期货合同、互换和期权，以及具有远期合同、期货合同、互换和期权中一种或一种以上特征的工具。下面将主要介绍一下金融远期、商品期货、金融期货、金融期权以及金融互换五类衍生金融工具。

（1）金融远期（远期合同）。金融远期是指在确定的将来某一时间按照确定的价格购买或出售某项资产的合约。由于是非标准合约，因此流通性差，难以转让，绝大部分远期合约都必须到期进行实际交割。根据标的的不同，金融远期主要包括远期外汇合约和远期利率协议。

①远期外汇合约。它是指客户与经营外汇银行之间或经营外汇的银行相互之间签订合约，在双方约定的未来日期按约定的远期汇率将一种货币兑换成另一种货币的交易行为，在期汇交易中签订的合约即为远期外汇合约。合约的标的物为外汇。

②远期利率协议。远期利率协议是一种以利率为标的物的远期合约，通过这种合约，买方和卖方可以把未来某一时点开始的某个预先约定的期间内的利率锁定。具体来说，远期利率协议是双方协定以未来一定期间、一定名义的本金为计算基础，将约定利率与约定期间开始日的市场利率之差形成的利息差额的现值，由一方支付给另一方的合约。

（2）商品期货。商品期货是指买卖双方在有组织的交易所内，以公开竞价的方式达成协议，约定在未来某一特定时间交割标准数量特定商品的交易合约。从商品交易的种类划分，商品期货主要包括：

①农作物产品。主要包括黄豆、玉米、小麦、砂糖、豆油、棕榈油、亚麻仁、椰干、可可、木材、棉花、咖啡等。

②畜牧产品。主要包括活牛、活猪及其他家畜等。

③工业产品。主要包括橡胶、工业棉花、钢材等。

④贵重金属。主要包括黄金、白银、白金和钯等。

⑤基本金属。主要包括铝、铜、铅、镍、锌等。

⑥能源产品。主要包括热燃油、轻原油、无铅汽油、含铅汽油和燃料油、丙烷等。

（3）金融期货。金融期货是指买卖双方在有组织的交易所内，以公开竞价的方式达成协议，约定在未来某一特定时间交割标准数量特定金融工具的交易合约。与金融远期不同的是，由于是标准化合约，具有较强的流动性，绝大多数合约在到期前被平仓，到期交割的比例极小。根据标的的不同，金融期货主要有外汇期货、利率期货和股票指数期货。

①外汇期货。指交易双方在有组织的交易场所按照交易规则，通过公开竞价，买卖特

定币种、特定数量、特定交割期的标准合约的交易。外汇期货合约的标的是各种可自由兑换的货币，可以用于规避汇率变动的风险或利用汇率变动获取利益。

②利率期货。利率期货也是在有组织的场所内，按照交易规则，通过公开竞价，买卖特定数量，特定交割期的标准合约的交易。但利率期货合约标的物是各种利率的载体，通常包括商业票据、定期存单、国债及其他政府公债。利率期货通过签订约定远期利率的协议，使投资者能够锁定未来的利率水平，实现套期保值。

③股票指数期货。股票指数期货是以股票价格指数作为合约标的物，又称股指期货或期指。股指期货合约的价格是按指数的点数与一个固定金额相乘计算的，合约是以现金进行结算或交割。

(4)金融期权。期权是一种交易选择权，是一种能在未来某特定时间以特定价格买入或卖出一定数量的某种特定商品的权利，它有卖权和买权两个基本类型。买权，即看涨期权，其持有者有权在某一个确定时间以确定价格购买标的资产；而卖权或看跌期权，其持有者有权在某一确定时间以某一确定价格出售标的资产。在这两类期权中，有交易选择权的一方都必须向另一方支付权利金，即期权价格。根据标的资产的不同，金融期权包括外汇期权、利率期权、股票期权和股票指数期权等。

(5)金融互换。金融互换是指当事人按照一定的条件在金融市场上进行不同金融工具交换的合约。金融互换交易由于考虑了交易各方的自身情况，并利用了各自的优势，通常可以同时增加交易各方的经济利益。金融互换主要分为货币互换、利率互换等。

①货币互换。货币互换是指以一种货币表示的一定数量的资本及在此基础上产生的利息支付义务，与另一种货币表示的相应数量的资本额及在此基础上产生利息支付义务进行相互交换。货币互换的前提是要存在两个在期限和金额上利益相同而对货币需求相反的伙伴，双方按预先约定进行资本额的互换；互换后，每年以约定利率和资本额为基础进行利息支付的互换，协议到期后，再按照原约定的利率将原资本额换回。也就是说，货币互换要在期初、计息日、到期日发生多次资金流动，而且资金的流动是双向的。

②利率互换。利率互换是在货币互换的基础上产生的，是指计息方法不同(一方以固定利率计息，另一方以浮动利率计息)或者利率水平不一致的债权或债务之间进行的转换。与货币互换不同的是，利率互换是在利率不同的同一货币之间互换，并且不进行本金的互换，只是在协议约定的各期互换由于利息不同而产生的利息差额。由于没有期初及最后的本金互换，利率互换的资金流动只发生在计息日，而且由于是净额结算，因此资金的流动是单向的。

## 三、衍生金融工具的产生与发展

作为完成货币流通和银行信用的手段，金融工具自市场经济出现即有之。但自20世纪中叶开始，已发行货币和开展信用活动为主要职能的，金融行业无论是在规模上还是在深度上，都得到了空前飞速的发展，金融市场已经逐渐成为一股影响经济和社会发展的重要力量，受到人们前所未有的关注。投资、贸易的发展，必然带来金融的国际化。跨国公司及其主导的资本流动全球化发展，客观上有助于保持贸易收支的平衡，但也加剧了国际金融市场的动荡，因而催生出诸如商品价格、外汇汇率、利率等因素变动导致的新的金融风险。因此，越来越多的机构和个人都要求通过使用金融工具在国内和国际外汇资本市场进行套汇和发行套期保值证券等经济业务来降低成本。以此规避风险和实现套期保值为主要目的各种衍生金融工具不断涌现并迅速发展起来。

2006年2月15日财政部发布了《企业会计准则》的基本准则和具体准则。对金融工具会计进行了全面而系统的规定。涉及金融工具会计的准则有4项:《企业会计准则》第22号——金融工具确认和计量、《企业会计准则》第23号——金融资产转移、《企业会计准则》第24号——套期保值和《企业会计准则》第38号——金融工具列报。

## 第二节　衍生金融工具一般业务的核算

企业投资衍生金融工具的目的有两个:投机和套期保值。由于套期保值是为了规避风险,属于具有特殊目的的衍生金融工具投资,因此我们将因投机而持有衍生金融工具称为一般业务。在本节我们首先介绍衍生金融工具一般业务的会计核算,有关套期保值的内容将在下一节进行介绍。

### 一、衍生金融工具的确认和计量原则

#### (一)衍生金融工具确认的原则

衍生金融工具的确认是指将符合衍生金融工具定义和衍生金融工具确认条件的项目记入有关金融工具账户和列入资产负债表的过程。

1. 衍生金融工具确认原则

企业成为衍生金融工具合同的一方时,应当确认一项金融资产或金融负债。据此确认条件,企业应将衍生金融工具合同形成的权利或义务,确认为金融资产或金融负债并予以计量。但是,如果衍生金融工具涉及金融资产转移,且导致该金融资产转移不符合终止确认条件,则不应将其确认,否则会导致衍生金融工具形成的义务被重复确认。

2. 衍生金融工具的终止确认原则

衍生金融工具终止确认,是指将衍生金融工具从企业的账户和资产负债表内予以转销。金融工具确认和计量准则规定,收取金融资产现金流量的合同权利终止,或金融资产已经转移,应当终止确认该衍生金融工具。

#### (二)衍生金融工具计量的原则

衍生金融工具属于交易性金融资产或金融负债,应以公允价值计量且其变动计入当期损益。但是,被指定为有效套期工具的衍生金融工具、属于财务担保合同的衍生金融工具、与在活跃市场中没有报价且其公允价值不能可靠计量的权益工具投资挂钩并须通过交付该权益工具结算的衍生金融工具除外。其中,财务担保合同是指由保证人和债权人约定,当债务人不履行债务时,保证人按照约定履行债务或者承担责任的合同。

企业取得衍生金融工具发生的相关交易费用应当直接计入当期损益。其中的交易费用,是指可直接归属于购买、发行或处置金融工具新增的外部费用。新增的外部费用,是指企业不购买、发行或处置金融工具就不会发生的费用,包括支付给代理机构、咨询公司、券商等的手续费和佣金及其他必要支出,不包括债券溢价、折价、融资费用、内部管理成本及其他与交易不直接相关的费用。交易费用构成实际利息的组成部分。

## 二、衍生金融工具核算的科目设置和账务处理

### （一）衍生金融工具核算的科目设置

1."衍生工具"科目

企业应该设置"衍生工具"会计科目核算衍生金融工具的公允价值及其变动形成的衍生资产或衍生负债。该科目是一个共同类性质的会计科目，应该按照衍生金融工具的类别进行明细核算，分别设置"期货合约"、"期权合约"、"远期合约"、"互换合约"等明细科目。企业取得衍生资产计入该科目的借方；取得衍生负债计入该科目的贷方。衍生资产公允价值增加的，计入该科目的借方；衍生资产公允价值减少的，计入该科目的贷方。衍生负债公允价值增加的，计入该科目的贷方；衍生负债公允价值减少的，计入该科目的借方。该科目期末如有借方余额，反映衍生金融工具形成资产的公允价值；如有贷方余额，反映衍生金融工具形成负债的公允价值。

2."公允价值变动损益"科目

企业应该设置"公允价值变动损益"会计科目核算衍生金融工具的公允价值变动。该科目是一个损益类科目。衍生资产公允价值增加的，计入该科目的贷方；衍生资产公允价值减少的，计入该科目的借方。衍生负债公允价值增加的，计入该科目的借方；衍生负债公允价值减少的，计入该科目的贷方。期末要将该科目余额全部结转入"本年利润"科目，结转后该科目没有余额。

### （二）衍生金融工具业务的账务处理

企业取得衍生金融工具，应按其公允价值，借记"衍生工具"科目，发生的交易费用，借记"投资收益"科目，按照实际支付的金额贷记"银行存款"等科目。企业发行衍生金融工具，承担负债时，借记"银行存款"等科目，贷记"衍生工具"科目。资产负债表日，取得衍生工具的一方的衍生金融工具的公允价值高于其账面余额的差额，借记"衍生工具"科目，贷记"公允价值变动损益"科目，公允价值低于其账面余额的差额，作相反会计处理。

处置衍生金融工具的时候，按照实际收到的金额借记"银行存款"、"结算备付金"等科目，按衍生金融工具的账面价值，贷记"衍生工具"科目，按其差额，借记或贷记"投资收益"科目，同时，将原计入该衍生金融工具的公允价值变动转出，借记或贷记"公允价值变动损益"科目，贷记或借记"投资收益"科目。

1.远期合同业务的账务处理

**【例5－1】** 2013年2月1日，甲企业和乙企业签订了一份合约，双方约定在2014年1月31日进行一次"现金交换"（实际上是净额交换），"现金交换"的标的物是甲企业发行的股票2 000股。届时，甲企业按固定价格每股102元付给乙企业，乙企业却要按当时市场上每股的价格付给甲企业。说到底，就是甲企业和乙企业打赌该股票是涨过每股102元，还是跌过每股102元。假定该合约标的物（股票）于合约期间不发放股利，在合约签订日远期价格的现值与现货价格相等，远期合约本身在签订日公允价值为零。会计期末，远期合约的公允价值按照市场股票价格与固定远期价格的现值之间的差额计算。其他情况如下：

①合约签订日2013年2月1日，合约到期日2014年1月31日；

②2013年2月1日每股市价为100元，2013年12月31日每股市价为106元，2014年1

月31日每股市价为104元；

③2014年1月31日将支付的固定远期价格为102元，2013年2月1日远期价格的现值为100元，远期合约中的股票数量为2000股。

根据上述资料，分别作两公司的账务处理。

（1）甲企业的账务处理

①2013年2月1日。该日签订合约时的每股价格为100元，2013年2月1日远期合约的初始公允价值为零，故不作会计分录。因为衍生金融工具的公允价值为零，且没有支付或收取现金。

②2013年12月31日。该日每股市价增加至106元，假设此时固定远期价格204 000元（102×2 000）的现值为202 500元，从而远期合约的公允价值增加至9 500元（106×2 000－202 500）。会计要处理远期合约公允价值的增加，编制会计分录如下：

借：衍生工具——远期合约　　9 500

　贷：公允价值变动损益　　9 500

③2014年1月31日。该日每股市价减少至104元，远期合约的公允价值为4 000元（104×2 000－204 000）。在同一天，合约以现金进行净额结算，甲企业有义务向乙企业交付204 000元，乙企业有义务向甲企业交付208 000元，因此乙企业应向甲企业支付4 000元净额。甲企业进行以下账务处理：

借：银行存款　　4 000

　投资收益　　5 500

　贷：衍生工具——远期合约　　9 500

借：公允价值变动损益　　9 500

　贷：投资收益　　9 500

（2）乙企业的账务处理

①2013年2月1日。该日签订合约时的每股价格为100元，远期合约的初始公允价值为零。因为衍生金融工具的公允价值为零，且没有支付或收取现金，故不作会计分录。

②2013年12月31日。该日每股市价增加至106元，假设此时固定远期价格为204 000元（102×2 000）的现值为202 500元，从而远期合约的公允价值增加至9 500元（106×2 000－202 500）。账务处理要反映远期合约公允价值增加，编制会计分录如下：

借：公允价值变动损益　　9 500

　贷：衍生工具——远期合约　　9 500

③2014年1月31日。该日每股市价减少至104元，远期合约的公允价值为4 000元（104×2 000－204 000），同一天合约以现金进行净额结算。由于甲企业有义务向乙企业交付204 000元，乙企业有义务向甲企业交付208 000元，因此乙企业应向甲企业支付4 000元净额。乙企业的账务处理如下：

借：衍生工具——远期合约　　9 500

　贷：银行存款　　4 000

　　投资收益　　5 500

借：投资收益　　9 500

　贷：公允价值变动损益　　9 500

2. 商品期货业务的账务处理

**【例5－2】** 某公司2014年2月1日投入某期货公司100万元，进行期货合约交易。2月6日买入合约一张，单价为2 600元，数量为200吨，应付保证金31 200元。2月底该期货合约单价上涨至2 610元，3月底该合约单价上涨至2 615元，4月25日公司按照单价2 620元卖出平仓。

(1)2014年2月1日，以银行存款拨付资金，编制会计分录如下：

借：存出保证金——某期货公司　　　1 000 000

　贷：银行存款　　　　　　　　　　　1 000 000

(2)2014年2月6日，下交易指令购买合约，编制会计分录如下：

借：衍生工具——期货合约　　　31 200

　贷：存出保证金——某期货公司　　　31 200

(3)2014年2月28日，结算月末持仓期货合约的浮动盈亏(即确定公允价值变动)为(2 610—2 600)×200＝2 000(元)，编制会计分录如下：

借：衍生工具——期货合约　　　2 000

　贷：公允价值变动损益　　　　2 000

(4)2014年3月31日，结算月末持仓期货合约浮动盈亏(即确定公允价值变动)为(2 615—2 600)×200—2 000＝1 000(元)，编制会计分录如下：

借：衍生工具——期货合约　　　1 000

　贷：公允价值变动损益　　　　1 000

(5)2014年4月25日，卖出期货合约平仓，结算盈亏额＝(2 620－2 600)×200－3 000＝1 000(元)。此笔期货合约买入价格2 600元，卖出价格2 620元，净收益4 000元。其中，2011年2月已确认收益2 000元，2004年3月已确认收益1 000元，剩余1 000元的收益在当月入账，所得利润不予分配，仍留存期货公司。编制会计分录如下：

借：存出保证金——某期货公司　　4 000

　贷：衍生工具——期货合约　　　3 000

　　　投资收益　　　　　　　　　　1 000

合约平仓，冲回原购买期货合约的款项，编制会计分录如下：

借：存出保证金——某期货公司　　　3 120

　贷：衍生工具——期货合约　　　　　31200

同时，将公允价值变动损益确认为投资收益，编制会计分录如下：

借：公允价值变动损益　　　　3 000

　贷：投资收益　　　　　　　　3 000

以上各笔分录过入总分类账所属各明细分类账户后，“存出保证金——某期货公司”账户为借方余额1 004 000元，“衍生工具——期货合约”、“公允价值变动损益”账户结平，“投资收益”账户的贷方余额为4 000元，说明该公司通过期货投资业务获得了收益。

# 第三节 套期保值的核算

## 一、套期保值的概念和类别

### （一）套期保值的概念

套期保值是指企业为规避外汇风险、利率风险、商品价格风险、股票价格风险、信用风险等，指定一项或一项以上的衍生金融工具为套期工具，使套期工具的公允价值或现金流量变动，预期抵销被套期项目全部或部分公允价值或现金流量变动。套期保值业务主要涉及套期工具、被套期项目和套期关系三个要素。

### （二）套期保值的类别

由于运用套期会计方法的不同，套期保值（以下简称套期）按套期关系（即套期工具和被套期项目之间的关系）可划分为公允价值套期、现金流量套期和境外经营净投资套期。

1. 公允价值套期

公允价值套期是指对已确认资产或负债、尚未确认的确定承诺，或该资产或负债、尚未确认的确定承诺中可辨认部分的公允价值变动风险进行的套期。

2. 现金流量套期

现金流量套期是指对现金流量变动风险进行的套期。该类现金流量变动源于与已确认资产或负债、很可能发生的预期交易有关的某类特定风险，且将影响企业的损益。

对确定承诺的外汇风险进行的套期，企业可以作为现金流量套期或公允价值套期。

3. 境外经营净投资套期

境外经营净投资套期是指对境外经营净投资外汇风险进行的套期。企业既无计划也无可能于可预见的未来会计期间结算的长期外币货币性应收项目（含贷款），应当视同境外经营净投资的组成部分。因销售商品或提供劳务等形成的期限较短的应收账款不构成境外经营净投资。

## 二、套期工具和被套期项目

### （一）套期工具

套期工具是指企业为进行套期而指定的、其公允价值或现金流量变动预期可抵销被套期项目的公允价值或现金流量变动的衍生金融工具。对外汇风险进行套期还可以将非衍生金融资产或非衍生金融负债作为套期工具。我国套期保值准则对其作了如下具体规定：

（1）衍生金融工具通常可以作为套期工具。衍生金融工具包括远期合同、期货合同、互换和期权，以及具有远期合同、期货合同、互换和期权中一种或一种以上特征的工具。

但是，如果某项衍生金融工具无法有效地对冲被套期项目风险的，则不能作为套期工具。例如，企业发行的期权就不能作为套期工具。因为该期权的潜在损失可能大大超过被套期项目的潜在利得，从而不能有效地对冲被套期项目的风险。与此不同的是，购入期权的一方可能承担的损失最多就是期权费，而可能据有的利得通常等于或大大超过被套期项目的潜在损失,因而购入期权的一方可以将购入的期权作为套期工具。为此,套期保值准则规定,对于利率上下限期权,或由一项企业发行的期权和一项购入的期权组成的期权,其实质相当于企业发行一项期权(即企业收取了净期权费),不能将其指定为套期工具。

(2)非衍生金融资产或非衍生金融负债通常不能作为套期工具,但被套期风险为外汇风险时,某些非衍生金融资产或非衍生金融负债可以作为套期工具。例如,某种外币借款可以作为对同种外币结算的销售(确定)承诺的套期工具;又如,持有至到期投资可以作为规避外汇风险的套期工具。

(3)无论是衍生金融工具还是某些非衍生金融资产或非衍生金融负债,其作为套期工具的基本条件就是其公允价值应当能够可靠地计量。

(4)在运用套期会计方法时,只有涉及报告主体以外的主体的工具(含符合条件的衍生金融工具或非衍生金融资产或非衍生金融负债)才能作为套期工具。

### (二)被套期项目

被套期项目,是指使企业面临公允价值或现金流量变动风险,且被指定为被套期对象的项目,套期保值准则对被套期项目的具体规定如下:

(1)作为被套期项目,应当是企业面临公允价值或现金流量变动风险(即被套期风险),在本期或未来期间会影响企业的损益。

(2)衍生金融工具不能作为被套期项目。

(3)对于信用风险或外汇风险,企业可以将持有至到期投资作为被套期项目,而对于利率风险或提前还款风险,则不可以作为被套期项目。

(4)采用权益法核算的股权投资不能在公允价值套期中作为被套期项目。因为权益法下,投资方只是将其在联营企业或合营企业中的损益份额确认为当期损益,而不确认投资的公允价值变动。

(5)在运用套期会计方法时,只有涉及报告主体以外的主体的资产、负债、确定承诺或很可能发生的预期交易才能作为被套期项目。因此,企业集团内的各组成企业或分部之间发生的套期活动,只能在各组成企业的财务报表或分部的分部报告中运用套期会计方法,而不能在企业集团合并财务报表中对其予以反映。

## 三、套期保值业务的账务处理

### (一)套期保值核算的科目设置

进行套期保值会计核算需设置"套期工具"、"被套期项目"和"套期损益"等会计科目。

1."套期工具"科目

该科目是一个共同类性质的会计科目,核算企业开展套期保值业务(包括公允价值套期、现金流量套期和境外经营净投资套期)套期工具公允价值变动形成的资产或负债。该科目可按套期工具类别进行明细核算。

企业将已确认的衍生金融工具等金融资产或金融负债指定为套期工具的,应按其账面价值借记或贷记"套期工具"科目,同时贷记或借记"衍生金融工具"等科目。资产负债表日,对于有效套期,应按套期工具产生的利得,借记"套期工具"科目,贷记"套期损益"等科目;套期工具产生损失作相反的会计分录。金融资产或金融负债不再作为套期工具核算的，应按套期工具形成的资产或负债，借记或贷记有关科目，同时贷记或借记“套期工具”科目。

“套期工具”科目期末的借方余额反映企业套期工具形成资产的公允价值，贷方余额反映企业套期工具形成负债的公允价值。

2.“被套期项目”科目

该科目是一个共同类性质的会计科目，核算企业开展套期保值业务被套期项目公允价值变动形成的资产和负债。

企业将已确认的资产或负债指定为被套期项目，应按其账面价值借记或贷记“被套期项目”科目，同时贷记或借记“库存商品”、“长期借款”、“持有至到期投资”等科目。已计提跌价准备或减值准备的被套期项目，还应同时结转跌价准备或减值准备。资产负债表日，对于有效套期，应按被套期项目产生的利得，借记“被套期项目”科目，贷记“套期损益”等科目；被套期项目产生损失，作相反的会计分录。资产或负债不再作为被套期项目核算的，应按被套期项目形成的资产或负债，借记或贷记有关科目，同时贷记或借记“被套期项目”科目。该科目可按被套期项目类别进行明细核算。

3.“套期损益”科目

该科目是个损益类会计科目，用于核算有效套期关系中套期工具和被套期项目的公允价值变动。

企业也可不单独设置“套期损益”科目，其套期工具和被套期项目产生的损益通过“公允价值变动损益”科目核算。

### （二）公允价值套期业务的账务处理

1. 公允价值套期业务账务处理规定

（1）公允价值套期账务处理的基本要求。公允价值套期满足运用套期会计方法条件的，应当按照下列规定处理：

①套期工具为衍生金融工具的，公允价值变动形成的利得或损失应当计入当期损益；套期工具为非衍生金融工具的，账面价值因汇率变动形成的利得或损失应当计入当期损益。

②被套期项目因被套期风险形成的利得或损失应当计入当期损益，同时调整被套期项目的账面价值。被套期项目为按成本与可变现净值孰低进行后续计量的存货、按摊余成本进行后续计量的金融资产或可供出售金融资产的，也应当按此规定处理。

（2）被套期项目利得或损失的账务处理要求和报表列示。

①对于金融资产或金融负债组合一部分的利率风险公允价值套期，企业对被套期项目形成的利得或损失应按下列方法处理：

A. 被套期项目在重新定价期间内是资产的，在资产负债表中资产项下单列项目反映，待终止确认时转销；

B. 被套期项目在重新定价期间内是负债的，在资产负债表中负债项下单列项目反映，待终止确认时转销。

②被套期项目是以摊余成本计量的金融工具的，对被套期项目账面价值所作的调整，应当按照调整日重新计算的实际利率在调整日至到期日的期间内进行摊销，计入当期损益。

对利率风险组合的公允价值套期，在资产负债表中单列的相关项目，也应当按照调整日重新计算的实际利率在调整日至相关的重新定价期间结束日的期间内摊销。采用实际利率法进行摊销不切实可行的，可以采用直线法进行摊销。

③被套期项目为尚未确认的确定承诺的，该确定承诺因被套期风险引起的公允价值变动累计额应当确认为一项资产或负债，相关的利得或损失应当计入当期损益。

④在购买资产或承担负债的确定承诺的公允价值套期中，该确定承诺因被套期风险引起的公允价值变动累计额（已确认为资产或负债），应当调整履行该确定承诺所取得的资产或承担的负债的初始确认金额。

（3）终止运用公允价值套期核算的条件。套期满足下列条件之一的，企业应终止进行公允价值套期会计：

①套期工具已到期、被出售、合同终止或已行使。套期工具展期或被另一项套期工具替换时，展期或替换是企业正式书面文件所载明的套期策略组成部分的，不作为已到期或合同终止处理。

②该套期不再满足运用套期会计方法的条件。

③企业撤销了对套期关系的指定。

2. 公允价值套期账务处理举例

下面以存货公允价值套期为例说明公允价值套期的账务处理。

**【例5-3】** 2014年1月1日，甲公司为规避所持有存货A公允价值变动风险，与某金融机构签订了一项衍生金融工具合同（即衍生金融工具B），并将其指定为2014年上半年存货A价格变化引起的公允价值变动风险的套期。衍生金融工具B的标的资产与被套期项目存货在数量、质量、价格变动和产地方面相同。

2014年1月1日，衍生金融工具B的公允价值为零，被套期项目（存货A）的账面价值和成本均为2 000 000元，公允价值是2 200 000元。2014年6月30日，衍生金融工具B的公允价值上涨了50 000元，存货A的公允价值下降了50 000元。当日，甲公司将存货A出售，并将衍生金融工具B结算。

甲公司采用比率分析法评价套期有效性，即通过比较衍生金融工具B和存货A的公允价值变动评价套期有效性。甲公司预期该套期完全有效。

假定不考虑衍生金融工具的时间价值、商品销售相关的增值税及其他因素，甲公司的账务处理如下（金额单位：元）：

（1）2014年1月1日，将库存商品A套期，应将其转入被套期项目，编制会计分录如下：

借：被套期项目——库存商品A　　2 000 000
　　贷：库存商品——A　　2 000 000

（2）2014年6月30日，确认衍生金融工具B和被套期的库存商品A的公允价值变动，出售商品A并结算衍生金融工具B。

①结转套期工具B的公允价值变动，编制会计分录如下：

借：套期工具——衍生金融工具B　　50 000
　　贷：套期损益　　50 000

②结转被套期项目A的公允价值变动，编制会计分录如下：

借：套期损益　　50 000
　　贷：被套期项目——库存商品A　　50 000

③售出库存商品 A,货款收到存入银行,编制会计分录如下:

借:银行存款　　　　2 150 000

　贷:主营业务收入　　　　2 150 000

④结转库存商品 A 的销售成本 1 950000 元(即,2000000—50000),编制会计分录如下:

借:主营业务成本　　　　1 950 000

　贷:被套期项目——库存商品 A　　　　1 950 000

⑤收到套期工具 B 结算款 50 000 元,存入银行,编制会计分录如下:

借:银行存款　　　　50 000

　贷:套期工具——衍生金融工具 B　　　　50 000

由上例可见,由于甲公司采用了套期策略,规避了存货公允价值变动风险,因此其存货公允价值下降没有对预期毛利额 200 000 元(即,2 200 000—2 000 000)产生不利影响。

假定 2014 年 6 月 30 日,衍生金融工具 B 的公允价值上涨了 45 000 元,存货 A 的公允价值下降了 50 000 元。其他资料不变,则甲公司的账务处理如下:

(1)2014 年 1 月 1 日,将库存商品 A 套期,编制会计分录如下:

借:被套期项目——库存商品 A　　　　2 000 000

　贷:库存商品——A　　　　2 000 000

(2)2014 年 6 月 30 日,确认衍生金融工具 B 和被套期的库存商品 A 的公允价值变动,出售商品 A 并结算衍生金融工具 B。

①结转套期工具 B 的公允价值变动,编制会计分录如下:

借:套期工具——衍生金融工具 B　　　　45 000

　贷:套期损益　　　　45 000

②结转被套期项目 A 的公允价值变动,编制会计分录如下:

借:套期损益　　　　50 000

　贷:被套期项目——库存商品 A　　　　50 000

③售出库存商品 A,货款收到存入银行,编制会计分录如下:

借:银行存款　　　　2 150 000

　贷:主营业务收入　　　　2 150 000

④结转库存商品 A 的销售成本 1 950 000 元(即,2 000 000 - 50 000),编制会计分录如下:

借:主营业务成本　　　　1 950 000

　贷:被套期项目——库存商品 A　　　　1 950 000

⑤收到套期工具 B 结算款 45 000 元,存入银行,编制会计分录如下:

借:银行存款　　　　45 000

　贷:套期工具——衍生金融工具 B　　　　45 000

由上例两种不同情况可以看出,二者的差异在于,前者不存在“无效套期损益”,后者存在“无效套期损益”5 000 元,从而对甲公司当期利润总额的影响相差 5 000 元。

### (三)现金流量套期业务的账务处理

1. 现金流量套期的账务处理规定

(1)现金流量套期账务处理的基本要求

现金流量套期满足运用套期会计方法条件的，应当按照下列规定处理：

①套期工具利得或损失中属于有效套期的部分，应当直接确认为所有者权益，并单列项目反映。该有效套期部分的金额，按照下列两项的绝对额中较低者确定：

A. 套期工具自套期开始的累计利得或损失；

B. 被套期项目自套期开始的预计未来现金流量现值的累计变动额。

②套期工具利得或损失中属于无效套期的部分（即扣除直接确认为所有者权益后的其他利得或损失），应当计入当期损益。

（2）套期工具利得或损失后续处理的要求

①被套期项目为预期交易，且该预期交易使企业随后确认一项金融资产或一项金融负债的，原直接确认为所有者权益的相关利得或损失，应当在该金融资产或金融负债影响企业损益的相同期间转出，计入当期损益。但是，企业预期原直接在所有者权益中确认的净损失全部或部分在未来会计期间不能弥补时，应当将不能弥补的部分转出，计入当期损益。

②被套期项目为预期交易，且该预期交易使企业随后确认一项非金融资产或一项非金融负债的，企业可以选择下列方法处理：

A. 原直接在所有者权益中确认的相关利得或损失，应当在该非金融资产或非金融负债影响企业损益的相同期间转出，计入当期损益。但是，企业预期原直接在所有者权益中确认的净损失全部或部分在未来会计期间不能弥补时，应当将不能弥补的部分转出，计入当期损益。

B. 将原直接在所有者权益中确认的相关利得或损失转出，计入该非金融资产或非金融负债的初始确认金额。

（3）终止进行现金流量套期会计核算的条件

①套期工具已到期、被出售、合同终止或已行使的，应终止核算。

②该套期不再满足进行套期保值准则规定的套期会计核算的条件的，应终止核算。

③预期交易预计不会发生的，应终止核算。在此条件下，对于在套期有效期间直接计入所有者权益中的套期工具利得或损失应当转出，计入当期损益。

④企业撤销了对套期关系指定的，应终止核算。

2. 现金流量套期账务处理举例

**【例5-4】** 2014年1月1日，ABC公司预期在2014年6月30日销售一批商品X，数量为200 000吨。为规避该预期销售有关的现金流量变动风险，ABC公司于2014年1月1与某金融机构签订了一项衍生金融工具合同Y，且将其指定为对该预期商品销售的套期工具。衍生金融工具Y的标的资产与被套期预期商品销售在数量、质量、价格变动和产地等方面相同，并且衍生金融工具Y的结算日和预期商品销售日均为2014年6月30日。该公司先后发生如下现金流量套期业务，进行相应账务处理：

（1）2014年1月1日，衍生金融工具Y的公允价值为零，商品的预期销售价格为2 200 000元。ABC公司不作账务处理。

（2）2014年6月30日，衍生金融工具Y的公允价值上涨了50 000元，商品X的预期销售价格下降了50 000元。当日，ABC公司将商品X出售，并将衍生金融工具Y结算。假定ABC公司预期该套期完全有效，不考虑衍生金融工具的时间价值、商品销售相关的增值税及其他因素。

①确认衍生金融工具的公允价值变动，作会计分录如下：

借：套期工具——衍生金融工具 Y　　50 000

　贷：资本公积——其他资本公积（套期工具价值变动）　　50 000

②商品 X 对外售出，收到款项存入银行，作会计分录如下：

借：银行存款　　2 150 000

　贷：主营业务收入　　2 150 000

③衍生金融工具 Y 以银行存款结算，作会计分录如下：

借：银行存款　　50 000

　贷：套期工具——衍生金融工具 Y　　50 000

④确认将原计入资本公积的衍生金融工具公允价值变动转出，调整销售收入，作会计分录如下：

借：资本公积——其他资本公积（套期工具价值变动）　　50 000

　贷：主营业务收入　　50 000

#### （四）境外经营净投资套期的账务处理

对境外经营净投资的套期，企业应按类似于现金流量套期账务处理的规定处理：

（1）套期工具形成的利得或损失中属于有效套期的部分，应当直接确认为所有者权益，并单列项目反映。处置境外经营时，上述在所有者权益中单列项目反映的套期工具利得或损失应当转出，计入当期损益。

（2）套期工具形成的利得或损失中属于无效套期的部分，应当计入当期损益。

## 第四节　权益工具的核算

权益工具是指能证明拥有某个企业在扣除所有负债后的资产中的剩余权益的合同。例如，企业发行的普通股、企业发行的使持有者有权以固定价格购入固定数量该企业普通股的认股权证等。

### 一、权益工具和金融负债的区分原则

企业发行金融工具时，如果该工具合同条款中没有包括交付现金或其他金融资产给其他单位的合同义务，也没有包括在潜在不利条件下与其他单位交换金融资产或金融负债的合同义务，那么该工具应确认为权益工具。例如，如果企业发行的该工具将来须用或可用自身权益工具进行结算，则需要继续区分不同情况进行判断。如果该工具是非衍生金融工具，且企业没有义务交付非固定数量的自身权益工具进行结算，那么该工具应确认为权益工具；如果该工具是衍生金融工具，且企业只有通过交付固定数量的自身权益工具（此处所指权益工具不包括需要通过收取或交付企业自身权益工具进行结算的合同）换取固定数额的现金或其他金融资产进行结算，那么该工具也应确认为权益工具。

### 二、权益工具产生的衍生金融工具的账务处理

期权以现金净额结算的账务处理。

**【例 5－5】**　A 公司于 2013 年 10 月 1 日向 B 公司发行以自身普通股为标的的看涨期权。根据该期权合同，如果 B 公司行权（行权价为 84 元），B 公司有权以每股 84 元的价格

从A公司购入普通股1 000股。

其他有关如下：

(1)合同签订日为2013年10月1日；

(2)行权日(欧式期权)为2014年3月31日；

(3)2013年10月1日每股市价为78元；

(4)2013年12月31日每股市价为88元；

(5)2014年3月31日每股市价为88元；

(6)2014年3月31日应支付的固定行权价格为84元；

(7)期权合同中的普通股数量为1 000股；

(8)2013年10月1日期权的公允价值为6 000元；

(9)2013年12月31日期权的公允价值为4 500元；

(10)2014年3月31日期权的公允价值为4 000元。

2014年1月31日A公司向B公司支付相当于本公司普通股1 000股市值的金额；同日，B公司向A公司支付1 000股×84＝84 000(元)的价款。

A公司在以现金净额结算账务中发生以下经济业务：

(1)2013年10月1日，收到发行看涨期权的价款6 000元，存入银行：

借：银行存款　　6 000

贷：衍生工具——看涨期权　　6 000

(2)2013年12月31日，确认期权公允价值减少1 500元(即6 000－4 500)：

借：衍生工具——看涨期权　　6 000

贷：公允价值变动损益　　6 000

(3)2014年3月31日，确认期权公允价值减少500元(即4 500－4 000)：

借：衍生工具——看涨期权　　500

贷：公允价值变动损益　　500

在同一天，B公司行使了该看涨期权，合同以现金净额方式进行结算。A公司有义务向B公司交付88 000元(即88×1 000)，并从B公司收取84 000元(即84×1 000)，A公司实际支付净额为4 000元。反映看涨期权结算的账务处理如下：

借：衍生工具——看涨期权　　4 000

贷：银行存款　　4 000

## 第五节　衍生金融工具列报

衍生金融工具列报包括衍生金融工具表内列示和表外信息披露两部分。

### 一、衍生金融工具的表内列示

#### (一)衍生金融工具在资产负债表的列示

发生衍生金融工具业务的企业，应该在资产负债表设置“衍生金融资产”和“衍生金融负债”项目列示，前者作为资产项目，后者作为负债项目。

“衍生金融资产”项目，反映企业期末持有的衍生金融工具、套期工具、被套期项目中属于衍生金融资产的金额，应根据“衍生工具”、“套期工具”和“被套期项目”等科目的期末借方余额分析计算填列。

“衍生金融负债”项目，反映企业期末持有的衍生金融工具、套期工具，被套期项目中属于衍生金融负债的金额，应根据“衍生工具”、“套期工具”和“被套期项目”等科目的期末贷方余额分析计算填列。

### (二)衍生金融工具在利润表的列示

企业衍生金融工具产生的损益，根据不同的情况，分别反映在“投资收益”、“套期损益”和“公允价值变动损益”科目。在利润表中需要单列这几个项目反映相关损益，编制利润表时根据有关科目的发生额分析填列。

### (三)衍生金融工具在现金流量表的列示

衍生金融工具引起的现金流入和流出属于投资活动的现金流量，根据具体情况分别在“收回投资收到的现金”、“取得投资收益收到的现金”和“投资支付的现金”等项目内反映。

### (四)关于金融工具报表列示时资产与负债相互抵销的特别规定

1. 金融资产和金融负债相互抵销的条件

根据金融工具列报准则的规定，金融资产和金融负债应当在资产负债表内分别列示，不得相互抵销。但是，同时满足下列条件的，应当以相互抵销后的净额在资产负债表内列示：

(1)企业具有抵销已确认金额的法定权利，且该种法定权利现在是可执行的；

(2)企业计划以净额结算，或同时变现该金融资产和清偿该金融负债。

2. 金融资产和金融负债不能相互抵销的情形

## 二、衍生金融工具信息披露要求

衍生金融工具披露，是指企业在附注中披露已确认和未确认衍生金融工具的有关信息。企业所披露的衍生金融工具信息，应当有助于财务报告使用者就金融工具对企业财务状况和经营成果影响的重要程度做出合理评价。

根据金融工具列报准则的规定，企业应该至少披露如下有关衍生金融工具的信息。

### (一)套期保值信息

企业应当披露与每类套期保值有关的下列信息：

(1)套期关系的描述。

(2)套期工具的描述及其在资产负债表日的公允价值。

(3)被套期风险的性质。

(4)对于现金流量套期，企业应当披露与现金流量套期有关的下列信息：

①现金流量预期发生及其影响损益的期间。

②以前运用套期会计方法处理但预期不会发生的预期交易的描述。

③本期在所有者权益中确认的金额。

④本期从所有者权益中转出、直接计入当期损益的金额。

⑤本期从所有者权益中转出、直接计入预期交易形成的非金融资产或非金融负债初始确认的金额。

⑥本期无效套期形成的利得或损失。

### (二)权益工具及相应衍生金融工具

企业应当披露在活跃市场中没有报价的权益工具投资,以及与该权益工具挂钩并须通过交付该权益工具结算的衍生金融工具有关的下列信息:

(1)因公允价值不能可靠计量而未作相关公允价值披露的事实。

(2)该金融工具的描述、账面价值以及公允价值不能可靠计量的原因。

(3)该金融工具相关市场的描述。

(4)企业是否有意处置该金融工具以及可能的处置方式。

(5)本期已终止确认该金融工具的,应当披露该金融工具终止确认时的账面价值以及终止确认形成的损益。

## 复习思考题

**【简答题】**

1. 什么是衍生金融工具?衍生金融工具包括哪些内容?
2. 企业取得衍生金融工具发生的相关交易费用有哪些?如何进行账务处理?
3. 什么是套期保值?按套期关系如何划分?
4. 衍生金融工具如何在表内披露?

**【计算分析题】**

1. 2014 年 1 月 1 日,大华公司为规避所持有甲库存商品公允价值变动风险,与某金融机构签订了一项衍生金融工具合同(即 A 衍生金融工具),并将其指定为 2014 年上半年甲库存商品价格变化引起的公允价值变动风险的套期。A 衍生金融工具的标的资产与被套期项目存货在数量,质量,价格变动和产地方面相同。2014 年 1 月 1 日,A 衍生金融工具的公允价值为 0,被套期项目(甲库存商品)的账面价值和成本均为 1 000 000 元,公允价值为 1 100 000 元,2014 年 6 月 30 日,A 衍生金融工具的公允价值上涨了 25 000 元,甲库存商品的公允价值下降了 25 000 元,当日,大华公司将甲库存商品出售,并将衍生金融工具 B 结算。大华公司采用比率分析法评价套期有效性,即通过比较衍生金融工具 B 和甲库存商品的公允价值变动评价套期有效性。大华公司预期该套期完全有效。假定不考虑衍生金融工具的时间价值,商品销售相关的增值税及其他因素。

要求:(1)根据上述资料编制大华公司的有关会计分录;

(2)假定 2014 年 6 月 30 日,A 衍生金融工具的公允价值上涨了 22 500 元,甲库存商品的公允价值下降了 25 000 元。其他资料不变,编制大华公司的有关会计分录。

2. 2014 年 1 月 1 日,甲公司预期在 2014 年 6 月 30 日准备销售一批 A 商品,数量为 100 000 吨,为规避该预期销售有关的现金流量变动风险,甲公司于 2014 年 1 月 1 日与某金融机构签订了一项 B 衍生金融工具合同,且将其指定为对该预期商品销售的套期工具。B 衍生金融工具的标的资产与被套期预期商品销售在数量,质次,价格变动和产地等方面相同。并且B衍生金融工具的结算日和预期商品销售日均为2014年6月30日。甲公司先后发生如下现金流量套期业务：

(1)2014年1月1日,B衍生金融工具的公允价值为0,商品的预期销售价格为1 100 000元。

(2)2014年6月30日,B衍生金融工具的公允价值上涨了25 000元,A商品预期销售价格下降了25 000元,当日,甲公司将A商品出售,并将B衍生金融工具结算。假定甲公司预期该套期完全有效,不考虑衍生金融工具的时间价值,商品销售相关的增值税及其他因素。

要求:编制甲公司的有关会计分录。

3.2013年4月1日,A企业和B企业签订了一份合约,双方约定在2014年3月31日进行一次"现金交换"(实际上净额交换),"现金交换"的标的物是A企业发行的股票4 000股,届时,A企业按固定价格每股105元付给B企业,B企业按每股市价付给A企业。假定该合约标的物(股票)于合约期间不发放股利且合约签订日远期价格的现值与现货价格相等,远期合约本身在签订日公允价值为0。会计期末,远期合约的公允价值按照市场股票价格与固定远期价格的现值之间的差额计算。其他资料如下：

(1)合约签订日2013年4月1日,合约到期日2014年3月31日;

(2)2013年4月1日每股市价为100元,2013年12月31日每股市价为109元,2014年3月31日每股市价为107元,假定当日固定远期价格的现值为410 000元;

(3)2014年3月31日将支付的固定远期价格105元,2013年4月1日远期价格的现值为100元,远期合约中的股票数量为4 000股。

要求:根据上述资料,分别作A公司和B公司的账务处理。

# 第六章　企业合并会计(一)
# ——企业合并的账务处理

本章主要介绍了企业合并的方式,同一控制下的企业合并与非同一控制下的企业合并会计处理方法及一次交换交易与多次交换交易实现企业合并的账务处理。

**【考核知识点】**

企业合并的方式;企业合并会计的产生;企业合并会计的核算方法;同一控制下的企业合并与非同一控制下的企业合并;合并方与合并日的确定;同一控制下企业合并的特点及核算方法;同一控制下新设合并的账务处理;同一控制下控股合并的账务处理;合并费用的账务处理;非同一控制下企业合并的核算方法;购买法核算的科目设置;一次交换交易实现企业合并的账务处理;多次交换交易实现企业合并的账务处理

**【重要概念】**

企业合并　同一控制　非同一控制　购买法　权益法

## 第一节　企业合并概述

### 一、企业合并的含义与方式

#### (一)企业合并的含义

在当今的国际经济发展中,规模经营是企业成功的一个重要因素。企业除了依靠自身的积累外,更重要的是通过企业间的合并扩大自己的经营规模,提高竞争实力。

企业合并,是指将两个或者两个以上单独的企业合并形成一个报告主体的交易或事项。企业合并的结果通常是一个企业取得了对一个或多个业务的控制权。如果一个企业取得了对另一个或多个业务的控制权,而被购买方(或被合并方)并不构成业务,则该交易或事项不形成企业合并。企业取得了不形成业务的一组资产或是净资产时,应将购买成本基于购买日所取得各项可辨认资产、负债的相对公允价值基础上进行分配,不按照企业合并准则进行处理。

本章指的企业合并不包括:两方或两方以上形成合营企业的企业合并;仅通过合同而不是所有权份额将两个或者两个以上单独的企业合并形成一个报告主体的企业合并。

从企业合并的定义看,是否形成企业合并,除了要看取得的企业是否构成业务之外,关键还要看有关交易或事项发生前后,是否引起报告主体的变化。报告主体的变化产生于控制权的变化。在交易事项发生以后,一方能够对另一方的生产经营决策实施控制,形成母子公司关系,涉及控制权的转移,该交易或事项发生以后,子公司需要纳入到母公司合并财务报表的范围中,从合并财务报告角度形成报告主体的变化;交易事项发生以后,一方能够控制另一方的全部净资产,被合并的企业在合并后失去其法人资格,也涉及控制权的变化及报告主体的变化,形成企业合并。

假定在企业合并前A,B两个企业为各自独立的法律主体,且均构成业务,企业合并准则中所界定的企业合并,包括但不限于以下情形:

(1)企业A通过增发自身的普通股自企业B原股东处取得企业B的全部股权,该交易事项发生后,企业B仍持续经营。

(2)企业A支付对价取得企业B的全部净资产,该交易事项发生后,撤销企业B的法人资格。

(3)企业A以自身持有的资产作为出资投入企业B,取得对企业B的控制权,该交易事项发生后,企业B仍维持其独立法人资格继续经营。

### (二)企业合并的方式

企业合并从合并方式划分,包括控股合并、吸收合并和新设合并。

1. 控股合并

合并方(或购买方,下同)通过企业合并交易或事项取得对被合并方(或被购买方,下同)的控制权,企业合并后能够通过所取得的股权等主导被合并方的生产经营决策并自被合并方的生产经营活动中获益,被合并方在企业合并后仍维持其独立法人资格继续经营的,为控股合并。

该类企业合并中,因合并方通过企业合并交易或事项取得了对被合并方的控制权,被合并方成为其子公司,在企业合并发生后,被合并方应当纳入合并方合并财务报表的编制范围,从合并财务报表角度,形成报告主体的变化。

2. 吸收合并

合并方在企业合并中取得被合并方的全部净资产,并将有关资产、负债并入合并方自身的账簿和报表进行核算。企业合并后,注销被合并方的法人资格,由合并方持有合并中取得的被合并方的资产、负债,在新的基础上继续经营,该类合并为吸收合并。例如,A吸收合并B,合并后B不存在,法律主体消失,合并之后成为一个新的A公司,可表示为:A企业+B企业=A企业。吸收合并中,因被合并方(或被购买方)在合并发生以后被注销,从合并方(或购买方)的角度需要解决的问题是,其在合并日(或购买日)取得的被合并方有关资产、负债入账价值的确定,以及为了进行企业合并支付的价值与所取得被合并方资产、负债的入账价值之间存在差额的处理。

3. 新设合并

参与合并的各方在企业合并后法人资格均被注销,重新注册成立一家新的企业,由新注册成立的企业持有参与合并企业的资产、负债在新的基础上经营,为新设合并。例如,A企业和B企业合并成为一个新企业,称为C企业,可表示为:A企业+B企业=C企业。合并后A公司和B公司的法律主体消失。

控股合并、吸收合并和新设合并三种方式的比较如表6-1所示。

表6-1 企业合并方式的比较

| 合并方式 | 购买方(合并方) | 被购买方(被合并方) |
|---|---|---|
| 控股合并 | 取得控制权<br>体现为长期股权投资 | 保持独立<br>成为子公司 |
| 吸收合并 | 取得对方资产并承担负债 | 解散 |
| 新设合并 | 由新成立企业持有参与合并各方资产、负债 | 参与合并各方均解散 |

## 二、企业合并的类型

我国《企业会计准则》第20号——企业合并准则中将企业合并按照一定的标准分为两大基本类型———同一控制下的企业合并与非同一控制下的企业合并。企业合并类型划分不同,所遵循的会计处理原则也不同。

### (一)同一控制下的企业合并

同一控制下的企业合并,是指参与合并的企业在合并前后均受同一方或相同的多方最终控制且该控制并非暂时性的。同一控制下的企业合并,在合并日取得对其他参与合并企业控制权的一方为合并方,参与合并的其他企业为被合并方。合并日,是指合并方实际取得对被合并方控制权的日期。

(1)能够对参与合并各方在合并前后均实施最终控制的一方通常指企业集团的母公司。同一控制下的企业合并一般发生于企业集团内部,如集团内母子公司之间、子公司与子公司之间等。因为该类合并从本质上是集团内部企业之间的资产或权益的转移,能够对参与合并企业在合并前后均实施最终控制的一方为集团的母公司。

(2)能够对参与合并的企业在合并前后均实施最终控制的相同多方,是指根据合同或协议的约定,拥有最终决定参与合并企业的财务和经营政策,并从中获取利益的投资者群体。

(3)实施控制的时间性要求,是指参与合并各方在合并前后较长时间内为最终控制方所控制。具体是指在企业合并之前(即合并日之前),参与合并各方在最终控制方的控制时间一般在1年以上(含1年),企业合并后所形成的报告主体在最终控制方的控制时间也应达到1年以上(含1年)。

(4)企业之间的合并是否属于同一控制下的企业合并,应综合构成企业合并交易的各方面情况,按照实质重于形式的原则进行判断。通常情况下,同一控制下的企业合并是指发生在同一企业集团内部企业之间的合并。同受国家控制的企业之间发生的合并,不应仅仅因为参与合并各方在合并前后均受国家控制而将其作为同一控制下的企业合并。

### (二)非同一控制下的企业合并

非同一控制下的企业合并是指参与合并的各方在合并前后不受同一方或相同的多方最终控制的合并交易,即除判断属于同一控制下企业合并的情况以外其他的企业合并。

在购买日取得对其他参与合并企业控制权的一方为购买方,参与合并的其他企业为被购买方。购买日是指购买方实际取得对被购买方控制权的日期。

## 三、企业合并的会计处理方法

### （一）权益法

权益法反映了权益合并的业务实质。权益法并不被看作是两个独立主体之间的交易业务，而是两个公司的普通股股东在合并他们的权益、资产和负债，从而形成一个单一的主体。因此，权益法总是通过某一公司发行普通股交换另一公司的净资产或几乎全部的普通股来实现的。

权益法的基本特点如下：

（1）没有产生新的计价基础。被合并公司的资产和负债在合并公司账上（或在合并财务报表上）按被合并公司先前所记录的账面价值反映。由于在两个独立主体之间不存在交换业务，因而按被合并公司账面价值合并反映在合并公司账上（以净资产收购）或者合并反映在合并财务报表上（以普通股收购），与合并有关的费用作为合并公司的期间费用。

（2）参与合并公司的留存利润，按原已形成的资本结构被合并反映在合并公司账上或合并财务报表上。

（3）不论合并发生在什么时候，合并公司的利润表或合并利润表上所反映的净利润都包括被合并公司全年的净利润，如同参与合并的公司在会计期初就已处于合并的状态。

### （二）购买法

购买法反映了一个公司购买另一个公司的交易业务的实质。这种合并是独立主体之间的交换业务，即购买方和被购买方（以净资产收购）或被购买方的普通股股东（以普通股收购）之间的交换业务。

1. 购买法的基本特点

（1）对于所获得的净资产产生了新的计价基础，即在购买方公司账上（或合并报表上）以购买方公司的成本记载，并假定这些成本代表了所获净资产的公允价值。从本质上说，购买一批资产就像购买单一资产一样，应以购买者的成本入账，并且将有关的直接费用作为购买成本的一部分，而相关的间接费用作为期间费用处理。

（2）除合并财务报表上所列示的少数股权外，合并后，以前被合并公司账上所反映的股东权益部分不复存在。在购买法前提下，无论是直接收购还是间接收购，购买方公司实际上是购买了被购买方公司。如果购买方通过发行普通股或优先股来交换的话，在购买方公司账上，股本的余额将会增加，并且资本公积的余额也可能增加。这些增加的余额是这一收购业务对在随后的购买方财务报表（以净资产收购）或合并财务报表上（以普通股收购）仅仅包括被购买方从购买日至那年年底的净利润。

2. 科目设置

在进行企业合并的账务处理时，如果购买成本正好等于所购净资产的公允价值，则一般不用增设新的会计科目。如果购买成本小于所购净资产的公允价值，则应当设置“商誉”科目。如果购买成本大于所购净资产的公允价值，则为“负商誉”，计入“营业外收入”科目。

# 第二节　同一控制下企业合并的会计处理

## 一、同一控制下企业合并的处理原则

同一控制下的企业合并，是从合并方出发，确定合并方在合并日对于企业合并事项应进行的会计处理。取得其他参与合并企业控制权的一方为合并方；实际取得对被合并方控制权的日期为合并日。

同一控制下的企业合并，合并方应遵循以下处理原则：

(1)合并方在合并中确认取得的被合并方的资产、负债仅限于被合并方账面上原已确认的资产和负债，合并中不产生新的资产和负债。同一控制下的企业合并，从最终控制方的角度来看，其在企业合并发生前后能够控制的净资产价值量并没有发生变化，因此合并中不产生新的资产，但被合并方在企业合并前账面上原已确认的商誉应作为合并中取得的资产确认。

(2)合并方在合并中取得的被合并方各项资产、负债应维持其在被合并方的原账面价值不变。合并方在同一控制下的企业合并中取得的有关资产和负债不应因该项合并而改变其账面价值，从最终控制方的角度，其在企业合并交易或事项发生前控制的资产、负债，在该交易或事项发生后仍在其控制之下，因此，该交易或事项原则上不应引起所涉及资产、负债的计价基础发生变化。在确定合并中取得各项资产、负债的入账价值时，应注意的是，被合并方在企业合并前采用的会计政策与合并方不一致的，合并方应按照本企业会计政策对被合并方资产、负债的账面价值进行调整，并以调整后的账面价值作为有关资产、负债的入账价值。

(3)合并方在合并中取得的净资产的入账价值相对于为进行企业合并支付对价的账面价值之间的差额，不作为资产的处置损益，不影响合并当期利润表，有关差额应调整所有者权益相关项目。合并方在企业合并中取得的价值量相对于所放弃价值量之间存在差额的，应当调整所有者权益。在根据合并差额调整合并方的所有者权益时，应首先调整资本公积（资本溢价或股本溢价），资本公积（资本溢价或股本溢价）的余额不足冲减的，应冲减留存收益。

(4)对于同一控制下的控股合并，合并方在编制合并财务报表时，应视同合并后形成的报告主体自最终控制方开始实施控制时一直是一体化存续下来的，参与合并各方在合并以前期间实现的留存收益应体现为合并财务报表中的留存收益。合并财务报表中，应以合并方的资本公积（或经调整后的资本公积中的资本溢价部分）为限，在所有者权益内部进行调整，将被合并方在合并日以前实现的留存收益中按照持股比例计算归属于合并方的部分自资本公积转入留存收益。

## 二、同一控制下控股合并的会计处理

同一控制下的企业合并中，合并方在合并后取得对被合并方生产经营决策的控制权，并且被合并方在企业合并后仍然继续经营的，合并方在合并日涉及两个方面的问题：一是对于因该项企业合并形成的对被合并方的长期股权投资的确认和计量问题；二是合并日合并财务报表的编制问题。

### （一）长期股权投资的确认和计量

同一控制下企业合并形成的长期股权投资，合并方以合并日应享有被合并方账面所有者权益的份额作为形成长期股权投资的初始投资成本，借记“长期股权投资”科目，按享有被投资单位已宣告但尚未发放的现金股利或利润，借记“应收股利”科目，按支付的合并对价的账面价值，贷记有关资产或借记有关负债科目。同一控制下控股合并的长期股权投资的成本分两种情况。

（1）以支付现金、非现金资产作为合并对价的

合并方以支付现金、转让非现金资产或承担债务方式作为合并对价的，应当在合并日按照被合并方所有者权益在最终控制方合并财务报表中的账面价值的份额作为长期股权投资的初始投资成本。长期股权投资初始投资成本与支付的现金、转让的非现金资产以及所承担债务账面价值之间的差额，应当调整资本公积（资本溢价或股本溢价）；资本公积（资本溢价或股本溢价）不足冲减的，调整留存收益。

**【例 6－1】** A 公司和 B 公司为同一控制下的子公司，其中 A 公司以现金和一批库存商品作为对价，取得 B 公司 60% 的股权。支付现金 300 万元，库存商品的账面价值为 700 万元、公允价值为 1 200 万元。合并日 B 公司的账面所有者权益总额为 1 500 万（假定不考虑相关税费）。A 公司合并时编制的会计分录为：

借：长期股权投资　　9 000 000

　资本公积——（资本溢价或股本溢价）1 000 000

　贷：银行存款　　3 000 000

　　库存商品　　7 000 000

如资本公积（溢价）不足冲减，冲减留存收益。

（2）合并方以发行权益性证券作为对价的

合并方以发行权益性证券作为合并对价的，应当在合并日按照被合并方所有者权益在最终控制方合并财务报表中的账面价值的份额作为长期股权投资的初始投资成本。按照发行股份的面值总额作为股本，长期股权投资初始投资成本与所发行股份面值总额之间的差额，应当调整资本公积；资本公积不足冲减的，调整留存收益。

**【例 6－2】** 甲企业发行 800 万股普通股（每股面值 1 元）作为对价取得乙企业 60% 的股权，合并日乙企业账面净资产总额为 1 400 万元。甲企业合并时编制的会计分录为：

借：长期股权投资　　8 400 000

贷：股本　　8 000 000

资本公积——股本溢价　　400 000

### （二）合并日合并财务报表的编制

同一控制下的企业合并形成母子公司关系的，合并方一般应在合并日编制合并财务报表，反映于合并日形成的报告主体的财务状况、视同该主体一直存在产生的经营成果等。考虑有关因素的影响，编制合并日的合并财务报表存在困难的，下列有关原则同样适用于合并当期期末合并财务报表的编制。编制合并日的合并财务报表时，一般包括合并资产负债表、合并利润表及合并现金流量表和附注。

1. 合并资产负债表

被合并方的有关资产、负债应以其账面价值并入合并财务报表（合并方与被合并方采用的会计政策不同的，按照合并方的会计政策，对被合并方有关资产、负债经调整后的账面价值）。合并方与被合并方在合并日及以前期间发生的交易，应作为内部交易进行抵销。

同一控制下企业合并的基本处理原则是视同合并后形成的报告主体在合并日及以前期间一直存在，在合并资产负债表中，对于被合并方在企业合并前实现的留存收益（盈余公积和未分配利润之和）中归属于合并方的部分，应按以下规定，自合并方的资本公积转入留存收益。

确认企业合并形成的长期股权投资后，合并方账面资本公积（资本溢价或股本溢价）贷方余额大于被合并方在合并前实现的留存收益中归属于合并方的部分，在合并资产负债表中，应将被合并方在合并前实现的留存收益中归属于合并方的部分自“资本公积”转入“盈余公积”和“未分配利润”。在合并工作底稿中，借记“资本公积”项目，贷记“盈余公积”和“未分配利润”项目。

确认企业合并形成的长期股权投资后，合并方账面资本公积（资本溢价或股本溢价）贷方余额小于被合并方在合并前实现的留存收益中归属于合并方的部分，在合并资产负债表中，应以合并方资本公积（资本溢价或股本溢价）的贷方余额为限，将被合并方在企业合并前实现的留存收益中归属于合并方的部分自“资本公积”转入“盈余公积”和“未分配利润”。在合并工作底稿中，借记“资本公积”项目，贷记“盈余公积”和“未分配利润”项目。

因合并方的资本公积（资本溢价或股本溢价）余额不足，被合并方在合并前实现的留存收益在合并资产负债表中未予全额恢复的，合并方应当在会计报表附注中对这一情况进行说明。

**【例6-3】** A，B公司为M公司控制下的两家子公司。A公司于20×4年5月15日自母公司M处取得B公司100%的股权，合并后B公司仍维持其独立法人资格继续经营。为进行该项企业合并，A公司发行了3 000万股本公司普通股（每股面值1元）作为对价。假定A，B公司采用的会计政策相同。合并日，A公司及B公司的所有者权益构成如表6-2所示。

**表6-2 A，B公司的所有者权益构成** 单位：万元

| 项目 | A公司 | B公司 |
|---|---|---|
| 股本 | 9 000 | 2 000 |
| 资本公积 | 3 000 | 500 |
| 盈余公积 | 2 000 | 1 200 |
| 未分配利润 | 6 000 | 2 800 |
| 合计 | 20 000 | 6 500 |

A公司在合并日编制的会计分录为：

借：长期股权投资　　65 000 000

　贷：股本　　30 000 000

　　资本公积　　35 000 000

进行上述处理后，A公司在合并日编制合并资产负债表时，对于企业合并前B公司实

现的留存收益中归属于合并方的部分(4 000 万元 =1200 万元盈余公积 +2800 万元未分配利润)应自资本公积(资本溢价或股本溢价)转入留存收益。本例中 A 公司在确认对 B 公司的长期股权投资以后,其资本公积的账面余额为6 500 万元(3 000 万 +3 500 万),假定其中资本溢价或股本溢价的金额为5 000 万元。在合并工作底稿中,应编制的调整分录为:

| | | |
|---|---|---|
| 借:资本公积 | 40 000 000 | |
| 贷:盈余公积 | | 12 000 000 |
| 未分配利润 | | 28 000 000 |

2. 合并利润表

合并方在编制合并日的合并利润表时,应包含合并方及被合并方自合并当期期初至合并日实现的净利润,双方在当期所发生的交易,应当按照合并财务报表的有关原则进行抵销。例如,同一控制下的企业合并发生于20×4 年4 月30 日,合并方当日编制合并利润表时,应包括合并方及被合并方自20×4 年1 月1 日至20×4 年4 月30 日实现的净利润。

为了帮助企业的会计信息使用者了解合并利润表中净利润的构成,发生同一控制下企业合并的当期,合并方在合并利润表中的“净利润”项下应单列“其中:被合并方在合并前实现的净利润”项目,反映因同一控制下企业合并规定的编表原则,导致由于该项企业合并中自被合并方在合并当期带入的损益情况。

3. 合并现金流量表

合并日合并现金流量表的编制与合并利润表的编制原则相同。

## 三、同一控制下吸收合并和新设合并的会计处理

同一控制下的吸收合并和新设合并中,合并方主要涉及合并日取得被合并方资产、负债入账价值的确定,以及合并中取得有关净资产的入账价值与支付的合并对价账面价值之间差额的处理。

1. 合并中取得资产、负债入账价值的确定

合并方对同一控制下的吸收合并和新设合并中取得的资产和负债应按相关资产、负债在被合并方的原账面价值入账。其中,对于合并方与被合并方在企业合并前采用的会计政策不同的,在将被合并方的相关资产和负债并入合并方的账簿和报表进行核算之前,应按照合并方的会计政策对被合并方的有关资产、负债的账面价值进行调整后,以调整后的账面价值确认。

2. 合并差额的处理

合并方在确认了合并中取得的被合并方的资产和负债的入账价值后,以发行权益性证券方式进行的该类合并,所确认的净资产入账价值与发行股份面值总额的差额,应记入资本公积(资本溢价或股本溢价),资本公积(资本溢价或股本溢价)的余额不足冲减的,相应冲减盈余公积和未分配利润;以支付现金、非现金资产方式进行的该类合并,所确认的净资产入账价值与支付的现金、非现金资产账面价值的差额,相应调整资本公积(资本溢价或股本溢价),资本公积(资本溢价或股本溢价)的余额不足冲减的,应冲减盈余公积和未分配利润。

**【例6-4】** A 公司于20×4 年3 月10 日对同一集团内某全资 B 公司进行了吸收合并,为进行该项企业合并,A 公司发行了700 万股普通股(每股面值1 元)作为对价。合并日,A 公司及 B 公司的所有者权益构成如表6-3 所示。

表 6－3　A 公司及 B 公司的所有者权益构成　　单位：万元

| 项　　目 | A 公司 | B 公司 | 合　　计 |
|---|---|---|---|
| 股　　本 | 3 600 | 600 | 4 200 |
| 资本公积 | 1 000 | 200 | 1 200 |
| 盈余公积 | 800 | 400 | 1 200 |
| 未分配利润 | 2 000 | 800 | 2 800 |
| 合　　计 | 7 400 | 2 000 | 9 400 |

A 公司合并时编制的会计分录为：

借：净资产　　20 000 000
　贷：股本　　7 000 000
　　资本公积　　13 000 000

将 B 公司在合并前实现的留存收益 1 200 万元（400＋800）自资本公积转入留存收益，编制的会计分录为：

借：资本公积　　12 000 000
　贷：盈余公积　　4 000 000
　　利润分配——未分配利润　　8 000 000

注意：为简化会计分录，这里将各项资产和负债合为“净资产”一个项目。在实务中，实际的各项资产和负债账户应被借记或贷记。

B 公司结束旧账记录其解散时编制的会计分录为：

借：股本　　6 000 000
　资本公积　　2 000 000
　盈余公积　　4 000 000
　利润分配——未分配利润　　8 000 000
　贷：净资产　　20 000 000

## 四、合并过程中发生有关费用的会计处理

合并方为进行企业合并发生的有关费用，是指合并方为进行企业合并发生的各项直接相关费用，如为进行企业合并支付的审计费用、进行资产评估的费用以及有关的法律咨询费用等。

同一控制下企业合并过程中发生的各项直接相关的费用，应于发生时费用化计入合并方当期损益，借记“管理费用”等科目，贷记“银行存款”等科目。但以下两种情况除外：

（1）以发行债券方式进行的企业合并，与发行债券相关的佣金、手续费等应按照《企业会计准则》第 22 号———金融工具确认和计量的规定进行核算。其核算应遵照金融工具准则的原则，有关的费用应计入负债的初始计量金额中。其中债券如为折价发行的，该部分费用应增加折价的金额；债券如为溢价发行的，该部分费用应减少溢价的金额。

（2）发行权益性证券作为合并对价的，与所发行权益性证券相关的佣金、手续费等应按照《企业会计准则》第 37 号———金融工具列报的规定进行核算。即与发行权益性证券相关的费用，应自所发行权益性证券的发行收入中扣减，在权益性工具发行有溢价的情况下，

自溢价收入中扣除，在权益性证券发行无溢价或溢价金额不足以扣减的情况下，应当冲减盈余公积和未分配利润。

### 五、合并方信息披露

企业合并发生当期的期末，合并方应当在附注中披露与同一控制下企业合并有关的下列信息：

（1）参与合并企业的基本情况；

（2）属于同一控制下企业合并的判断依据；

（3）合并日的确定依据；

（4）以支付现金、转让非现金资产以及承担债务作为合并对价的，所支付对价在合并日的账面价值；以发行权益性证券作为合并对价的，合并中发行权益性证券的数量及定价原则，以及参与合并各方交换有表决权股份的比例；

（5）被合并方的资产、负债在上一会计期间资产负债表日及合并日的账面价值；被合并方自合并当期期初至合并日的收入、净利润、现金流量等情况；

（6）合并合同或协议约定将承担被合并方或有负债的情况；

（7）被合并方采用的会计政策与合并方不一致所作调整情况的说明；

（8）合并后已处置或准备处置被合并方资产、负债的账面价值、处置价格等。

## 第三节　非同一控制下企业合并的会计处理

### 一、非同一控制下企业合并的处理原则

#### （一）购买方合并成本的确定

非同一控制下的企业合并，购买方在购买日应当按照《企业会计准则》第20号——企业合并的有关规定确定的合并成本。

合并方或购买方为企业合并发生的审计、法律服务、评估咨询等中介费用以及其他相关管理费用，应当于发生时计入当期损益。

（1）一次交换交易实现的企业合并，合并成本为购买方在购买日为取得对被购买方的控制权而付出的资产、发生或承担的负债以及发行的权益性证券的公允价值。

（2）通过多次交换交易分步实现的企业合并，合并成本为每一单项交易成本之和。

（3）在合并合同或协议中对可能影响合并成本的未来事项做出约定的，购买日如果估计未来事项很可能发生并且对合并成本的影响金额能够可靠计量的，购买方应当将其计入合并成本。

#### （二）购买方支付对价产生差额的处理

购买方在购买日对作为企业合并对价付出的资产、发生或承担的负债应当按照公允价值计量，公允价值与其账面价值的差额，计入当期损益。

#### （三）购买方在购买日应对合并成本进行分配

（1）购买方对合并成本大于合并中取得的被购买方可辨认净资产公允价值份额的差

额，应当确认为商誉。

初始确认后的商誉，应当以其成本扣除累计减值准备后的金额计量。商誉的减值应当按照《企业会计准则》第 8 号——资产减值处理。

(2)购买方对合并成本小于合并中取得的被购买方可辨认净资产公允价值份额的差额，应当按照下列规定处理：

①对取得的被购买方各项可辨认资产、负债及或有负债的公允价值以及合并成本的计量进行复核；

②经复核后合并成本仍小于合并中取得的被购买方可辨认净资产公允价值份额的，其差额应当计入当期损益。

### (四)被购买方可辨认净资产公允价值的确定

被购买方可辨认净资产公允价值，是指合并中取得的被购买方可辨认资产的公允价值减去负债及或有负债公允价值后的余额。被购买方各项可辨认资产、负债及或有负债，符合下列条件的，应当单独予以确认。

(1)合并中取得的被购买方除无形资产以外的其他各项资产（不仅限于被购买方原已确认的资产），其所带来的经济利益很可能流入企业且公允价值能够可靠地计量的，应当单独予以确认并按照公允价值计量。

合并中取得的无形资产，其公允价值能够可靠地计量的，应当单独确认为无形资产并按照公允价值计量。

(2)合并中取得的被购买方除或有负债以外的其他各项负债，履行有关的义务很可能导致经济利益流出企业且公允价值能够可靠地计量的，应当单独予以确认并按照公允价值计量。

(3)合并中取得的被购买方或有负债，其公允价值能够可靠地计量的，应当单独确认为负债并按照公允价值计量。或有负债在初始确认后，应当按照下列两者孰高进行后续计量：①按照《企业会计准则》第 13 号——或有事项应予确认的金额；②初始确认金额减去按照《企业会计准则》第 14 号——收入的原则确认的累计摊销额后的余额。

### (五)企业合并形成母子公司关系的处理

母公司应当设置备查簿，记录企业合并中取得的子公司各项可辨认资产、负债及或有负债等在购买日的公允价值。编制合并财务报表时，应当以购买日确定的各项可辨认资产、负债及或有负债的公允价值为基础对子公司的财务报表进行调整。

企业合并形成母子公司关系的，母公司应当编制购买日的合并资产负债表，因企业合并取得的被购买方各项可辨认资产、负债及或有负债应当以公允价值列示。母公司的合并成本与取得的子公司可辨认净资产公允价值份额的差额，按照规定处理的结果列示。

### (六)合并暂时价值调整

企业合并发生当期的期末，因合并中取得的各项可辨认资产、负债及或有负债的公允价值或企业合并成本只能暂时确定的，购买方应当以所确定的暂时价值为基础对企业合并进行确认和计量。

购买日后 12 个月内对确认的暂时价值进行调整的，视为在购买日确认和计量。

## 二、非同一控制下控股合并的会计处理

该合并方式下,购买方所涉及的会计处理问题主要是两个方面:一是购买日因进行企业合并形成的对被购买方的长期股权投资初始投资成本的确定,该成本与作为合并对价支付的有关资产账面价值之间差额的处理;二是购买日合并财务报表的编制。

非同一控制下的企业合并中,购买方取得对被购买方控制权的,在购买日应当按照确定的企业合并成本(不包括应自被投资单位收取的现金股利或利润),作为形成的对被购买方长期股权投资的初始投资成本,借记"长期股权投资"科目,按享有投资单位已宣告但尚未发放的现金股利或利润,借记"应收股利"科目,按支付合并对价的账面价值,贷记有关资产或借记有关负债科目,按其差额,贷记或借记有关损益类科目(资产处置损益)。

购买方为取得对被购买方的控制权,以支付非货币性资产为对价的,有关非货币性资产在购买日的公允价值与其账面价值的差额,应作为资产的处置损益,计入合并当期的利润表。比如以库存商品等作为合并对价的,应按库存商品的公允价值,贷记"主营业务收入"科目,并同时结转相关的成本。

按发生的直接相关费用,借记"管理费用"科目,贷记"银行存款"等科目。

**【例6-5】** A公司与B公司合并前不存在任何关联方关系,A公司于20×7年5月31日取得B公司60%的股权。为核实B公司的资产价值,A公司聘请专业资产评估机构对B公司的资产进行评估,支付评估费用200万元。合并中,A公司支付的有关资产在购买日的账面价值与公允价值如表6-4所示。

**表6-4 20×7年5月31日A公司支付的资产情况** 单位:万元

| 项目 | 账面价值 | 公允价值 |
|---|---|---|
| 土地使用权(自用) | 6 000 | 7 000 |
| 专利技术 | 2 400 | 3 000 |
| 银行存款 | 3 000 | 3 000 |
| 合计 | 11 400 | 13 000 |

A公司用作合并对价的土地使用权和专利技术原价为9 800万元,至企业合并发生时已累计摊销1 400万元,账面价值=9 800-1 400=8 400(万元)。

分析:

A公司与B公司合并前不存在任何关联方关系,应作为非同一控制下的企业合并处理。

A公司对于合并形成的对B公司的长期股权投资,应按确定的企业合并成本作为其初始投资成本。

A公司应进行如下账务处理:

借:长期股权投资 130 000 000

　　累计摊销 14 000 000

　　管理费用 3 000 000

贷:无形资产 98 000 000

银行存款 33 000 000

营业外收入 16 000 000

**【例6-6】** 20×8 年 6 月 30 日，E 公司向 F 公司的股东定向增发 1 000 万股普通股（每股面值为 1 元，市价为 12 元），取得 F 公司 70% 的股权。编制购买方 E 公司于购买日的合并资产负债表。E 公司、F 公司资产负债表（简表）如表 6-5 所示。

**表 6-5 资产负债表（简表）**

20×8 年 6 月 30 日　　单位：万元

| 项目 | E 公司 | F 公司 | |
|---|---|---|---|
| | 账面价值 | 账面价值 | 公允价值 |
| 资产： | | | |
| 货币资金 | 4 500 | 450 | 450 |
| 存货 | 6 500 | 300 | 450 |
| 应收账款 | 3 000 | 2 000 | 2 000 |
| 长期股权投资 | 5 000 | 2 200 | 3 800 |
| 固定资产： | | | |
| 固定资产原价 | 10 000 | 5 000 | 5 500 |
| 减：累计折旧 | 3 000 | 2 000 | 0 |
| 固定资产净值 | 7 000 | 3 000 | |
| 无形资产 | 4 500 | 600 | 1 500 |
| 商誉 | 0 | 0 | 0 |
| 资产总计 | 30 500 | 8 550 | 13 700 |
| 负债和所有者权益： | | | |
| 短期借款 | 2 500 | 2 100 | 2 100 |
| 应付账款 | 4 000 | 300 | 300 |
| 其他负债 | 200 | 350 | 350 |
| 负债合计 | 6 700 | 2 750 | 2 750 |
| 实收资本（股本） | 7 500 | 3 000 | |
| 资本公积 | 5 500 | 1 500 | |
| 盈余公积 | 5 000 | 500 | |
| 未分配利润 | 5 800 | 800 | |
| 所有者权益合计 | 23 800 | 5 800 | 10 950 |
| 负债和所有者权益合计 | 30 500 | 8 550 | 13 700 |

（1）确认长期股权投资时编制的会计分录为：

借：长期股权投资 120 000 000

贷:股本　　　　10 000 000

　　资本公积　　　　110 000 000

(2)计算确定商誉:

假定F公司除已确认资产外,不存在其他需要确认的资产及负债,则E公司首先计算合并中应确认的合并商誉:

合并商誉 = 企业合并成本 - 合并中取得被购买方可辨认净资产公允价值份额 = 120 000 000 - 109 500 000 × 70% = 43 350 000(元)

(3)编制抵销分录:

借:存货　　　　1 500 000

　　长期股权投资　　　　16 000 000

　　固定资产　　　　25 000 000

　　无形资产　　　　9 000 000

　　实收资本　　　　30 000 000

　　资本公积　　　　15 000 000

　　盈余公积　　　　5 000 000

　　未分配利润　　　　8 000 000

　　商誉　　　　43 350 000

　贷:长期股权投资　　　　120 000 000

　　　少数股东权益　　　　32 850 000

(4)编制合并资产负债表如表6-6所示。

**表6-6　合并资产负债表(简表)**

20×8年6月30日　　　　单位:万元

| 项目 | E公司 | F公司 | F公司 | | 合并金额 |
|---|---|---|---|---|---|
| | | | 借方 | 贷方 | |
| 资产: | | | | | |
| 货币资金 | 4 500 | 450 | | | 4 950 |
| 存货 | 6 500 | 300 | 150 | | 6 950 |
| 应收账款 | 3 000 | 2 000 | | | 5 000 |
| 长期股权投资 | 16 000 | 2 200 | 1 600 | 12 000 | 7 800 |
| 固定资产: | | | | | |
| 固定资产原价 | 10 000 | 5 000 | 2 500 | | 17 500 |
| 减:累计折旧 | 3 000 | 2 000 | | | 5 000 |
| 无形资产 | 4 500 | 600 | 900 | | 6 000 |
| 商誉 | 0 | 0 | 4 335 | | 4 335 |
| 资产总计 | 41 500 | 8 550 | | | 47 535 |

表 6－6(续)

20×8 年 6 月 30 日　　　　单位:万元

| 项目 | E 公司 | F 公司 | F 公司 | | 合并金额 |
|---|---|---|---|---|---|
| | | | 借方 | 贷方 | |
| 负债和所有者权益: | | | | | |
| 短期借款 | 2 500 | 2 100 | | | 4 600 |
| 应付账款 | 4 000 | 300 | | | 4 300 |
| 其他负债 | 200 | 350 | | | 550 |
| 负债合计 | 6 700 | 2 750 | | | 9 450 |
| 实收资本(股本) | 10 500 | 3 000 | 3 000 | | 10 500 |
| 资本公积 | 13 500 | 1 500 | 1 500 | | 13 500 |
| 盈余公积 | 5 000 | 500 | 500 | | 5 000 |
| 未分配利润 | 5 800 | 800 | 800 | | 5 800 |
| 少数股东权益 | | | | 3 285 | 3 285 |
| 所有者权益合计 | 34 800 | 5 800 | | | 38 085 |
| 负债和所有者权益合计 | 30 500 | 8 550 | 14 285 | 14 285 | 47 535 |

## 三、非同一控制下的吸收合并和新设合并的会计处理

非同一控制下的吸收合并,购买方在购买日应当将合并中取得的符合确认条件的各项资产、负债,按其公允价值确认为本企业的资产和负债;作为合并对价的有关非货币性资产在购买日公允价值与其账面价值的差额,应作为资产的处置损益计入合并当期的利润表;确定的企业合并成本与所取得的被购买方可辨认净资产公允价值的差额,视情况分别确认为商誉或是作为企业合并当期的损益计入利润表。其具体处理原则与非同一控制下的控股合并类似,不同点在于在非同一控制下的吸收合并中,合并中取得的可辨认资产和负债是作为个别报表中的项目列示,合并中产生的商誉也是作为购买方账簿及个别财务报表中的资产列示。

非同一控制下的新设合并处理同吸收合并。

## 四、通过多次交易分步实现企业合并的会计处理

如果企业合并不是通过一次交换交易实现的,而是通过多次交换交易分步实现的,则企业在每一单项交易发生时,应确认对被投资单位的投资。投资企业在持有被投资单位的部分股权后,通过增加持股比例等达到对被投资单位形成控制的,购买方需区别个别及合并财务报表进行处理。

### (一)个别财务报表

投资方因追加投资等原因能够对非同一控制下的被投资单位实施控制的,在编制个别财务报表时,应当按照原持有的股权投资账面价值加上新增投资成本之和,作为改按成本

法核算的初始投资成本。购买日之前持有的股权投资因采用权益法核算而确认的其他综合收益,应当在处置该项投资时采用与被投资单位直接处置相关资产或负债相同的基础进行会计处理,即将其他综合收益转入当期投资收益。购买日之前持有的股权投资按照《企业会计准则》第22号——金融工具确认和计量的有关规定进行会计处理的,原计入其他综合收益的累计公允价值变动应当在改按成本法核算时转入当期损益。具体的会计处理原则为:

(1)购买方于购买日之前持有的被购买方的股权投资,保持其账面价值不变。

①购买日前持有的股权投资作为长期股权投资并采用成本法核算的,为成本法核算下至购买日应有的账面价值。

②购买日前持有的股权投资作为长期股权投资并采用权益法核算的,为权益法核算下至购买日应有的账面价值。

③购买日前持有的股权投资作为金融资产并按公允价值计量的,为至购买日的账面价值。

(2)追加的投资,按照购买日支付对价的公允价值计量,并确认长期股权投资。购买方应当以购买日之前所持被购买方的股权投资的账面价值与购买日新增投资成本之和,作为该项投资的初始投资成本。

(3)购买方对于购买日之前持有的被购买方的股权投资涉及其他综合收益的,不予处理。待处置该项股权投资时,再按出售股权相对应的其他综合收益部分转入出售当期的投资收益。

(4)购买日之前持有的股权投资按金融工具确认和计量的(交易性金融资产、可供出售金融资产等),原计入其他综合收益的累计公允价值变动应当在改按成本法核算时转入当期损益。

(5)如果通过多次交易实现非同一控制下吸收合并的,按照非同一控制下吸收合并相同的原则进行会计处理。

### (二)合并财务报表

在编制合并财务报表时,应当按照《企业会计准则》第33号——合并财务报表的有关规定进行会计处理。

在合并财务报表中,购买方对于购买日之前持有的被购买方的股权,应当按照该股权在购买日的公允价值进行重新计量,并按照以下原则处理:

(1)购买方对于购买日之前持有的被购买方的股权,应当按照该股权在购买日的公允价值进行重新计量,公允价值与其账面价值的差额计入当期投资收益。

(2)购买日之前持有的被购买方股权的公允价值,与购买日新购入股权所支付对价的公允价值之和,为合并财务报表中的合并成本。

(3)在按上述计算的合并成本基础上,比较购买日被购买方可辨认净资产公允价值的份额,确定购买日应予确认的商誉,或者应计入当期损益的金额。

(4)购买方对于购买日之前持有的被购买方的股权涉及其他综合收益的,与其相关的其他综合收益应当转入购买日所属当期投资收益。

1. 从按金融工具确认和计量到控制的处理

**【例6-7】** A公司于20×7年1月1日以6 000万元取得B公司10%的股份,因未以任何方式参与B公司的生产经营决策，A公司对持有的该投资作为可供出售金融资产核算（假设可供出售金融资产的公允价值没有变化）。20×8年1月1日，A公司另支付30 000万元取得B公司50%的股份，能够对B公司实施控制。购买日B公司可辨认净资产公允价值为52 500万元，A公司之前所取得的10%股权于购买日的公允价值为5 500万元。B公司自20×7年1月1日A公司取得投资后至20×8年1月1日购买进一步股份前实现的留存收益为1 600万元，未进行利润分配。

（1）A公司在个别报表中的处理

20×7年1月1日，A公司取得对B公司可供出售金融资产的成本为6 000万元。20×8年1月1日，A公司进一步取得B公司50%的股权时，支付价款30 000万元。该项长期股权投资于购买日的账面价值为36 000万元（含转入的可供出售金融资产6 000万元）。A公司于购买日编制的会计分录为：

借：长期股权投资　　60 000 000

　贷：可供出售金融资产　　60 000 000

借：长期股权投资　　300 000 000

　贷：银行存款　　300 000 000

长期股权投资账面价值 = 6 000 + 30 000 = 36 000 万元

（2）A公司在合并财务报表中的处理

①计算合并成本：

合并成本 = 5 500 + 30 000 = 35 500（万元）

②计算应计入损益的金额：

应计入损益的金额 = 5 500 − 6 000 = −500（万元）

借：投资收益　　5 000 000

　贷：长期股权投资　　5 000 000

调整后"长期股权投资"项目在工作底稿上为35 500万元

③计算商誉：

在合并财务报表中应体现的商誉 = 35 500 − 52 500 × 60% = 4 000（万元）

在合并工作底稿上应作的合并抵销分录为：

借：所有者权益———B公司　　525 000 000

　商誉　　40 000 000

贷：长期股权投资　　355 000 000

　少数股东权益　　210 000 000

2. 从权益法核算的股权投资到控制的处理

**【例6－8】**　甲公司于20×4年1月1日以货币资金3 400万元取得了A公司30%的有表决权股份，对A公司能够施加重大影响，A公司当日的可辨认净资产的公允价值是11 000万元（与账面价值相等）。

A公司20×4年度实现净利润1 000万元，未支付现金股利，因可供出售金融资产公允价值变动增加资本公积200万元。

20×5年1月1日，甲公司从集团内部以货币资金5 000万元进一步取得A公司40%的有表决权股份，因此取得了控制权。合并日A公司所有者权益的账面价值为12 200万元（与最终控制方而言的持续计算的账面价值相等，最终控制方此前编制合并财务报表时无商誉），其中：股本5 000万元，资本公积2 400万元，盈余公积480万元，未分配利润4 320万元。

假定

①甲公司20×5年1月1日“资本公积——股本溢价”金额为2 000万元；

②不考虑所得税和内部交易的影响。

（1）A公司在个别报表中的处理

①20×4年1月1日

借：长期股权投资——成本　　3 400

　贷：银行存款　　3 400

②20×4年12月31日

借：长期股权投资——损益调整　　300（1 000×30%）

　贷：投资收益　　300

借：长期股权投资——其他权益变动　　60（200×30%）

　贷：资本公积——其他资本公积　　60

③20×5年1月1日

合并日长期股权投资成本＝12 200×70%＝8 540（万元）。

新增长期股权投资成本＝8 540－（3 400＋300＋60）＝4 780（万元）。

借：长期股权投资　　4 780

　资本公积——股本溢价　　220

　贷：银行存款　　5 000

长期股权投资账面价值为8 540万元。

（2）在合并报表中的处理

①调整权益法核算业务：

借：投资收益　　300

　贷：资本公积——股本溢价　　300

借：资本公积——其他资本公积　　60

　贷：资本公积——股本溢价　　60

②编制合并日抵销分录：

借：股本　　5 000

　资本公积　　2 400

　盈余公积　　480

　未分配利润　　4 320

贷：长期股权投资　　8 540

　少数股东权益　　3 660（12 200×30%）

## 五、购买方信息披露

企业合并发生当期的期末，购买方应当在附注中披露与非同一控制下企业合并有关的下列信息：

（1）参与合并企业的基本情况；

（2）购买日的确定依据；

(3)合并成本的构成及其账面价值、公允价值及公允价值的确定方法；

(4)被购买方各项可辨认资产、负债在上一会计期间资产负债表日及购买日的账面价值和公允价值；

(5)合并合同或协议约定将承担被购买方或有负债的情况；

(6)被购买方自购买日起至报告期期末的收入、净利润和现金流量等情况；

(7)商誉的金额及其确定方法；

(8)因合并成本小于合并中取得的被购买方可辨认净资产公允价值的份额计入当期损益的金额；

(9)合并后已处置或准备处置被购买方资产、负债的账面价值、处置价格等。

## 复习思考题

**【简答题】**

1. 什么是企业合并，企业合并有哪几种方式？

2. 同一控制下企业合并与非同一控制下企业合并有和特点，主要区别是什么？

3. 商誉是如何产生的？

4. 通过多次交易实现合并的个别和合并报表的主要区别是什么？

**【计算分析题】**

1. A，B 公司分别为 P 公司控制下的两家子公司。A 公司于 20×7 年 3 月 10 日自母公司 P 处取得 B 公司 100% 的股权，合并后 B 公司仍维持其独立法人资格继续经营。为进行该项企业合并，A 公司发行了 1 400 万股本公司普通股（每股面值 1 元）作为对价。假定 A，B 公司采用的会计政策相同。合并日，A 公司及 B 公司的所有者权益构成如下表所示。

单位：万元

| A 公司 | | B 公司 | |
|---|---|---|---|
| 项目 | 金额 | 项目 | 金额 |
| 股本 | 8 000 | 股本 | 1 000 |
| 资本公积 | 2 500 | 资本公积 | 500 |
| 盈余公积 | 1 000 | 盈余公积 | 500 |
| 未分配利润 | 5 000 | 未分配利润 | 1 500 |
| 合计 | 15 500 | 合计 | 5 000 |

要求：(1)编制 A 公司在合并日发行普通股的会计分录；

(2)编制合并时的调整分录。

2. 20×7 年 6 月 30 日，P 公司向 S 公司的股东定向增发 1 200 万股普通股（每股面值为 1 元，市价为 10.85 元）对 S 公司进行吸收合并，并于当日取得 S 公司净资产。当日，P 公司、S 公司资产、负债情况如下表所示。

**资产负债表(简表)**

20×7 年 6 月 30 日　　　　单位:万元

| 项　目 | P 公司 | | S 公司 | |
|---|---|---|---|---|
| | 账面价值 | – | 账面价值 | 公允价值 |
| 资产: | – | – | – | – |
| 货币资金 | 4 312 | – | 1 450 | 1 450 |
| 存货 | 5 200 | – | 255 | 450 |
| 应收账款 | 4 000 | – | 1 000 | 1 000 |
| 长期股权投资 | 4 000 | – | 1 150 | 2 800 |
| 固定资产: | – | – | – | – |
| 固定资产原价 | 11 000 | – | 5 000 | 6 500 |
| 减:累计折旧 | 3 000 | – | 1 000 | 0 |
| 固定资产净值 | 8 000 | – | 4 000 | – |
| 无形资产 | 4 500 | – | 500 | 1 500 |
| 商誉 | 0 | – | 0 | 0 |
| 资产总计: | 30 012 | – | 8 355 | 13 700 |
| 负债和所有者权益: | – | – | – | – |
| 短期借款 | 1 500 | – | 2 250 | 2 250 |
| 应付账款 | 4 750 | – | 600 | 600 |
| 其他负债 | 375 | – | | |
| 负债合计 | 6 625 | – | 2 850 | 2 850 |
| 实收资本(股本) | 8 500 | – | 2 500 | – |
| 资本公积 | 3 000 | – | 1 800 | – |
| 盈余公积 | 5 000 | – | 800 | – |
| 未分配利润 | 6 887 | – | 405 | – |
| 所有者权益合计 | 23 387 | – | 5 505 | 10 850 |
| 负债和所有者权益总计 | 30 012 | – | 8 355 | – |

假设 P 和 S 公司的会计政策一致。

要求:(1)如果 P 公司和 S 公司为同一集团内两家全资子公司,编制 P 公司合并时的会计处理;

(2)如果 P 公司和 S 公司不属于同一集团,编制 P 公司合并时的会计处理。

3. 通达公司于 20×4 年 1 月 1 日以货币资金 3 100 万元取得了四方公司 30% 的所有者权益,对四方公司能够施加重大影响,四方公司在该日的可辨认净资产的公允价值是 11 000 万元。

20×4 年 1 月 1 日,四方公司除一项固定资产的公允价值与其账面价值不同外,其他资产和负债的公允价值与账面价值相等。购买日，该固定资产的公允价值为300万元，账面价值为100万元，剩余使用年限10年、采用年限平均法计提折旧，无残值。

四方公司20×4年度实现净利润1 000万元，没有支付股利，因可供出售金融资产公允价值变动增加资本公积200万元。

20×5年1月1日，通达公司以货币资金5 220万元进一步取得四方公司40%的所有者权益，因此取得了控制权。四方公司在该日所有者权益的账面价值为12 000万元，其中：股本5 000万元，资本公积2 200万元，盈余公积480万元，未分配利润4 320万元；可辨认净资产的公允价值是12 300万元。

20×5年1月1日，四方公司除一项固定资产的公允价值与其账面价值不同外，其他资产和负债的公允价值与账面价值相等。该固定资产的公允价值为390万元，账面价值为90万元，剩余使用年限9年、采用年限平均法计提折旧，无残值。

已知：原30%股权在该日的公允价值为3 915万元。

通达公司和四方公司属于非同一控制下的公司。

假定不考虑所得税和内部交易的影响。

要求：

(1)编制20×4年1月1日至20×5年1月1日通达公司对四方公司长期股权投资的会计分录；

(2)计算20×5年1月1日通达公司追加投资后个别财务报表中长期股权投资的账面价值；

(3)计算通达公司对四方公司投资形成的商誉的金额；

(4)在购买日合并财务报表工作底稿中编制对四方公司个别财务报表进行调整的会计分录；

(5)在购买日合并财务报表工作底稿中编制调整长期股权投资的会计分录；

(6)在合并财务报表工作底稿中编制购买日与投资有关的抵销分录。

# 第七章　企业合并会计(二)——购并日的合并财务报表

本章主要介绍了合并财务报表编制的原则和方法、合并财务报表的格式与编制程序及同一控制和非同一控制下企业合并控制权取得日合并财务报表的编制。

**【考核知识点】**

合并财务报表编制的原则和方法;合并财务报表的格式与编制程序;非同一控制下企业合并控制权取得日合并资产负债表的编制;同一控制下企业合并控制权取得日合并财务报表的编制;同一控制下企业合并与非同一控制下企业合并编制合并财务报表的比较。

**【重要概念】**

合并财务报表　个别财务报表　控制　母公司　子公司

## 第一节　合并财务报表概述

合并财务报表,是指反映母公司和其全部子公司形成的企业集团整体财务状况、经营成果和现金流量的财务报表。母公司,是指控制一个或一个以上主体(含企业、被投资单位中可分割的部分,以及企业所控制的结构化主体等,下同)的主体。子公司,是指被母公司控制的主体。

母公司应当编制合并财务报表。如果母公司是投资性主体,且不存在为其投资活动提供相关服务的子公司,则不应当编制合并财务报表,母公司按规定以公允价值计量其对所有子公司的投资,且公允价值变动计入当期损益。

### 一、合并财务报表种类

合并财务报表主要包括合并资产负债表、合并利润表、合并现金流量表、合并所有者权益(或股东权益,下同)变动表及附注。

企业集团中期期末编制合并财务报表的,至少应当包括合并资产负债表、合并利润表、合并现金流量表和附注。

(1)合并资产负债表。合并资产负债表是反映母公司和子公司所形成的企业集团某一特定日期财务状况的报表。

(2)合并利润表。合并利润表是反映母公司和子公司所形成的企业集团整体在一定期间内经营成果的报表。

(3)合并现金流量表。合并现金流量表是反映母公司和子公司所形成的企业集团在一定期间现金流入、流出量及现金净增减变动情况的报表。

(4)合并所有者权益变动表(或者合并股东权益变动表)。合并所有者权益变动表(或者合并股东权益变动表)是反映母公司一定期间内,包括经营成果分配在内的所有者(或股东)权益增减变动情况的报表。它是从母公司的角度,站在母公司所有者的立场反映企业所有者(或股东)在母公司中的权益增减变动情况的。

## 二、合并财务报表的编制原则

合并财务报表作为财务报表,必须符合财务报表编制的一般原则和基本要求。这些基本要求包括真实可靠、内容完整。合并财务报表又与个别财务报表不同,它反映母公司和子公司组成的企业集团整体财务情况,反映的是若干个法人共同形成的会计主体的财务情况。因此,合并财务报表的编制除在遵循财务报表编制的一般原则和要求外,还应当遵循以下原则的要求。

1. 以个别财务报表为基础编制

合并财务报表并不是直接根据母公司和子公司账簿编制,而是利用母公司和子公司编制的反映各自财务状况和经营成果的财务报表提供的数据,通过合并财务报表的特有方法进行编制。以纳入合并范围的个别财务报表为基础,可以说是客观性原则在合并财务报表编制时的具体体现。

2. 一体性原则

合并财务报表反映的是企业集团的财务状况和经营成果,反映的是由多个法人企业组成的一个会计主体的财务情况,在编制合并财务报表时应当将母公司和所有子公司作为整体来看待,视为一个会计主体,母公司和子公司发生的经营活动都应当从企业集团这一整体的角度进行考虑。因此,在编制合并财务报表时,对于母公司与子公司、子公司相互之间发生的经济业务,应当视同同一会计主体内部业务处理,视同同一会计主体之下的不同核算单位的内部业务。

3. 重要性原则

与个别财务报表相比,合并财务报表涉及多个法人主体,涉及的经营活动的范围很广,母公司与子公司经营活动往往跨越不同行业界限,有时母公司与子公司经营活动甚至相差很大。这样,合并财务报表要综合反映这样的会计主体的财务情况,必然要涉及重要性的判断问题。特别是在拥有众多子公司的情况下,更是如此。在编制合并财务报表时,必须特别强调重要性原则的运用。如对一些项目在企业集团中的某一企业具有重要性,但对于整个企业集团则不一定具有重要性,在这种情况下根据重要性的要求对财务报表项目进行取舍,则具有重要的意义。此外,母公司与子公司、子公司相互之间发生的经济业务,对整个企业集团财务状况和经营成果影响不大时,为简化合并手续也应根据重要性原则进行取舍,可以不编制抵销分录而直接编制合并财务报表。

## 三、合并财务报表的编制程序

母公司应当以自身和其子公司的财务报表为基础,根据其他有关资料,编制合并财务报表。

母公司编制合并财务报表,应当将整个企业集团视为一个会计主体,依据相关企业会计准则的确认、计量和列报要求,按照统一的会计政策,反映企业集团整体财务状况、经营成果和现金流量。

(1)合并母公司与子公司的资产、负债、所有者权益、收入、费用和现金流等项目。

(2)抵销母公司对子公司的长期股权投资与母公司在子公司所有者权益中所享有的份额。

(3)抵销母公司与子公司、子公司相互之间发生的内部交易的影响。内部交易表明相关资产发生减值损失的，应当全额确认该部分损失。

（4）站在企业集团角度对特殊交易事项予以调整。

合并财务报表编制的具体步骤大致如下：

（1）设置合并工作底稿。合并工作底稿的作用是为合并财务报表的编制提供基础。在合并工作底稿中，对母公司和纳入合并范围的子公司的个别财务报表各项目的数额进行汇总和抵销处理，最终计算得出合并财务报表各项目的合并数。

（2）将母公司、纳入合并范围的子公司个别资产负债表、利润表、现金流量表、所有者权益变动表各项目的数据录入合并工作底稿，并在合并工作底稿中对母公司和子公司个别财务报表各项目的数据进行加总，计算得出个别资产负债表、利润表、现金流量表、所有者权益变动表各项目合计金额。

（3）编制调整分录与抵销分录，将母公司与子公司、子公司相互之间发生的经济业务对个别财务报表有关项目的影响进行调整抵销处理。编制调整分录与抵销分录，进行调整抵销处理是合并财务报表编制的关键和主要内容，其目的在于将因会计政策及计量基础的差异而对个别财务报表的影响进行调整，以及将个别财务报表各项目的加总金额中重复的因素等予以抵销。

（4）计算合并财务报表各项目的合并数额。即在母公司和纳入合并范围的子公司个别财务报表各项目加总数额的基础上，分别计算财务报表中的资产项目、负债项目、所有者权益项目、收入项目和费用项目的合并数。其计算方法如下：

①资产类项目，其合并数根据该项目加总的数额，加上该项目调整分录与抵销分录的借方发生额，减去该项目调整分录与抵销分录的贷方发生额计算确定。

②负债类项目和所有者权益类项目，其合并数根据该项目加总的数额，减去该项目调整分录与抵销分录的借方发生额，加上该项目调整分录与抵销分录的贷方发生额计算确定。

③有关收益类项目，其合并数根据该项目加总的数额，减去该项目调整分录与抵销分录的借方发生额，加上该项目调整分录与抵销分录的贷方发生额计算确定。

④有关成本费用类项目和有关利润分配的项目，其合并数根据该项目加总的数额，加上该项目调整分录与抵销分录的借方发生额，减去该项目调整分录与抵销分录的贷方发生额计算确定。

（5）填列合并财务报表。即根据合并工作底稿中计算出的资产、负债、所有者权益、收入、成本费用类项目的合并数，填列正式的合并财务报表。

## 四、合并财务报表的格式

现时企业会计准则对合并财务报表的格式作了明确的规定，总体上来说，合并财务报表的格式与个别财务报表的格式基本相似。从合并资产负债表来说，主要是在“所有者权益（股权权益）”部分增加了反映少数股东权益情况的“少数股东权益”项目。从合并利润表来说，增加了“归属于母公司股东的净利润”和“少数股东损益”项目。从股东权益变动表来说，增加反映少数股东权益的相关项目。合并财务报表具体格式见第八章表 8－5、表 8－6、表 8－7 所示。

## 第二节 合并财务报表的合并范围

### 一、合并范围的确定

合并财务报表的合并范围是指纳入合并财务报表编报的子公司的范围，主要明确哪些子公司应当包括在合并报表编报范围之内，哪些子公司应当排除在合并财务报表编报范围之外。

#### （一）控制是确定合并范围的基础

合并财务报表的合并范围应当以控制为基础予以确定。控制，是指投资方拥有对被投资方的权力，通过参与被投资方的相关活动而享有可变回报，并且有能力运用对被投资方的权力影响其回报金额。相关活动，是指对被投资方的回报产生重大影响的活动。被投资方的相关活动应当根据具体情况进行判断，通常包括商品或劳务的销售和购买、金融资产的管理、资产的购买和处置、研究与开发活动以及融资活动等。

1. 控制通常具有的特征

（1）控制的主体是唯一的，不是两方或多方；

（2）控制的内容是另一个企业的日常生产经营活动的财务和经营政策，这些财务和经营政策一般是通过表决权来决定的；

（3）控制的目的是为了获取经济利益；

（4）控制的性质是一种权力。这种权力可以是法定权力，也可以是通过公司章程或协议、投资者之间的协议授予的权力。

2. 控制的判断

投资方应当在综合考虑所有相关事实和情况的基础上对是否控制被投资方进行判断。一旦相关事实和情况的变化导致对控制定义所涉及的相关要素发生变化的，投资方应当进行重新评估。相关事实和情况主要包括：

（1）被投资方的设立目的；

（2）被投资方的相关活动以及如何对相关活动作出决策；

（3）投资方享有的权利是否使其目前有能力主导被投资方的相关活动；

（4）投资方是否通过参与被投资方的相关活动而享有可变回报；

（5）投资方是否有能力运用对被投资方的权力影响其回报金额；

（6）投资方与其他方的关系。

#### （二）权利的判断

1. 享有现实权利或实质性权利的投资方拥有对被投资方的权力

（1）投资方享有现时权利使其目前有能力主导被投资方的相关活动，而不论其是否实际行使该权利，视为投资方拥有对被投资方的权力。

（2）两个或两个以上投资方分别享有能够单方面主导被投资方不同相关活动的现时权利的，能够主导对被投资方回报产生最重大影响的活动的一方拥有对被投资方的权力。

（3）投资方在判断是否拥有对被投资方的权力时，应当仅考虑与被投资方相关的实质性权利，包括自身所享有的实质性权利以及其他方所享有的实质性权利。

实质性权利，是指持有人在对相关活动进行决策时有实际能力行使的可执行权利。判断一项权利是否为实质性权利，应当综合考虑所有相关因素，包括权利持有人行使该项权利是否存在财务、价格、条款、机制、信息、运营、法律法规等方面的障碍；当权利由多方持有或者行权需要多方同意时，是否存在实际可行的机制使得这些权利持有人在其愿意的情况下能够一致行权；权利持有人能否从行权中获利等。

某些情况下，其他方享有的实质性权利有可能会阻止投资方对被投资方的控制。这种实质性权利既包括提出议案以供决策的主动性权利，也包括对已提出议案作出决策的被动性权利。

2. 仅享有保护性权利的投资方不拥有对被投资方的权力

保护性权利，是指仅为了保护权利持有人利益却没有赋予持有人对相关活动决策权的一项权利。保护性权利通常只能在被投资方发生根本性改变或某些例外情况发生时才能够行使，它既没有赋予其持有人对被投资方拥有权力，也不能阻止其他方对被投资方拥有权力。

## 二、纳入合并财务报表合并范围的子公司

除非有确凿证据表明其不能主导被投资方相关活动，下列情况，表明投资方对被投资方拥有权力。

### （一）投资方持有被投资方半数以上的表决权的

投资方直接或通过被投资方间接拥有被投资单位半数以上的表决权，表明投资方能够控制被投资单位，应当将该被投资单位认定为子公司，纳入合并财务报表的合并范围。但是，有证据表明投资方不能控制被投资单位的除外。

表决权资本是指对企业有投票权，能够据此参与企业经营管理决策的资本，如股份制企业中的普通股，有限责任公司中的投资者出资额等。当投资方拥有被投资企业50%以上股份时，投资方就拥有对该被投资企业的控制权，能够操纵该被投资企业的股东大会并对其生产经营活动实施控制。这种情况下，被投资方实际上处在投资方的直接控制和管理下进行生产经营活动，被投资方的生产经营活动成为事实上的投资方生产经营活动的一个组成部分，投资方与被投资方生产经营活动一体化。拥有被投资企业半数以上表决权资本，是投资方对其拥有控制权的最明显的标志，因此应将其纳入合并财务报表的合并范围。

投资方拥有被投资企业半数以上表决权资本，具体又包括以下三种情况。

（1）投资方直接拥有被投资企业半数以上表决权。如A公司直接拥有B公司发行的普通股总数的50.1%，这种情况下，B公司就成为A公司的子公司，A公司编制合并财务报表时，必须将B公司纳入其合并范围。

（2）投资方间接拥有被投资企业半数以上表决权。间接拥有半数以上表决权资本，是指通过子公司而对子公司的子公司拥有半数以上表决权。例如，A公司拥有B公司70%的股份，而B公司又拥有C公司70%的股份。在这种情况下，A公司作为投资方通过其子公司B公司，间接拥有和控制C公司70%的股份，从而C公司也是A公司的子公司，A公司编制合并财务报表时，也应当将C公司纳入其合并范围。这里必须注意的是，A公司间接拥有和控制C公司的股份是以B公司为A公司的子公司作为前提的。

(3)投资方通过直接和间接方式合计拥有、控制被投资企业半数以上表决权。直接和间接方式合计拥有和控制半数以上表决权,是指投资方以直接方式拥有、控制某一被投资企业一定数量(半数以下)的表决权,同时又通过其他方式如通过子公司拥有、控制该被投资企业一定数量的表决权,两者合计拥有控制该被投资企业超半数以上的表决权。例如,A公司拥有B公司70%的股份,拥有C公司35%的股份;B公司拥有C公司30%的股份。在这种情况下,B公司为A公司的子公司,A公司通过子公司B公司间接拥有、控制C公司30%的股份,与直接拥有、控制35%的股份合计,A公司共拥有、控制C公司的股份合计为65%,从而C公司属于A公司的子公司,A公司编制合并财务报表时,也应当将C公司纳入其合并范围。

依上例,假定B公司只拥有C公司14%的股份,则A公司通过B公司间接控制C公司14%的股份,A公司通过直接方式和间接方式合计只拥有C公司49%的股份。在这种情况下,A公司则不能将C公司的会计报表纳入其合并范围。这里也必须注意的是,A公司间接拥有、控制C公司的股份是以B公司为A公司的子公司作为前提的。在上例中,如果A公司只拥有B公司40%的股份时,则不能将C公司作为A公司的子公司处理,将其纳入A公司的合并范围。

### (二)被投资方控制的其他被投资企业

在投资方通过直接和间接方式没有拥有和控制被投资企业的半数以上表决权的情况下,如果投资方通过其他方法对被投资企业的经营活动能够实施有效控制时,这些被投资方所能够控制的被投资企业,也应作为子公司纳入其合并范围。

通常情况下,投资方与被投资企业之间存在如下情况之一,就应当视为投资方能够对其实施控制,将被投资方纳入合并财务报表的合并范围。

1. 通过与被投资单位其他投资者之间的协议,拥有被投资单位半数以上的表决权

这种情况是指投资方与其他投资者共同投资某企业,投资方与其中的某些投资者签订协议,受托管理和控制这一被投资企业,从而在被投资企业的股东大会上拥有该被投资企业半数以上表决权。在这种情况下,投资方对这一被投资企业的经营管理拥有控制权,使该被投资企业成为事实上的子公司,为此必须将其纳入合并范围。

2. 根据公司章程或协议,有能力主导被投资方相关活动

投资方持有被投资方半数或以下的表决权,但综合考虑下列事实和情况后,判断投资方持有的表决权足以使其目前有能力主导被投资方相关活动的,视为投资方对被投资方拥有权力:

(1)投资方持有的表决权相对于其他投资方持有的表决权份额的大小,以及其他投资方持有表决权的分散程度。

(2)投资方和其他投资方持有的被投资方的潜在表决权,如可转换公司债券、可执行认股权证等。

(3)其他合同安排产生的权利。

(4)被投资方以往的表决权行使情况等其他相关事实和情况。

3. 投资方能掌控被投资方董事会等类似权力机构成员的任命程序,或者从其他表决权持有人手中获得代理权

这种情况是指投资方能够通过任免公司董事会的董事,从而控制被投资企业的生产经

营决策权。此时，该被投资企业也处于投资方的控制下进行生产经营活动，被投资企业成为事实上的子公司，从而应当纳入投资方的合并范围。

4. 在被投资单位的董事会或类似机构占多数表决权

这种情况是指投资方能够控制董事会等权力机构的会议，投资方能任命或批准被投资方的关键管理人员；出于其自身利益决定或否决被投资方的重大交易。投资方与被投资方的关键管理人员或董事会等类似权力机构中的多数成员是存在关联方关系。

投资方与被投资方之间存在某种特殊关系的，在评价投资方是否拥有对被投资方的权力时，应当适当考虑这种特殊关系的影响。特殊关系通常包括被投资方的关键管理人员是投资方的现任或前任职工、被投资方的经营依赖于投资方、被投资方活动的重大部分有投资方参与其中或者是以投资方的名义进行、投资方自被投资方承担可变回报的风险或享有可变回报的收益远超过其持有的表决权或其他类似权利的比例等。

### （三）母公司应当将其全部子公司（包括母公司所控制的单独主体）纳入合并财务报表的合并范围

母公司是投资性主体，则母公司应当仅将为其投资活动提供相关服务的子公司（如有）纳入合并范围并编制合并财务报表；其他子公司不应当予以合并，母公司对其他子公司的投资应当按照公允价值计量且其变动计入当期损益。

当母公司同时满足下列条件时，该母公司属于投资性主体：

（1）该公司是以向投资者提供投资管理服务为目的，从一个或多个投资者处获取资金；

（2）该公司的唯一经营目的，是通过资本增值、投资收益或两者兼有而让投资者获得回报；

（3）该公司按照公允价值对几乎所有投资的业绩进行考量和评价。

母公司属于投资性主体的，通常情况下应当符合下列所有特征：

（1）拥有一个以上投资；

（2）拥有一个以上投资者；

（3）投资者不是该主体的关联方；

（4）其所有者权益以股权或类似权益方式存在。

投资性主体的母公司本身不是投资性主体，则应当将其控制的全部主体，包括那些通过投资性主体所间接控制的主体，纳入合并财务报表范围。

当母公司由非投资性主体转变为投资性主体时，除仅将为其投资活动提供相关服务的子公司纳入合并财务报表范围编制合并财务报表外，企业自转变日起对其他子公司不再予以合并。

当母公司由投资性主体转变为非投资性主体时，应将原未纳入合并财务报表范围的子公司于转变日纳入合并财务报表范围，原未纳入合并财务报表范围的子公司在转变日的公允价值视同为购买的交易对价。

## 三、不纳入合并财务报表范围的子公司

母公司应当将其全部子公司纳入合并财务报表的合并范围。即，只要是由母公司控制的子公司，不论子公司的规模大小、子公司向母公司转移资金能力是否受到严格限制，也不论子公司的业务性质与母公司或企业集团内其他子公司是否有显著差别，都应当纳入合并

财务报表的合并范围。需要说明的是，受所在国外汇管制及其他管制，资金调度受到限制的境外子公司，在这种情况下，该被投资单位的财务和经营政策仍然由本公司决定，本公司也能从其经营活动中获取利益，资金调度受到限制并不妨碍本公司对其实施控制，因此，应将其纳入合并财务报表的合并范围。

但由于一些特殊的原因，母公司的一些原子公司不再纳入合并范围，具体包括以下几种。

1. 已宣告被清理整顿的原子公司

已宣告被清理整顿的原子公司，是指在当期宣告被清理整顿的被投资单位，该被投资单位在上期是本公司的子公司。在这种情况下，根据2005年修订的《公司法》第一百八十四条的规定，被投资单位实际上在当期已经由股东、董事或股东大会确定的人员组成的清算组或人民法院指定的有关人员组成的清算组对被投资单位进行日常管理，在清算期间，被投资单位不得开展与清算无关的经营活动，因此，本公司不能再控制该被投资单位，不能将该被投资单位继续认定为本公司的子公司。

2. 已宣告破产的原子公司

已宣告破产的原子公司，是指在当期宣告破产的被投资单位，该被投资单位在上期是本公司的子公司。在这种情况下，根据《企业破产法》的规定，被投资单位的日常管理已转交到法院指定的管理人，本公司不能控制该被投资单位，不能将该被投资单位认定为本公司的子公司。

3. 母公司不能控制的其他被投资单位

母公司不能控制的其他被投资单位，是指母公司不能控制的除上述两种情形以外的其他被投资单位，如联营企业等。

## 第三节 企业合并控制权取得日合并财务报表的编制

### 一、同一控制下取得子公司合并日合并财务报表的编制

根据现时企业会计准则，母公司在合并日需要编制合并日的合并资产负债表、合并利润表、合并现金流量表等合并财务报表。母公司在将购买取得子公司权登记入账后，编制合并日合并资产负债表时，只需将对子公司长期股权投资与子公司所有者权益母公司所拥有的份额相抵销。

**【例7-1】** 甲公司20×2年1月1日以28 600万元的价格取得A公司80%的股权。A公司净资产的公允价值为35 000万元。甲公司在购买A公司过程中发生审计、评估和法律服务等相关费用120万元。上述价款均以银行存款支付。甲公司与A公司均为同一控制下的企业。A公司采用的会计政策与甲公司一致。A公司20×2年1月1日的资产负债表如表7-1中A公司的数据。

由于A公司与甲公司均为同一控制下的企业，按同一控制下企业合并的规定进行处理。根据A公司资产负债表，A公司股东权益账面价值为32 000万元，其中股本为20 000万元，资本公积为8 000万元，盈余公积为1 200万元，未分配利润为2 800万元。合并后，甲公司在A公司股东权益中所拥有的份额为25 600万元。甲公司对A公司长期股权投资的初始投资成本为28 600万元。至于购买该股权过程中发生的审计、评估等相关费用，则

直接计入当期损益，即计入当期管理费用。

母公司在对A公司投资进行账务处理后编制的资产负债表，以及A公司当日的资产负债表如表7-1所示。

在本例中，对于甲公司为购买A公司所发生的审计及评估等费用实际上已支付给会计事务所等中介机构，不属于甲公司与A公司所构成的企业集团内部交易，不涉及抵销处理的问题。编制合并日合并资产负债表时，甲公司应当进行如下抵销处理：

借：股本　　20 000

　　资本公积　　8 000

　　盈余公积　　1 200

　　未分配利润　　2 800

　　贷：长期股权投资　　25 600

少数股东权益　　6 400

根据上述抵销分录，编制合并工作底稿如表7-1所示。

**表7-1　合并工作底稿**　　单位：万元

| 项　目 | 甲公司 | A公司 | 合计数 | 抵销分录 | | 少数股东权益 | 合并数 |
|---|---|---|---|---|---|---|---|
| | | | | 借方 | 贷方 | | |
| 流动资产： | | | | | | | |
| 货币资金 | 9 000 | 4 200 | 13 200 | | | | 13 200 |
| 交易性金融资产 | 4 000 | 1 800 | 5 800 | | | | 5 800 |
| 应收票据 | 4 700 | 3 600 | 7 700 | | | | 7 700 |
| 应收账款 | 5 800 | 3 920 | 9 720 | | | | 9 720 |
| 预付款项 | 2 000 | 880 | 2 880 | | | | 2 880 |
| 应收股利 | 4 200 | 0 | 4 200 | | | | 4 200 |
| 其他应收款 | 0 | 0 | 0 | | | | 0 |
| 存货 | 31 000 | 20 000 | 51 000 | | | | 51 000 |
| 其他流动资产 | 1 300 | 1 200 | 2 500 | | | | 2 500 |
| 流动资产合计 | 62 000 | 35 000 | 97 000 | | | | 97 000 |
| 非流动资产： | | | | | | | |
| 可供出售金融资产 | 11 400 | 0 | 11 400 | | | | 11 400 |
| 持有至到期投资 | 10 000 | 0 | 10 000 | | | | 10 000 |
| 长期股权投资 | 25 600 | 0 | 25 600 | | 25 600 | | 0 |
| 固定资产原价 | 21 000 | 18 000 | 39 000 | | | | 39 000 |
| 在建工程 | 20 000 | 3 400 | 23 400 | | | | 23 400 |
| 无形资产 | 4 000 | 1 600 | 5 600 | | | | 5 600 |
| 商誉 | 2 000 | 0 | 2 000 | | | | 2 000 |

表 7－1(续)

| 项目 | 甲公司 | A 公司 | 合计数 | 抵销分录 | | 少数股东权益 | 合并数 |
|---|---|---|---|---|---|---|---|
| | | | | 借方 | 贷方 | | |
| 其他非流动资产 | 0 | 0 | 0 | | | | 0 |
| 非流动资产合计 | 94 000 | 23 000 | 117 000 | | 25 600 | | 91 400 |
| 资产合计 | 156 000 | 58 000 | 214 000 | | 25 600 | | 188 400 |
| 流动负债： | | | | | | | |
| 短期借款 | 12 000 | 5 000 | 17 000 | | | | 17 000 |
| 交易性金融负债 | 3 800 | 0 | 3 800 | | | | 3 800 |
| 应付票据 | 10 000 | 3 000 | 13 000 | | | | 13 000 |
| 应付账款 | 18 000 | 4 200 | 22 200 | | | | 22 200 |
| 预收款项 | 3 000 | 1 300 | 4 300 | | | | 4 300 |
| 应付职工薪酬 | 6 000 | 1 600 | 7 600 | | | | 7 600 |
| 应缴税费 | 2 000 | 1 200 | 3 200 | | | | 3 200 |
| 应付股利 | 4 000 | 4 000 | 8 000 | | | | 8 000 |
| 其他应付款 | 0 | 0 | 0 | | | | 0 |
| 其他流动负债 | 1 200 | 700 | 1 900 | | | | 1 900 |
| 流动负债合计 | 60 000 | 21 000 | 81 000 | | | | 81 000 |
| 非流动负债： | | | | | | | |
| 长期借款 | 4 000 | 3 000 | 7 000 | | | | 7 000 |
| 应付债券 | 20 000 | 2 000 | 22 000 | | | | 22 000 |
| 长期应付款 | 2 000 | 0 | 2 000 | | | | 2 000 |
| 其他非流动负债 | 0 | 0 | 0 | | | | 0 |
| 非流动负债合计 | 26 000 | 5 000 | 31 000 | | | | 31 000 |
| 负债合计 | 86 000 | 26 000 | 112 000 | | | | 112 000 |
| 股东权益： | | | | | | | |
| 股本 | 40 000 | 20 000 | 60 000 | 20 000 | | | 40 000 |
| 资本公积 | 10 000 | 8 000 | 18 000 | 8 000 | | | 10 000 |
| 盈余公积 | 11 000 | 1 200 | 12 200 | 1 200 | | | 11 000 |
| 未分配利润 | 9 000 | 2 800 | 11 800 | 2 800 | | | 9 000 |
| 股东权益合计 | 70 000 | 32 000 | 102 000 | 32 000 | | | 70 000 |
| 少数股东权益 | | | | | | 6 400 | 6 400 |
| 负债和股东权益总计 | 156 000 | 58 000 | 214 000 | 32 000 | | 6 400 | 188 400 |

## 二、非同一控制下企业合并控制权取得日合并资产负债表的编制

根据现时企业会计准则，非同一控制下取得子公司，母公司编制购买日的合并资产负债表时，因企业合并取得的子公司各项可辨认资产、负债及或有负债当以公允价值在合并财务报表中列示。母公司合并成本大于取得的子公司可辨认资产公允价值份额的差额，作为合并商誉在合并资产负债表中列示。

### （一）按公允价值对非同一控制下取得子公司的财务报表进行调整

在非同一控制下取得子公司的情况下，母公司为进行企业合并要对子公司的资产负债进行评估，然而子公司作为持续经营的主体，一般情况下，即一般不将该评估而产生的资产、负债公允价值的变动登记入账，其对外提供的财务报表仍然是以各项资产和负债原来的账面价值为基础编制的，其提供的购买日财务报表一般也是以各项资产和负债原账面价值为基础编制的。为此，母公司要编制购买日的合并财务报表，则必须按照购买日子公司资产、负债的公允价值对其财务报表项目进行调整。这一调整是通过在合并工作底稿中编制调整分录进行的，实际上相当于将各项资产、负债的公众价值变动模拟入账，然后重新编制购买日子公司的财务报表。

**【例 7－2】** 甲公司20×1年1月1日以定向增发公司普通股票的方式，购买取得A公司70%的股权。甲公司当日资产负债表和A公司当日资产负债表及评估确认的资产负债数据如表7－2所示。甲公司定向增发普通股股票10 000万股（每股面值为1元），甲公司普通股股票面值每股为1元，市场价格每股为2.95元。甲公司并购A公司属于非同一控制下的企业合并，假定不考虑甲公司增发该普通股股票所发生的审计评估以及发行等相关的费用。

**表7－2　资产负债表**

会企01表

编制单位：　　20×1年1月1日　　单位：万元

| 资产 | 甲公司 | A公司 | | 负债和所有者权益（或股东权益） | 甲公司 | A公司 | |
|---|---|---|---|---|---|---|---|
| | | 账面价值 | 公允价值 | | | 账面价值 | 公允价值 |
| 流动资产： | | | | 流动负债： | | | |
| 货币资金 | 9 000 | 4 200 | 4 200 | 短期借款 | 12 000 | 5 000 | 5 000 |
| 交易性金融资产 | 4 000 | 1 800 | 1 800 | 交易性金融负债 | 3 800 | 0 | 0 |
| 应收票据 | 4 700 | 3 000 | 3 000 | 应付票据 | 10 000 | 3 000 | 3 000 |
| 应收账款 | 5 800 | 3 920 | 3 820 | 应付账款 | 18 000 | 4 200 | 4 200 |
| 预付款项 | 2 000 | 880 | 880 | 预收款项 | 3 000 | 1 300 | 1 300 |
| 应收股利 | 4 200 | 0 | 0 | 应付职工薪酬 | 6 000 | 1 600 | 1 600 |
| 其他应收款 | 0 | 0 | 0 | 应缴税费 | 2 000 | 1 200 | 1 200 |
| 存货 | 31 000 | 20 000 | 21 100 | 应付股利 | 4 000 | 4 000 | 4 000 |
| 其他流动资产合计 | 1 300 | 1 200 | 1 200 | 其他应付款 | 0 | 0 | 0 |

表 7－2(续)

| 资产 | 甲公司 | A 公司 | | 负债和所有者权益（或股东权益） | 甲公司 | A 公司 | |
|---|---|---|---|---|---|---|---|
| | | 账面价值 | 公允价值 | | | 账面价值 | 公允价值 |
| 流动资产合计 | 62 000 | 35 000 | 36 000 | 其他流动负债 | 1 200 | 700 | 700 |
| | | | | 流动负债合计 | 60 000 | 21 000 | 21 000 |
| | | | | 非流动负债： | | | |
| 非流动资产： | | | | 长期借款 | 4 000 | 3 000 | 3 000 |
| 可供出售金融资产 | 6 000 | 0 | 0 | 应付债券 | 20 000 | 2 000 | 2 000 |
| 持有至到期投资 | 11 000 | 0 | 0 | 长期应付款 | 2 000 | 0 | 0 |
| 长期股权投资 | 32 000 | 0 | 0 | 其他非流动负债 | 0 | 0 | 0 |
| 固定资产 | 21 000 | 18 000 | 21 000 | 非流动负债合计 | 26 000 | 5 000 | 5 000 |
| 在建工程 | 20 000 | 3 400 | 3 400 | 负债合计 | 86 000 | 26 000 | 26 000 |
| 无形资产 | 4 000 | 1 600 | 1600 | | | | |
| 商誉 | 0 | 0 | | 股东权益： | | | |
| 其他非流动资产 | 0 | 0 | 0 | 股本 | 40 000 | 20 000 | |
| 非流动资产合计 | 94 000 | 23 000 | 26 000 | 资本公积 | 10 000 | 8 000 | |
| | | | | 盈余公积 | 11 000 | 1 200 | |
| | | | | 未分配利润 | 9 000 | 2 800 | |
| | | | | 股东权益合计 | 70 000 | 32 000 | 36 000 |
| 资产总计 | 156 000 | 58 000 | 62 000 | 负债和股东权益总计 | 156 000 | 58 000 | 62 000 |

甲公司将购买取得 A 公司 70% 的股权作为长期股权投资入账，其账务处理如下：

借：长期股权投资－A 公司　　29 500　①

　　贷：股本　　　　　　　　10 000

　　　　资本公积　　　　　　19 500

编制购买日的合并资产负债表时，将 A 公司资产和负债的评估增值或减值分别调增或调减相关资产和负债项目的金额。在合并工作底工稿中调整分录如下：

借：存货　　　　1 100

　　固定资产　　3 000

　　贷：应收账款　　　100

　　　　资本公积　　4 000

上述调整实际上等于将资产、负债的公允价值变动模拟入账，通过这一调整，调整后的子公司资产负债表实际上是以公允价值反映资产和负债的。在此基础上，再与母公司的个别财务报表合并，则是将子公司的资产和负债以公允价值反映于合并资产负债表中。

### （二）母公司长期股权投资与子公司所有者权益抵销处理

在编制购买日的合并资产负债表时，需要将母公司对子公司长期股权投资与子公司所有者权益中拥有的份额予以抵销。母公司对非同一控制下取得的子公司长期股权投资进行账务处理时，母公司是按子公司资产、负债的公允价值确定其在子公司所有者权益中所拥有的份额，合并成本超过这一金额的差额则作为合并商誉处理。经过上述按公允价值对子公司财务报表调整处理后，在编制合并财务报表时则可以将长期股权投资与子公司所有者权益所拥有的份额相抵销。在非全资子公司的情况下，不属于母公司所拥有的份额在抵销处理时则结转为少数股东权益。在抵销处理时，应当注意的是，母公司在子公司所有者权益中所拥有的份额是按资产和负债的公允价值为基础计算的，也是按公允价值进行抵销，少数股东权益也是按资产和负债的公允价值为基础计算调整后的金额确定的。

接例7－2，经过根据资产和负债的公允价值对A公司财务报表调整后，其股东权益总额为36 000万元，甲公司在其中所拥有的份额为25 200万元（36 000×70%）。甲公司对A公司长期股权投资的金额为29 500万元，超过其25 200万元的金额4 300万元则为合并商誉。少数股权投资权益则为10 800万元（36 000×30%）。

因此，甲公司将长期股权投资与其在A公司所有者权益中拥有的份额抵销时，其抵销分录如下：

借：股本　　20 000　　③
　　资本公积　　12 000
　　盈余公积　　1 200
　　未分配利润　　2 800
　　商誉　　4 300
　　贷：长期股权投资—A公司　　29 500
　　　　少数股东权益　　10 800

### （三）编制合并工作底稿并编制合并财务报表

在按公允价值对子公司财务报表项目进行调整，并编制合并抵销分录，将母公司对子公司长期股权投资与子公司所有者权益中母公司所持有的份额进行抵销处理后，则可以编制购买日合并工作底稿。

根据上述调整分录和抵销分录，甲公司编制购买日合并工作底稿如表7－3所示。

**表7－3　合并工作底稿**　　单位：万元

| 项　目 | 母公司 | 子公司 | 合计数 | 调整分录 | | 抵销分录 | | 少数股东权益 | 合并数 |
|---|---|---|---|---|---|---|---|---|---|
| | | | | 借方 | 贷方 | 借方 | 贷方 | | |
| 流动资产： | | | | | | | | | |
| 货币资金 | 9 000 | 4 200 | 13 200 | | | | | | 13 200 |
| 交易性金融资产 | 4 000 | 1 800 | 5 800 | | | | | | 5 800 |
| 应收票据 | 4 700 | 3 600 | 7 700 | | | | | | 7 700 |
| 应收账款 | 5 800 | 3 920 | 9 720 | | 100② | | | | 9 620 |
| 预付款项 | 2 000 | 880 | 2 880 | | | | | | 2 880 |
| 应收股利 | 4 200 | 0 | 4 200 | | | | | | 4 200 |

表 7－3(续)

| 项　　目 | 母公司 | 子公司 | 合计数 | 调整分录 | | 抵销分录 | | 少数股东权益 | 合并数 |
|---|---|---|---|---|---|---|---|---|---|
| | | | | 借方 | 贷方 | 借方 | 贷方 | | |
| 其他应收款 | 0 | 0 | | | | | | | |
| 存货 | 31 000 | 20 000 | 51 000 | 1 100② | | | | | 52 100 |
| 其他流动资产 | 1 300 | 1 200 | 2 500 | | | | | | 2 500 |
| 流动资产合计 | 62 000 | 35 000 | 97 000 | 1 100 | 100 | | | | 98 000 |
| 非流动资产: | | | | | | | | | |
| 可供出售金融资产 | 6 000 | 0 | 6 000 | | | | | | 6 000 |
| 持有至到期投资 | 11 000 | 0 | 11 000 | | | | | | 11 000 |
| 长期股权投资 | 32 000 | 0 | 32 000 | 29 500① | | | 29 500③ | | 32 000 |
| 固定资产原价 | 30 000 | 20 000 | 50 000 | 3 000② | | | | | 53 000 |
| 减:累计折旧 | 9 000 | 2 000 | 11 000 | | | | | | 11 000 |
| 固定资产净值 | 21 000 | 18 000 | 39 000 | 3 000 | | | | | 42 000 |
| 在建工程 | 20 000 | 3 400 | 23 400 | | | | | | 23 400 |
| 无形资产 | 4 000 | 1 600 | 5 600 | | | | | | 5 600 |
| 商誉 | 0 | | 0 | | | 4300③ | | | 4 300 |
| 其他非流动资产 | 0 | 0 | 0 | | | | | | |
| 非流动资产合计 | 94 000 | 23 000 | 117 000 | 3 000 | 29 500 | 4 300 | 29 500 | | 124 300 |
| 资产合计 | 156 000 | 58 000 | 214 000 | 33 600 | 100 | 4 300 | 29 500 | | 222 300 |
| 流动负债: | | | | | | | | | |
| 短期借款 | 12 000 | 5 000 | 17 000 | | | | | | 17 000 |
| 交易性金融负债 | 3 800 | 0 | 3 800 | | | | | | 3 800 |
| 应付票据 | 10 000 | 3 000 | 13 000 | | | | | | 13 000 |
| 应付账款 | 18 000 | 4 200 | 22 200 | | | | | | 22 200 |
| 预收款项 | 3 000 | 1 300 | 4 300 | | | | | | 4 300 |
| 应付职工薪酬 | 6 000 | 1 600 | 7 600 | | | | | | 7 600 |
| 应缴税费 | 2 000 | 1 200 | 3 200 | | | | | | 3 200 |
| 应付股利 | 4 000 | 4 000 | 8 000 | | | | | | 8 000 |
| 其他应付款 | 0 | 0 | 0 | | | | | | 0 |
| 其他流动负债 | 1 200 | 700 | 1 900 | | | | | | 1 900 |
| 流动负债合计 | 60 000 | 21 000 | 81 000 | | | | | | 81 000 |
| 非流动负债: | | | | | | | | | |
| 长期借款 | 4 000 | 3 000 | 7 000 | | | | | | 7 000 |

表7-3(续)

| 项目 | 母公司 | 子公司 | 合计数 | 调整分录 | | 抵销分录 | | 少数股东权益 | 合并数 |
|---|---|---|---|---|---|---|---|---|---|
| | | | | 借方 | 贷方 | 借方 | 贷方 | | |
| 应付债券 | 20 000 | 2 000 | 22 000 | | | | | | 22 000 |
| 长期应付款 | 2 000 | | 2 000 | | | | | | 2 000 |
| 其他非流动负债 | 0 | 0 | 0 | | | | | | 0 |
| 非流动负债合计 | 26 000 | 5 000 | 31 000 | | | | | | 31 000 |
| 负债合计 | 86 000 | 26 000 | 112 000 | | | | | | 112 000 |
| 股东权益： | | | | | | | | | |
| 股本 | 40 000 | 20 000 | 60 000 | | 10 000① | 20 000③ | | | 50 000 |
| 资本公积 | 10 000 | 8 000 | 18 000 | | 19 500①<br>4 000② | 12 000③ | | | 29 500 |
| 盈余公积 | 11 000 | 1 200 | 12 200 | | | 1 200③ | | | 11 000 |
| 未分配利润 | 9 000 | 2 800 | 11 800 | | | 2 800③ | | | 9 000 |
| 股东权益合计 | 70 000 | 32 000 | 102 000 | | 33 500 | 36 000 | | | 99 500 |
| 少数股东权益 | | | | | | | | 10 800③ | 10 800 |
| 负债和股东权益总计 | 156 000 | 58 000 | 214 000 | | 33 500 | 36 000 | | 10 800 | 222 300* |

注：* 222 300 = 214 000 + 33 500 - 36 000 + 10 800

# 复习思考题

**【简答题】**

1. 简述合并财务报表的含义及种类。
2. 简述合并财务报表编制的原则和方法。
3. 简述合并财务报表编制程序。
4. 合并财务报表合并的范围是怎么确定的。

**【计算分析题】**

1. A公司适用的所得税税率均为25%。有关企业合并资料如下：

(1)20×2年3月3日，A公司与B公司的股东签订协议，采用定向增发3 000万股普通股（每股面值为1元）对B公司进行控股合并，取得B公司70%的股权。

(2)20×2年6月30日，A公司向B公司的股东定向增发3 000万股普通股（每股面值为1元）对B公司进行控股合并，公允价值为每股4元，当日办理完毕相关法律手续，取得了B公司70%的股权。

(3)被购买方B公司在20×2年6月30日可辨认净资产的账面价值为16 000万元，公允价值为16 500万元，其差额为被购买方B公司的一项固定资产公允价值大于账面价值的差额500万元。

(4)A 公司与 B 公司的原股东没有关联方关系。

(5)B 公司的股东对出售 B 公司股权选择采用免税处理。B 公司各项可辨认资产、负债在合并前账面价值与其计税基础相同。

要求:根据上述资料,不考虑其他因素,回答下列问题。

(1)购买方在购买日合并资产负债表中应确认的合并商誉为(　　)。

A. 537.5 万元　　B. 450 万元　　C. 362.5 万元　　D. 800 万元

(2)下列有关企业合并的表述,不正确的是(　　)。

A. 该项合并为非同一控制下的企业合并　　B. 购买日为 20×2 年 6 月 30 日

C. 购买日合并成本为 12 000 万元　　D. 购买日个别资产负债表确认资本公积 500 万元

2. 甲甲公司 20×2 年起实施了一系列股权交易计划,具体情况如下:

(1) 20×2 年 10 月,甲公司与乙公司控股股东 W 公司签订协议,协议约定:甲公司向 W 公司定向发行 2 亿股本公司股票,以换取 W 公司持有的乙公司 80% 的股权。甲公司定向发行的股票公允价值为每股 S 元,双方确定的评估基准日为 20×2 年 9 月 30 日。乙公司经评估确定 20×2 年 9 月 30 日的可辨认净资产公允价值(不含递延所得税资产和负债)为 12 亿元。

(2)甲公司该并购事项于 20×2 年 12 月 15 日经监管部门批准,作为对价定向发行的股票于 20×2 年 12 月 31 日发行,当日收盘价为每股 5.1 元。甲公司于 12 月 31 日起有权决定乙公司财务和生产经营决策。以 20×2 年 9 月 30 日的评估值为基础,乙公司可辨认净资产于 20×2 年 12 月 31 日的公允价值为 12.5 亿元(不含递延所得税资产和负债),其中公允价值与账面价值的差异产生于一项无形资产和一项固定资产:①无形资产系 20×1 年 1 月取得,原价为 8 000 万元,预计使用年限为 10 年,采用直线法摊销,预计净残值为零,20×2 年 12 月 31 日的公允价值为 7 200 万元;②固定资产系 20×0 年 12 月取得,原价为 4 800 万元,预计使用寿命为 8 年,预计净残值为零,采用年限平均法计提折旧,20×2 年 12 月 31 日的公允价值为 5 400 万元。上述资产均未计提减值,其计税基础与按历史成本计算确定的账面价值相同。甲公司和 W 公司在此项交易前不存在关联方关系,有关资产在该项交易后预计使用年限、净残值、折旧和摊销方法保持不变。甲公司向 W 公司发行股份后,W 公司持有甲公司发行在外普通股的比例为 8%,对甲公司不具有重大影响。

(3)20×3 年 12 月 31 日,甲公司又支付 28 000 万元自乙公司其他股东处进一步购入乙公司 20% 的股权,当日乙公司可辨认净资产公允价值为 13 500 万元,乙公司个别财务报表中净资产账面价值为 110 550 万元,其中 20×3 年实现净利润为 10 000 万元。

(4)20×4 年 10 月,甲公司与其另一子公司(丙公司)协商,将持有的全部乙公司股权转让给丙公司。以乙公司 20×4 年 10 月 31 日评估值 150 000 万元为基础,丙公司向甲公司定向发行本公司普通股 15 000 万股(每股面值 1 元),每股 10 元。有关股份于 20×4 年 12 月 31 日发行,丙公司于当日开始决定乙公司生产经营决策。当日,丙公司每股股票收盘价为 10.2 元,乙公司可辨认净资产公允价值为 150 000 万元。乙公司个别财务报表显示,其 20×4 年实现净利润为 13 000 万元。

(5)甲公司于 20×3 年 1 月 1 日以货币资金 1 000 万元取得了丁公司 10% 的股权,甲公司将取得丁公司 10% 股权作为可供出售金融资产核算。20×3 年 12 月 31 日,该可供出售金融资产的公允价值为 1 200 万元。20×4 年 1 月 1 日,甲公司以货币资金 6 400 万元进一步取得丁公司 50% 的股权,因此取得了对丁公司的控制权,丁公司在该日的可辨认净资产公允价值是12 200万元，原10 %投资在该日的公允价值为1 230万元，2 0 ×4年丁公司宣告分派现金股利1 000万元，甲公司和丁公司属于非同一控制下的两个公司。

(6)其他有关资料：

①本题中各公司适用的所得税税率均为25%，除所得税外，不考虑其他因素。

②乙公司没有子公司和其他被投资单位，在甲公司取得其控制权后未进行利润分配，除所实现净利润外，无其他影响所有者权益变动的事项。

③甲公司取得乙公司控制权后，每年年末对商誉进行的减值测试表明商誉未发生减值。

④甲公司与乙公司均以公历年度作为会一计年度，采用相同的会计政策。

要求：

(1)根据资料(1)和(2)，确定甲公司合并乙公司的类型，并说明理由；如为同一控制下企业合并，确定其合并日，计算企业合并成本及合并日确认长期股权投资应调整所有者权益的金额；如为非同一控制下企业合并，确定其购买日，计算企业合并成本、合并中取得可辨认净资产公允价值及合并中应予确认的合开商誉或计入当期损益的金额。

(2)根据资料(1)，(2)和(3)，判断购入乙公司20%股权是否属于企业合并，并说明理由；计算确定甲公司在其个别财务报表中对乙公司长期股权投资的账面价值并编制相关会计分录；计算确定该项交易发生时乙公司应并入甲公司合并财务报表的可辨认净资产价值及该交易对甲公司合并资产负债表中所有者权益项目的影响金额；计算20×3年12月31日合并报表中的商誉。

(3)根据资料(1)，(2)，(3)和(4)，确定丙公司合并乙公司的类型，说明理由；确定该项合并的购买日或合并日，计算乙公司应纳入丙公司合并财务报表的净资产价值并编制丙公司确认对乙公司长期股权投资的会计分录。

(4)根据资料(5)，计算下列项目：①甲公司20×4年1月1日个别财务报表中对丁公司长期股权投资的账面价值；②若购买日编制合并财务报表，合并财务报表工作底稿中应调整的长期股权投资的账面金额；③合并报表中应确认的商誉；④20×4年个别报表中应确认的投资收益。

# 第八章　企业合并会计(三)——购并日后的合并财务报表

本章介绍了集团内部经济业务事项的分类、内部交易事项的抵销以及资产负债表、利润表、现金流量表和所有者权益变动表的编制。

**【考核知识点】**

集团内部经济业务事项的分类;合并财务报表编制的抵销项目;集团内部权益性投资的抵销;集团内部债权性投资的抵销;内部交易已实现内部利润和未实现内部利润;集团内部存货交易的抵销;内部固定资产交易的抵销;内部无形资产交易的抵销;内部债权债务项目的抵销;集团公司内部个别财务报表资料;编制合并工作底稿的抵销会计分录;编制合并工作底稿;编制合并财务报表;合并现金流量表的编制;合并现金流量表编制方法的应用。

**【重要概念】**

内部经济业务事项　抵销项目　合并财务报表　工作底稿

## 第一节　集团内部经济业务事项的分类及抵销项目

### 一、集团内部经济业务事项的分类

集团内部经济业务事项包括长期股权投资与所有者权益、内部商品交易、内部债权债务、内部固定资产交易、内部无形资产交易以及所得税会计等相关的抵销处理。

### 二、合并财务报表编制的抵销项目

#### (一)编制合并资产负债表需要调整抵销的项目

合并资产负债表应当以母公司和子公司的资产负债表为基础,在抵销母公司与子公司、子公司相互之间发生的内部交易对合并资产负债表的影响后,由母公司合并编制。个别资产负债表则是以单个企业为会计主体进行会计核算的结果,它从母公司本身或从子公司本身的角度对自身的财务状况进行反映。对于企业集团内部发生的经济业务,从发生内部经济业务的企业来看,发生经济业务的两方都在其个别资产负债表中进行了反映。例如,集团内部母公司与子公司之间发生的赊购赊销业务,对于赊销企业来说,一方面,确认营业收入、结转营业成本、计算营业利润,并在其个别资产负债表中反映为应收账款;而对于赊购企业来说,在内部购入的存货未实现对外销售的情况下,则在其个别资产负债表中反映为存货和应付账款。在这种情况下,资产、负债和所有者权益类各项目的加总数额中,必然包含有重复计算的因素。作为反映企业集团整体财务状况的合并资产负债表,必须将这些重复计算的因素予以扣除,对这些重复的因素进行抵销处理。这些需要扣除的得复因素,就是合并财务报表编制时需要进行抵销处理的项目。

1. 编制合并资产负债表时需要进行抵销处理的项目

（1）母公司对子公司的长期股权投资与母公司在子公司所有者权益中所享有的份额应当相互抵销，同时抵销相应的长期股权投资减值准备。

子公司持有母公司的长期股权投资，应当视为企业集团的库存股，作为所有者权益的减项，在合并资产负债表中所有者权益项目下以“减：库存股”项目列示。

子公司相互之间持有的长期股权投资，应当比照母公司对子公司的股权投资的抵销方法，将长期股权投资与其对应的子公司所有者权益中所享有的份额相互抵销。

（2）母公司与子公司、子公司相互之间的债权与债务项目应当相互抵销，同时抵销相应的减值准备。

（3）母公司与子公司、子公司相互之间销售商品（或提供劳务，下同）或其他方式形成的存货、固定资产、工程物资、在建工程、无形资产等所包含的未实现内部销售损益应当抵销。

对存货、固定资产、工程物资、在建工程和无形资产等计提的跌价准备或减值准备与未实现内部销售损益相关的部分应当抵销。

（4）母公司与子公司、子公司相互之间发生的其他内部交易对合并资产负债表的影响应当抵销。

（5）因抵销未实现内部销售损益导致合并资产负债表中资产、负债的账面价值与其在所属纳税主体的计税基础之间产生暂时性差异的，在合并资产负债表中应当确认递延所得税资产或递延所得税负债，同时调整合并利润表中的所得税费用，但与直接计入所有者权益的交易或事项及企业合并相关的递延所得税除外。

2. 少数股东权益的处理

子公司所有者权益中不属于母公司的份额，应当作为少数股东权益，在合并资产负债表中所有者权益项目下以“少数股东权益”项目列示。

3. 报告期内增减子公司的处理

（1）母公司在报告期内因同一控制下企业合并增加的子公司以及业务，编制合并资产负债表时，应当调整合并资产负债表的期初数，同时应当对比较报表的相关项目进行调整，视同合并后的报告主体自最终控制方开始控制时点起一直存在。

（2）因非同一控制下企业合并或其他方式增加的子公司以及业务，编制合并资产负债表时，不应当调整合并资产负债表的期初数。

（3）母公司在报告期内处置子公司以及业务，编制合并资产负债表时，不应当调整合并资产负债表的期初数。

### （二）编制合并利润表需要调整抵销的项目

合并利润表应当以母公司和子公司的利润表为基础，在抵销母公司与子公司、子公司相互之间发生的内部交易对合并利润表的影响后，由母公司合并编制。利润表以单个企业为会计主体进行会计核算的结果，它从母公司本身或从子公司本身反映一定会计期间经营成果的开成及其分配情况，它从母公司本身或从子公司本身反映一定会计期经营成果的形成及其分配情况。在以其个别利润表及个别所有者权益变动表为基础计算的收益和费用等项目的加总数额中，也必然包含有重复计算的因素。在编制合并利润表时，需要将这些重复的因素予以扣除。

1. 编制合并利润表时需要进行抵销处理的项目

(1)母公司与子公司、子公司相互之间销售商品所产生的营业收入和营业成本应当抵销。

母公司与子公司、子公司相互之间销售商品，期末全部实现对外销售的，应当将购买方的营业成本与销售方的营业收入相互抵销。

母公司与子公司、子公司相互之间销售商品，期末未实现对外销售而形成存货、固定资产、工程物资、在建工程、无形资产等资产的，在抵销销售商品的营业成本和营业收入的同时，应当将各项资产所包含的未实现内部销售损益予以抵销。

(2)在对母公司与子公司、子公司相互之间销售商品形成的固定资产或无形资产所包含的未实现内部销售损益进行抵销的同时，也应当对固定资产的折旧额或无形资产的摊销额与未实现内部销售损益相关的部分进行抵销。

(3)母公司与子公司、子公司相互之间持有对方债券所产生的投资收益、利息收入及其他综合收益等，应当与其相对应的发行方利息费用相互抵销。

(4)母公司对子公司、子公司相互之间持有对方长期股权投资的投资收益应当抵销。

(5)母公司与子公司、子公司相互之间发生的其他内部交易对合并利润表的影响应当抵销。

2. 少数股东权益的处理

(1)子公司当期净损益中属于少数股东权益的份额，应当在合并利润表中净利润项目下以“少数股东损益”项目列示。

(2)子公司当期综合收益中属于少数股东权益的份额，应当在合并利润表中综合收益总额项目下以“归属于少数股东的综合收益总额”项目列示。

(3)子公司少数股东分担的当期亏损超过了少数股东在该子公司期初所有者权益中所享有的份额的，其余额仍应当冲减少数股东权益。

3. 集团内出售资产所发生的未实现内部交易损益的处理

(1)母公司向子公司出售资产所发生的未实现内部交易损益，应当全额抵销“归属于母公司所有者的净利润”。

(2)子公司向母公司出售资产所发生的未实现内部交易损益，应当按照母公司对该子公司的分配比例在“归属于母公司所有者的净利润”和“少数股东损益”之间分配抵销。

(3)子公司之间出售资产所发生的未实现内部交易损益，应当按照母公司对出售方子公司的分配比例在“归属于母公司所有者的净利润”和“少数股东损益”之间分配抵销。

4. 报告期内增减子公司的处理

(1)母公司在报告期内因同一控制下企业合并增加的子公司以及业务，应当将该子公司以及业务合并当期期初至报告期末的收入、费用、利润纳入合并利润表，同时应当对比较报表的相关项目进行调整，视同合并后的报告主体自最终控制方开始控制时点起一直存在。

(2)因非同一控制下企业合并或其他方式增加的子公司以及业务，应当将该子公司以及业务购买日至报告期末的收入、费用、利润纳入合并利润表。

(3)母公司在报告期内处置子公司以及业务，应当将该子公司以及业务期初至处置日的收入、费用、利润纳入合并利润表。

### （三）编制合并现金流量表需要调整抵销的项目

合并现金流量表应当以母公司和子公司的现金流量表为基础，在抵销母公司与子公司、子公司相互之间发生的内部交易对合并现金流量表的影响后，由母公司合并编制。

1. 编制合并现金流量表时需要进行抵销处理的项目

（1）母公司与子公司、子公司相互之间当期以现金投资或收购股权增加的投资所产生的现金流量应当抵销。

（2）母公司与子公司、子公司相互之间当期取得投资收益、利息收入收到的现金，应当与分配股利、利润或偿付利息支付的现金相互抵销。

（3）母公司与子公司、子公司相互之间以现金结算债权与债务所产生的现金流量应当抵销。

（4）母公司与子公司、子公司相互之间当期销售商品所产生的现金流量应当抵销。

（5）母公司与子公司、子公司相互之间处置固定资产、无形资产和其他长期资产收回的现金净额，应当与购建固定资产、无形资产和其他长期资产支付的现金相互抵销。

（6）母公司与子公司、子公司相互之间当期发生的其他内部交易所产生的现金流量应当抵销。

2. 报告期内增减子公司的处理

（1）母公司在报告期内因同一控制下企业合并增加的子公司以及业务，应当将该子公司以及业务合并当期期初至报告期末的现金流量纳入合并现金流量表，同时应当对比较报表的相关项目进行调整，视同合并后的报告主体自最终控制方开始控制时点起一直存在。

（2）因非同一控制下企业合并增加的子公司以及业务，应当将该子公司购买日至报告期末的现金流量纳入合并现金流量表。

（3）母公司在报告期内处置子公司以及业务，应当将该子公司以及业务期初至处置日的现金流量纳入合并现金流量表。

合并现金流量表及其补充资料也可以根据合并资产负债表和合并利润表进行编制。

### （四）编制合并所有者权益变动表需要调整抵销的项目

合并所有者权益变动表应当以母公司和子公司的所有者权益变动表为基础，在抵销母公司与子公司、子公司相互之间发生的内部交易对合并所有者权益变动表的影响后，由母公司合并编制。

具体抵销项目有：

（1）母公司对子公司的长期股权投资应当与母公司在子公司所有者权益中所享有的份额相互抵销。

子公司持有母公司的长期股权投资以及子公司相互之间持有的长期股权投资，应当按照本准则第三十条规定处理。

（2）母公司对子公司、子公司相互之间持有对方长期股权投资的投资收益应当抵销。

（3）母公司与子公司、子公司相互之间发生的其他内部交易对所有者权益变动的影响应当抵销。

合并所有者权益变动表也可以根据合并资产负债表和合并利润表进行编制。

有少数股东的，应当在合并所有者权益变动表中增加“少数股东权益”栏目，反映少数股东权益变动的情况。

## 第二节　同一控制下取得子公司合并日后合并财务报表的编制

编制合并日后合并财务报表时，首先，将母公司对子公司长期股权投资由成本法核算的结果调整为权益法核算的结果，使母公司对子公司长期股权投资项目反映期在子公司所有者权益中所拥有权益的变动情况；其次，将母公司对子公司长期股权投资项目与子公司所有者权益项目等内部交易相关的项目进行抵销处理，将内部交易对个别财务报表的影响予以抵销；最后，在编制合并日合并工作底稿的基础上，编制合并财务报表。

### 一、将长期股权投资成本法核算调整为权益法核算

将成本法核算调整为权益法核算时，应当自取得对子公司长期股权投资的年度起，逐年按照子公司当年实现的净利润中属于母公司享有的份额，调整增加对子公司长期股权投资的金额，并调整增加当年投资收益；对于子公司当期分派的现金股利或宣告分派的股利中母公司享有的份额，则调整冲减长期股权投资的账面价值，同时调整减少原投资收益。之所以要按子公司分派或宣告分派的现金股利调整减少投资收益，是因为在成本法核算的情况下，母公司在当期的财务报表中已按子公司分派或宣告分派的现金股利确认投资收益。

在取得子公司长期股权投资的第二年，将成本法调整为权益法核算的结果时，则在调整计算第一年年末权益法核算的对子公司长期股权投资的金额的基础上，按第二年子公司实现的净利润中母公司所拥有的份额，调整长期股权投资的金额；按子公司分派或宣告分派的现金股利中母公司所拥有的份额，调减长期股权投资的金额。以后年度的调整，则比照上述做法进行调整处理。

子公司除净损益以外年有者权益的其他变动，在按照权益法对成本法核算的结果进行调整时，应当根据子公司本期除损益以外的所有者权益的其他变动而计入资本公积的金额中所享有的金额，对长期股权投资的金额进行调整，即按照子公司当期计入资本公积的金额中母公司所拥有的份额，在增加长期股权投资的金额的同时，增加自身资本公积。在以后年度将成本法调整为权益法核算的结果时，也必须考虑这一因素对长期股权投资的金额进行调整。

**【例 8－1】**　接【例 7－1】甲公司于 20×2 年 1 月 1 日，以 28 600 万元的价格取得 A 公司 80% 的股权，使其成为子公司。甲公司和 A 公司 20×2 年度个别财务报表如表 8－1、表 8－2 和表 8－3 所示。

A 公司 20×2 年 1 月 1 日股东权益总额为 32 000 万元，其中股本为 20 000 万元，资本公积为 8 000 万元，盈余公积为 1 200 万元，未分配利润为 2 800 万元；20×2 年 12 月 31 日，股东权益总额为 38 000 万元，其中股本为 20 000 万元，资本公积为 8 000 万元，盈余公积为 3 200 万元，未分配利润为 6 800 万元。

A 公司 20×2 年全年实现净利润 10 500 万元，经公司董事会提议并经股东会批准，20×2 年提取盈余公积 2 000 万元，向股东宣告分派现金股利 4 500 万元。

本例中，A 公司当年实现净利润 10 500 万元，经公司董事会提议并经股东会批准，20×2 年提取盈余公积 2 000 万元，向股东宣告分派现金股利 4 500 万元。甲公司对 A 公司长期

股权投资取得时的账面价值为25 600万元，20×2年12月31日仍为25 600万元，甲公司当年确认投资收益3 600万元。

将成本法核算的结果调整为权益法核算的结果，相关的调整分录如下：

借：长期股权投资　　　　　　8 400 ①

　　贷：投资收益　　　　　　　　8 400

借：投资收益　　　　　　　　3 600 ②

　　贷：长期股权投资　　　　　　3 600

经过上述调整分录后，甲公司对A公司长期股权投资的账面价值为30 400万元（25 600 +8 400 -3 600）。甲公司对A公司长期股权投资账面价值30 400万元正好与母公司在A公司股东权益所拥有的份额相等。

**表8-1　资产负债表**

会企01表

编制单位：　　　　20×2年12月31日　　　　单位：万元

| 资　　产 | 甲公司 | A公司 | 负债和所有者权益（或股东权益） | 甲公司 | A公司 |
|---|---|---|---|---|---|
| 流动资产： | | | 流动负债： | | |
| 货币资金 | 5 700 | 6 500 | 短期借款 | 10 000 | 4 800 |
| 交易性金融资产 | 3 000 | 5 000 | 交易性金融负债 | 4 000 | 2 400 |
| 应收票据 | 7 200 | 3 600 | 应付票据 | 13 000 | 3 600 |
| 应收账款 | 8 500 | 5 100 | 应付账款 | 18 000 | 5 200 |
| 预付款项 | 1 500 | 2 500 | 预收款项 | 4 000 | 3 900 |
| 应收股利 | 4 800 | 0 | 应付职工薪酬 | 5 000 | 1 600 |
| 其他应收款 | 500 | 1 300 | 应缴税费 | 2 700 | 1 400 |
| 存货 | 37 000 | 18 000 | 应付股利 | 5 000 | 4 500 |
| 其他流动资产 | 1 800 | 1 000 | 其他应付款 | 300 | 700 |
| 流动资产合计 | 70 000 | 43 000 | 其他流动负债 | 2 000 | 900 |
| | | | 流动负债合计 | 64 000 | 29 000 |
| | | | 非流动负债： | | |
| 非流动资产： | | | 长期借款 | 4 000 | 5 000 |
| 可供出售金融资产 | 8 000 | 0 | 应付债券 | 20 000 | 7 000 |
| 持有至到期投资 | 13 000 | 4 000 | 长期应付款 | 6 000 | 0 |
| 长期股权投资 | 40 000 | 0 | 其他非流动负债 | 0 | 0 |
| 固定资产 | 28 000 | 26 000 | 非流动负债合计 | 30 000 | 12 000 |
| 在建工程 | 13 000 | 4 200 | 负债合计 | 94 000 | 41 000 |
| 无形资产 | 6 000 | 1 800 | | | |
| 商誉 | 2 000 | 0 | 股东权益： | | |

表 8-1(续)

| 资产 | 甲公司 | A 公司 | 负债和所有者权益（或股东权益） | 甲公司 | A 公司 |
|---|---|---|---|---|---|
| 其他非流动资产 | 0 | 0 | 股本 | 40 000 | 20 000 |
| 非流动资产合计 | 110 000 | 36 000 | 资本公积 | 10 000 | 8 000 |
| | | | 盈余公积 | 18 000 | 3 200 |
| | | | 未分配利润 | 18 000 | 6 800 |
| | | | 股东权益合计 | 86 000 | 38 000 |
| 资产总计 | 180 000 | 79 000 | 负债和股东权益总计 | 180 000 | 79 000 |

表 8-2 利 润 表

会企 02 表

编制单位： 20×2 年度 单位：万元

| 项目 | 甲公司 | A 公司 |
|---|---|---|
| 一、营业收入 | 150 000 | 94 800 |
| 减：营业成本 | 96 000 | 73 000 |
| 营业税金及附加 | 1 800 | 1 000 |
| 销售费用 | 5 200 | 3 400 |
| 管理费用 | 6 000 | 3 900 |
| 财务费用 | 1 200 | 800 |
| 资产减值损失 | 600 | 300 |
| 加：公允价值变动损益（损失以“-”号填列） | 0 | 0 |
| 投资收益（损失以“-”号填列） | 9 800 | 200 |
| 二、营业利润（亏损以“-”号填列） | 49 000 | 12 600 |
| 加：营业外收入 | 1 600 | 2 400 |
| 减：营业外支出 | 2 600 | 1 000 |
| 其中：非流动资产处置损失 | | |
| 三、利润总额（亏损总额以“-”号填列） | 48 000 | 14 000 |
| 减：所得税费用 | 12 000 | 3 500 |
| 四、净利润（净亏损以“-”号填列） | 36 000 | 10 500 |
| 五、每股收益： | | |
| （一）基本每股收益 | | |
| （二）稀释每股收益 | | |

表 8－3　股东权益变动表

会企 04 表

编制单位：　　20×2 年度　　单位：万元

| 项目 | 甲公司 | | | | | A 公司 | | | | |
|---|---|---|---|---|---|---|---|---|---|---|
| | 股本 | 资本公积 | 盈余公积 | 未分配利润 | 股东权益合计 | 股本 | 资本公积 | 盈余公积 | 未分配利润 | 股东权益合计 |
| 一、上年年末余额 | 40 000 | 10 000 | 11 000 | 9 000 | 70 000 | 20 000 | 8 000 | 1 200 | 2 800 | 32 000 |
| 加：会计政策变更 | | | | | | | | | | |
| 前期差错更正 | | | | | | | | | | |
| 二、本年年初余额 | 40 000 | 10 000 | 11 000 | 9 000 | 70 000 | 20 000 | 8 000 | 1 200 | 2 800 | 32 000 |
| 三、本年增减变动金额（减少以“－”号填列） | | | | | | | | | | |
| （一）净利润 | | | | 36 000 | 36 000 | | | | 10 500 | 10 500 |
| （二）直接计入股东权益的利得和损失 | | | | | | | | | | |
| 1. 可供出售金融资产公允价值变动净额 | | | | | | | | | | |
| 2. 权益法下被投资单位其他所有者权益变动的影响 | | | | | | | | | | |
| 3. 与计入股东权益项目相关的所得税影响 | | | | | | | | | | |
| 4. 其他 | | | | | | | | | | |
| 上述（一）和（二）小计 | | | | | | | | | | |
| （三）股东投入和减少资本 | | | | | | | | | | |
| 1. 所有者投入资本 | | | | | | | | | | |
| 2. 股份支付计入股东权益的金额 | | | | | | | | | | |
| 3. 其他 | | | | | | | | | | |
| （四）利润分配 | | | | | | | | | | |
| 1. 提取盈余公积 | | | 7 000 | 7 000 | | | | 2 000 | 2 000 | |

表 8－3(续)

| 项　　目 | 甲公司 | | | | | A 公司 | | | | |
|---|---|---|---|---|---|---|---|---|---|---|
| | 股本 | 资本公积 | 盈余公积 | 未分配利润 | 股东权益合计 | 股本 | 资本公积 | 盈余公积 | 未分配利润 | 股东权益合计 |
| 2. 对股东的分配 | | | | 20 000 | 20 000 | | | | 4 500 | 4 500 |
| 3. 其他 | | | | | | | | | | |
| (五)股东权益内部结转 | | | | | | | | | | |
| 1. 资本公积转增股本 | | | | | | | | | | |
| 2. 盈余公积转增股本 | | | | | | | | | | |
| 3. 盈余公积弥补亏损 | | | | | | | | | | |
| 4. 其他 | | | | | | | | | | |
| 四、本年年末余额 | 40 000 | 10 000 | 18 000 | 18 000 | 86 000 | 20 000 | 8 000 | 3 200 | 6 800 | 38 000 |

## 二、合并抵销处理

在合并工作底稿中，按照上述权益法核算的要求，对长期股权投资的金额进行调整后，长期股权投资的金额正好反映母公司在子公司所有者权益中所拥有的份额。要编制合并财务报表，在此基础上还必须按编制合并财务报表的要求进行合并抵销处理，将母公司与子公司之间的内部交易对其个别财务报表的影响予以抵销。

编制合并财务报表时，首先，必须将母公司对子公司长期股权与子公司所有者权益中所拥有的份额予以抵销。根据母公司在子公司所有者权益中拥有份额的多少不同，可以将子公司分为全资子公司和非全资子公司。对于全资子公司，进行抵销处理时将对子公司长期股权投资的金额与子公司所有者权益全额抵销；而对于非全资子公司，则将长期股权投资与子公司所有者权益中母公司所拥有的金额进行抵销，不属于母公司的份额，即属于子公司少数股东的权益，应将其转为少数股东权益。

接【例 8－1】本例经过调整后甲公司对 A 公司长期股权投资的金额为 30 400 万元；A 公司股东权益总额为 38 000 万元，甲公司拥有 80% 的股权，即在子公司股东权益中拥有 30 400万元；其余 20% 则属于少数股东权益。

长期股权投资与子公司所有者权益抵销时，其抵销分录如下：

借：股本　　　　　　　　20 000 ③
　　资本公积　　　　　　8 000
　　盈余公积　　　　　　3 200
　　未分配利润　　　　　6 800

贷:长期股权投资　　　　　　　　30 400

　　少数股东权益　　　　　　　　7 600

其次,还必须将对子公司的投资收益与子公司当年利润分配相抵销,使合并财务报表反映母公司股东权益变动的情况。从单一企业来讲,当年实现的净利润加上年初未分配利润是企业利润分配的来源,企业对其进行分配,提取盈余公积、向股东分配股利以及留待以后年度的未分配利润(未分配利润可以理解为将这部分利润分配到下一会计年度)等,则是利润分配的去向。而子公司当年实现的净利润,可以分为两部分:一部分属于母公司所有,即母公司的投资收益;另一部分则属于少数股东所有,即少数股东本期收益。为了使合并财务报表反映母公司股东权益的变动情况及财务状况,则必须将母公司投资收益、少数股东收益和期初未分配利润与子公司当年利润分配以及未分配利润的金额相抵销。

甲公司进行上述抵销处理时,其抵销分录如下:

借:投资收益　　　　　　　　8 400 ④

　少数股东损益　　　　　　　2 100

　未分配利润(年初　　　　　2 800

　贷:提取盈余公积　　　　　　　2 000

　　向股东分配利润　　　　　　　4 500

　　未分配利润　　　　　　　　　6 800

另外,本例中A公司本年宣告分派现金股利4 500万元,股利款项尚未支付,A公司已将其计列应付股利4 500万元。甲公司根据A公司宣告的分派现金股利的公告,按照其所享有的金额,已确认应收股利,并在其资产负债表中计列应收股利3 600万元。这属于母公司与子公司之间的债权债务,在编制合并财务报表时必须将其予以抵销,其抵销分录如下:

借:应付股利　　　　　　　　3 600 ⑤

　贷:应收股利　　　　　　　　　3 600

根据上述调整分录①和②和抵销分录③至⑤,编制合并工作底稿如表8-4所示。

**表8-4　合并工作底稿**

20×2年度　　　　　　　　单位:万元

| 项　目 | 母公司 | 子公司 | 合计数 | 调整分录 | | 抵销分录 | | 数股东权益 | 合并数 |
|---|---|---|---|---|---|---|---|---|---|
| | | | | 借方 | 贷方 | 借方 | 贷方 | | |
| 流动资产: | | | | | | | | | |
| 货币资金 | 5 700 | 6 500 | 12 200 | | | | | | 12 200 |
| 交易性金融资产 | 3 000 | 5 000 | 8 000 | | | | | | 8 000 |
| 应收票据 | 7 200 | 3 600 | 10 800 | | | | | | 10 800 |
| 应收账款 | 8 500 | 5 100 | 13 600 | | | | | | 13 600 |
| 预付款项 | 1 500 | 2 500 | 4 000 | | | | | | 4 000 |
| 应收股利 | 4 800 | 0 | 4 800 | | | | 3 600⑤ | | 1 200 |
| 其他应收款 | 500 | 1 300 | 1 800 | | | | | | 1 800 |
| 存货 | 37 000 | 18 000 | 55 000 | | | | | | 55 000 |

表 8－4(续)

| 项目 | 母公司 | 子公司 | 合计数 | 调整分录 | | 抵销分录 | | 数股东权益 | 合并数 |
|---|---|---|---|---|---|---|---|---|---|
| | | | | 借方 | 贷方 | 借方 | 贷方 | | |
| 其他流动资产 | 1 800 | 1 000 | 2 800 | | | | | | 2 800 |
| 流动资产合计 | 70 000 | 43 000 | 113 000 | | | | 3 600 | | 109 400 |
| 非流动资产： | | | | | | | | | |
| 可供出售金融资产 | 8 000 | 0 | 8 000 | | | | | | 8 000 |
| 持有至到期投资 | 13 000 | 4 000 | 17 000 | | | | | | 17 000 |
| 长期股权投资 | 40 000 | 0 | 40 000 | 8 400① | 3 600② | | 30 400③ | | 14 400 |
| 固定资产原价 | 28 000 | 26 000 | 54 000 | | | | | | 54 000 |
| 在建工程 | 13 000 | 4 200 | 17 200 | | | | | | 17 200 |
| 无形资产 | 6 000 | 1 800 | 7 800 | | | | | | 7 800 |
| 商誉 | 2 000 | 0 | 2 000 | | | | | | 2 000 |
| 其他非流动资产 | 0 | 0 | 0 | | | | | | 0 |
| 非流动资产合计 | 110 000 | 36 000 | 146 000 | 8 400 | 3 600 | | 30 400 | | 120 400 |
| 资产合计 | 180 000 | 79 000 | 259 000 | 8 400 | 3 600 | | 34 000 | | 229 800 |
| 流动负债： | | | | | | | | | |
| 短期借款 | 10 000 | 4 800 | 14 800 | | | | | | 14 800 |
| 交易性金融负债 | 4 000 | 2 400 | 6 400 | | | | | | 6 400 |
| 应付票据 | 13 000 | 3 600 | 16 600 | | | | | | 16 600 |
| 应付账款 | 18 000 | 5 200 | 23 200 | | | | | | 23 200 |
| 预收款项 | 4 000 | 3 900 | 7 900 | | | | | | 7 900 |
| 应付职工薪酬 | 5 000 | 1 600 | 6 600 | | | | | | 6 600 |
| 应缴税费 | 2 700 | 1 400 | 4 100 | | | | | | 4 100 |
| 应付股利 | 5 000 | 4 500 | 9 500 | | | 3 600⑤ | | | 5 900 |
| 其他应付款 | 300 | 700 | 1 000 | | | | | | 1 000 |
| 其他流动负债 | 2 000 | 900 | 2 900 | | | | | | 2 900 |
| 流动负债合计 | 64 000 | 29 000 | 93 000 | | | 3 600 | | | 89 400 |
| 非流动负债： | | | | | | | | | |
| 长期借款 | 4 000 | 5 000 | 9 000 | | | | | | 9 000 |
| 应付债券 | 20 000 | 7 000 | 27 000 | | | | | | 27 000 |
| 长期应付款 | 6 000 | 0 | 6 000 | | | | | | 6 000 |
| 其他非流动负债 | 0 | 0 | 0 | | | | | | 0 |
| 非流动负债合计 | 30 000 | 12 000 | 42 000 | | | | | | 42 000 |

表 8－4（续）

| 项　目 | 母公司 | 子公司 | 合计数 | 调整分录 | | 抵销分录 | | 数股东权益 | 合并数 |
|---|---|---|---|---|---|---|---|---|---|
| | | | | 借方 | 贷方 | 借方 | 贷方 | | |
| 负债合计 | 94 000 | 41 000 | 135 000 | | | 3 600 | | | 131 400 |
| 股东权益： | | | | | | | | | |
| 股本 | 40 000 | 20 000 | 60 000 | | | 20 000③ | | | 40 000 |
| 资本公积 | 10 000 | 8 000 | 18 000 | | | 8 000③ | | | 10 000 |
| 盈余公积 | 18 000 | 3 200 | 21 200 | | | 3 200③ | | | 18 000 |
| 未分配利润（见本表最后） | | | | | | | | | |
| 股东权益合计 | 86 000 | 38 000 | 124 000 | | | 41 600 | | | 90 800 |
| 少数股东权益 | | | | | | | | 7 600③ | 7 600 |
| 负债和股东权益总计 | 180 000 | 79 000 | 259 000 | | | | | | 229 800 |
| 利润表 | | | | | | | | | |
| 一、营业收入 | 150 000 | 94 800 | 244 800 | | | | | | 244 800 |
| 减：营业成本 | 96 000 | 73 000 | 169 000 | | | | | | 169 000 |
| 营业税金及附加 | 1 800 | 1 000 | 2 800 | | | | | | 2 800 |
| 销售费用 | 5 200 | 3 400 | 8 600 | | | | | | 8 600 |
| 管理费用 | 6 000 | 3 900 | 9 900 | | | | | | 9 900 |
| 财务费用 | 1 200 | 800 | 2 000 | | | | | | 2 000 |
| 资产减值损失 | 600 | 300 | 900 | | | | | | 900 |
| 加：公允价值变动收益 | 0 | 0 | 0 | | | | | | 0 |
| 投资收益 | 9 800 | 200 | 10 000 | 3 600② | 8 400① | 8 400④ | | | 6 400 |
| 二、营业利润 | 49 000 | 12 600 | 61 600 | 3 600 | 8 400 | 8 400 | | | 58 000 |
| 加：营业外收入 | 1 600 | 2 400 | 4 000 | | | | | | 4 000 |
| 减：营业外支 | 2 600 | 1 000 | 3 600 | | | | | | 3 600 |
| 三、利润总额 | 48 000 | 14 000 | 62 000 | 3 600 | 8 400 | 8 400 | | | 58 400 |
| 减：所得税费用 | 12 000 | 3 500 | 15 500 | | | | | | 15 500 |
| 四、净利润 | 36 000 | 10 500 | 46 500 | 3 600 | 8 400 | 8 400 | | | 42 900 |
| 少数股东损益 | | | | | | | | 2 100④ | 2 100 |
| 归属于母公司股东损益 | | | | | | | | | 40 800 |
| 一、年初未分配利润 | 9 000 | 2 800 | 11 800 | | | 2 800④ | | | 9 000 |
| 二、本年增减变动金额 | | | | | | | | | |
| 三、利润分配 | | | | | | | | | |

表 8－4(续)

| 项　目 | 母公司 | 子公司 | 合计数 | 调整分录 | | 抵销分录 | | 数股东权益 | 合并数 |
|---|---|---|---|---|---|---|---|---|---|
| | | | | 借方 | 贷方 | 借方 | 贷方 | | |
| 1. 提取盈余公积 | 7 000 | 2 000 | 9 000 | | | | 2 000④ | | 7 000 |
| 2. 对股东的分配 | 20 000 | 4 500 | 24 500 | | | | 4 500④ | | 20 000 |
| 四、年末未分配利润 | 18 000 | 6 800 | 24 800 | 3 600 | 8 400 | 6 800③<br>18 000 | 6 800④<br>13 300 | 2 100 | 22 800* |

注：*22 800＝24 800＋(8 400－3 600)＋(13 300－18 000)－2 100

## 三、编制合并财务报表

### (一)合并资产负债表(表 8－5)

表 8－5　合并资产负债表　　会合 01 表

编制单位：甲公司　　20×2 年 12 月 31 日　　单位：万元

| 资　　产 | 期末余额 | 年初余额 | 负债和所有者权益（或股东权益） | 期末余额 | 年初余额 |
|---|---|---|---|---|---|
| 流动资产： | | | 流动负债： | | |
| 货币资金 | 12 200 | | 短期借款 | 14 800 | |
| 交易性金融资产 | 8 000 | | 交易性金融负债 | 6 400 | |
| 应收票据 | 10 800 | | 应付票据 | 16 600 | |
| 应收账款 | 13 600 | | 应付账款 | 23 200 | |
| 预付款项 | 4 000 | | 预收款项 | 7 900 | |
| 应收股利 | 1 200 | | 应付职工薪酬 | 6 600 | |
| 其他应收款 | 1 800 | | 应缴税费 | 4 100 | |
| 存货 | 55 000 | | 应付股利 | 5 900 | |
| 其他流动资产 | 2 800 | | 其他应付款 | 1 000 | |
| 流动资产合计 | 109 400 | | 其他流动负债 | 2 900 | |
| | | | 流动负债合计 | 89 400 | |
| | | | 非流动负债： | | |
| 非流动资产： | | | 长期借款 | 9 000 | |
| 可供出售金融资产 | 8 000 | | 应付债券 | 27 000 | |
| 持有至到期投资 | 17 000 | | 长期应付款 | 6 000 | |
| 长期股权投资 | 14 400 | | 其他非流动负债 | 0 | |
| 固定资产 | 54 000 | | 非流动负债合计 | 42 000 | |

表 8－5(续)

| 资　　产 | 期末余额 | 年初余额 | 负债和所有者权益（或股东权益） | 期末余额 | 年初余额 |
|---|---|---|---|---|---|
| 在建工程 | 17 200 | | 负债合计 | 131 400 | |
| 无形资产 | 7 800 | | | | |
| 商誉 | 2 000 | | 股东权益： | | |
| 其他非流动资产 | 0 | | 股本 | 40 000 | |
| 非流动资产合计 | 120 400 | | 资本公积 | 10 000 | |
| | | | 盈余公积 | 18 000 | |
| | | | 未分配利润 | 22 800 | |
| | | | 归属于母公司股东权益合计 | | 90 800 |
| | | | 少数股东权益 | | 7 600 |
| 资产总计 | 229 800 | | 负债和股东权益总计 | | 229 800 |

## （二）合并利润表（表 8－6）

表 8－6　合并利润表　　会合 02 表

编制单位：甲公司　　20×2 年度　　单位：万元

| 项　　目 | 本年金额 | 上年金额 |
|---|---|---|
| 一、营业收入 | 244 800 | |
| 减：营业成本 | 169 000 | |
| 营业税金及附加 | 2 800 | |
| 销售费用 | 8 600 | |
| 管理费用 | 9 900 | |
| 财务费用 | 2 000 | |
| 资产减值损失 | 900 | |
| 加：公允价值变动收益（损失以“－”号填列） | 0 | |
| 投资收益（损失以“－”号填列） | 6 400 | |
| 二、营业利润（亏损以“－”号填列） | 58 000 | |
| 加：营业外收入 | 4 000 | |
| 减：营业外支出 | 3 600 | |
| 其中：非流动资产处置损失 | 0 | |
| 三、利润总额（亏损总额以“－”号填列） | 58 400 | |
| 减：所得税费用 | 15 500 | |
| 四、净利润（净亏损以“－”号填列） | 42 900 | |

**表 8－6**(续)

| 项　　目 | 本年金额 | 上年金额 |
|---|---|---|
| 归属于母公司股东的净利润 | 40 800 | |
| 少数股东损益 | 2 100 | |
| 五、每股收益: | | |
| (一)基本每股收益 | | |
| (二)稀释每股收益 | | |

## (三)合并股东权益变动表(表 8－7)

**表 8－7　合并股东权益变动表**　　会合 04 表

编制单位:甲公司　　20×2 年度　　单位:万元

| 项　　目 | 本年金额 | | | | | | | 上年金额 | | | | | | |
|---|---|---|---|---|---|---|---|---|---|---|---|---|---|---|
| | 归属于母公司股东权益 | | | | | 少数股东权益 | 股东权益合计 | 归属于母公司股东权益 | | | | | 少数股东权益 | 股东权益合计 |
| | 股本 | 资本公积 | 盈余公积 | 未分配利润 | 其他 | | | 股本 | 资本公积 | 盈余公积 | 未分配利润 | 其他 | | |
| 一、上年年末余额 | 40 000 | 10 000 | 11 000 | 9 000 | | | 70 000 | | | | | | | |
| 加:会计政策变更 | | | | | | 6 400 | 6 400 | | | | | | | |
| 前期差错更正 | | | | | | | | | | | | | | |
| 二、本年年初余额 | 40 000 | 10 000 | 11 000 | 9 000 | | 6 400 | 76 400 | | | | | | | |
| 三、本年增减变动金额(减少以“－”号填列) | | | | 40 800 | | 2 100 | 42 900 | | | | | | | |
| (一)净利润 | | | | 40 800 | | 2 100 | 42 900 | | | | | | | |
| (二)直接计入股东权益的利得和损失 | | | | | | | | | | | | | | |
| 1. 可供出售金融资产公允价值变动净额 | | | | | | | | | | | | | | |
| 2. 权益法下被投资单位其他所有者权益变动的影响 | | | | | | | | | | | | | | |

表 8－7（续）

| 项目 | 本年金额 | | | | | | | 上年金额 | | | | | | |
|---|---|---|---|---|---|---|---|---|---|---|---|---|---|---|
| | 归属于母公司股东权益 | | | | | 少数股东权益 | 股东权益合计 | 归属于母公司股东权益 | | | | | 少数股东权益 | 股东权益合计 |
| | 股本 | 资本公积 | 盈余公积 | 未分配利润 | 其他 | | | 股本 | 资本公积 | 盈余公积 | 未分配利润 | 其他 | | |
| 3. 与计入股东权益项目相关的所得税影响 | | | | | | | | | | | | | | |
| 4. 其他 | | | | | | | | | | | | | | |
| 上述（一）和（二）小计 | | | | 40 800 | | 2 100 | 42 900 | | | | | | | |
| （三）股东投入和减少资本 | | | | | | | | | | | | | | |
| 1. 所有者投入资本 | | | | | | | | | | | | | | |
| 2. 股份支付计入股东权益的金额 | | | | | | | | | | | | | | |
| 3. 其他 | | | | | | | | | | | | | | |
| （四）利润分配 | | | 7 000 | 27 000 | | 900 | 20 900 | | | | | | | |
| 1. 提取盈余公积 | | | 7 000 | 7 000 | | | | | | | | | | |
| 2. 对股东的分配 | | | | 20 000 | | 900 | 20 900 | | | | | | | |
| 3. 其他 | | | | | | | | | | | | | | |
| （五）股东权益内部结转 | | | | | | | | | | | | | | |
| 1. 资本公积转增股本 | | | | | | | | | | | | | | |
| 2. 盈余公积转增股本 | | | | | | | | | | | | | | |
| 3. 盈余公积弥补亏损 | | | | | | | | | | | | | | |
| 4. 其他 | | | | | | | | | | | | | | |
| 四、本年年末余额 | 40 000 | 10 000 | 18 000 | 22 800 | — | 7 600 | 98 400 | | | | | | | |

# 第三节 非同一控制下取得子公司合并日后合并财务报表的编制

母公司在非同一控制下取得子公司后，在未来持有该子公司的情况下，每一会计期末都需要将其纳入合并范围，编制合并财务报表。

## 一、合并日后当年合并财务报表的编制

在对非同一控制下取得的子公司编制合并财务报表时，首先应当以购买日确定的各项可辨认资产、负债及或有负债的公允价值为基础对子公司的财务报表进行调整。其次，将母公司对子公司的长期股权投资采用成本法核算的结果，调整为权益法核算的结果，对公司的财务报表进行相应的调整。再次，则是通过编制合并抵销分录。将母公司对子公司长期股权投资与子公司所有者权益等内部交易对个别财务报表的影响予以抵销。最后，则是在编制合并工作底稿的基础上，计算合并财务报表各项目的合并数，编制合并财务报表。

**【例 8－2】** 接【例 7－2】，甲公司 20×1 年 1 月 1 日以定向增发普通股票的方式，购买持有 A 公司 70% 的股权。甲公司对 A 公司长期股权投资的金额为 29 500 万元，甲公司购买日编制的合并资产负债表中确认合并商誉 4 300 万元。

甲公司和 A 公司 20×1 年 12 月 31 日个别资产负债表、利润表和股东权益变动表如表 8－8、表 8－9 和表 8－10 所示。

**表 8－8 资产负债表**

会企 01 表

编制单位： 20×2 年 12 月 31 日 单位：万元

| 资　　产 | 甲公司 | A 公司 | 负债和所有者权益（或股东权益） | 甲公司 | A 公司 |
|---|---|---|---|---|---|
| 流动资产： | | | 流动负债： | | |
| 货币资金 | 5 700 | 6 500 | 短期借款 | 10 000 | 4 800 |
| 交易性金融资产 | 3 000 | 5 000 | 交易性金融负债 | 4 000 | 2 400 |
| 应收票据 | 7 200 | 3 600 | 应付票据 | 13 000 | 3 600 |
| 应收账款 | 8 500 | 5 100 | 应付账款 | 18 000 | 5 200 |
| 预付款项 | 1 500 | 2 500 | 预收款项 | 4 000 | 3 900 |
| 应收股利 | 4 800 | 0 | 应付职工薪酬 | 5 000 | 1 600 |
| 其他应收款 | 500 | 1 300 | 应缴税费 | 2 700 | 1 400 |
| 存货 | 37 000 | 18 000 | 应付股利 | 5 000 | 4 500 |
| 其他流动资产 | 1 800 | 1 000 | 其他应付款 | 300 | 700 |
| 流动资产合计 | 70 000 | 43 000 | 其他流动负债 | 2 000 | 900 |
| | | | 流动负债合计 | 64 000 | 29 000 |
| | | | 非流动负债： | | |
| 非流动资产： | | | 长期借款 | 4 000 | 5 000 |

表 8 - 8（续）

编制单位：　　　　20×1 年 12 月 31 日　　　　单位：万元

| 资产 | 甲公司 | A 公司 | 负债和所有者权益（或股东权益） | 甲公司 | A 公司 |
|---|---|---|---|---|---|
| 可供出售金融资产 | 9 000 | 0 | 应付债券 | 20 000 | 7 000 |
| 持有至到期投资 | 14 000 | 4 000 | 长期应付款 | 6 000 | 0 |
| 长期股权投资 | 69 500 | 0 | 其他非流动负债 | 0 | 0 |
| 固定资产 | 28 000 | 26 000 | 非流动负债合计 | 30 000 | 12 000 |
| 在建工程 | 13 000 | 4 200 | 负债合计 | 94 000 | 41 000 |
| 无形资产 | 6 000 | 1 800 | | | |
| 商誉 | | | 股东权益： | | |
| 其他非流动资产 | | | 股本 | 50 000 | 20 000 |
| 非流动资产合计 | 139 500 | 36 000 | 资本公积 | 29 500 | 8 000 |
| | | | 盈余公积 | 18 000 | 3 200 |
| | | | 未分配利润 | 18 000 | 6 800 |
| | | | 股东权益合计 | 115 500 | 38 000 |
| 资产总计 | 209 500 | 79 000 | 负债和股东权益总计 | 209 500 | 79 000 |

表 8 - 9　利　润　表　　　　会企 02 表

编制单位：　　　　20×1 年度　　　　单位：万元

| 项　　目 | 甲公司 | A 公司 |
|---|---|---|
| 一、营业收入 | 150 000 | 94 800 |
| 减：营业成本 | 96 000 | 73 000 |
| 营业税金及附加 | 1 800 | 1 000 |
| 销售费用 | 5 200 | 3 400 |
| 管理费用 | 6 000 | 3 900 |
| 财务费用 | 1 200 | 800 |
| 资产减值损失 | 600 | 300 |
| 加：公允价值变动损益（损失以“ - ”号填列） | 0 | 0 |
| 投资收益（损失以“ - ”号填列） | 9 800 | 200 |
| 二、营业利润（亏损以“ - ”号填列） | 49 000 | 12 600 |
| 加：营业外收入 | 1 600 | 2 400 |
| 减：营业外支出 | 2 600 | 1 000 |
| 其中：非流动资产处置损失 | | |
| 三、利润总额（亏损总额以“ - ”号填列） | 48 000 | 14 000 |

表 8-9(续)

| 项目 | 甲公司 | A 公司 |
|---|---|---|
| 减:所得税费用 | 12 000 | 3 500 |
| 四、净利润(净亏损以"-"号填列) | 36 000 | 10 500 |
| 五、每股收益: | | |
| (一)基本每股收益 | | |
| (二)稀释每股收益 | | |

**表 8-10 股东权益变动表**

会企 04 表

编制单位: 20×1 年度 单位:万元

| 项目 | 甲公司 | | | | | A 公司 | | | | |
|---|---|---|---|---|---|---|---|---|---|---|
| | 股本 | 资本公积 | 盈余公积 | 未分配利润 | 股东权益合计 | 股本 | 资本公积 | 盈余公积 | 未分配利润 | 股东权益合计 |
| 一、上年年末余额 | 40 000 | 10 000 | 11 000 | 9 000 | 70 000 | 20 000 | 8 000 | 1 200 | 2 800 | 32 000 |
| 加:会计政策变更 | | | | | | | | | | |
| 前期差错更正 | | | | | | | | | | |
| 二、本年年初余额 | 40 000 | 10 000 | 11 000 | 9 000 | 70 000 | 20 000 | 8 000 | 1 200 | 2 800 | 32 000 |
| 三、本年增减变动金额(减少以"-"号填列) | | | | | | | | | | |
| (一)净利润 | | | | 36 000 | 36 000 | | | | 10 500 | 10 500 |
| (二)直接计入股东权益的利得和损失 | | | | | | | | | | |
| 1. 可供出售金融资产公允价值变动净额 | | | | | | | | | | |
| 2. 权益法下被投资单位其他所有者权益变动的影响 | | | | | | | | | | |
| 3. 与计入股东权益项目相关的所得税影响 | | | | | | | | | | |
| 4. 其他 | | | | | | | | | | |
| 上述(一)和(二)小计 | | | | | | | | | | |

**表 8-10**(续)

编制单位：　　　　　　　　20×1 年度　　　　　　　　单位：万元

| 项　　目 | 甲公司 | | | | | A 公司 | | | | |
|---|---|---|---|---|---|---|---|---|---|---|
| | 股本 | 资本公积 | 盈余公积 | 未分配利润 | 股东权益合计 | 股本 | 资本公积 | 盈余公积 | 未分配利润 | 股东权益合计 |
| (三)股东投入和减少资本 | | | | | | | | | | |
| 1. 所有者投入资本 | 10 000 | 19 500 | | | 29 500 | | | | | |
| 2. 股份支付计入股东权益的金额 | | | | | | | | | | |
| 3. 其他 | | | | | | | | | | |
| (四)利润分配 | | | | | | | | | | |
| 1. 提取盈余公积 | | | 7 000 | 7 000 | | | | 2 000 | 2 000 | |
| 2. 对股东的分配 | | | | 20 000 | 20 000 | | | | 4 500 | 4 500 |
| 3. 其他 | | | | | | | | | | |
| (五)股东权益内部结转 | | | | | | | | | | |
| 1. 资本公积转增股本 | | | | | | | | | | |
| 2. 盈余公积转增股本 | | | | | | | | | | |
| 3. 盈余公积弥补亏损 | | | | | | | | | | |
| 4. 其他 | | | | | | | | | | |
| 四、本年年末余额 | 50 000 | 29 500 | 18 000 | 18 000 | 115 500 | 20 000 | 8 000 | 3 200 | 6 800 | 38 000 |

A 公司在购买日股东权益总额为 32 000 万元，其中股本为 20 000 万元、资本公积为 8 000万元、盈余公积为 1 200 万元、未分配利润为 2 800 万元。A 公司购买日应收账款账面价值为 3 920 万元、公允价值为 3 820 万元；存货的账面价值为 20 000 万元、公允价值为 21 100万元；固定资产账面价值为 18 000 万元、公允价值为 21 000 万元。

A 公司 20×1 年 12 月 31 日股东权益总额为 38 000 万元，其中股本为 20 000 万元、资本公积为 8 000 万元、盈余公积为 3 200 万元、未分配利润为 6 800 万元。A 公司 20× 1 年全年实现净利润 10 500 万元，A 公司当年提取盈余公积 2 000 万元、向股东分配现金股利 4 500万元。截至 20×1 年 12 月 31 日，应收账款按购买口评估确认的金额收回，评估确认的坏账已核销；购买日发生评估增值的存货，当年已全部实现对外销售；购买日固定资产原价评估系公司用办公楼增值，该办公楼采用的折旧方法为年限平均法，该办公楼剩余折旧年限为20年,假定该办公楼评估增值在未来20年内平均摊销。

1. 甲公司20×1年年末编制合并财务报表时相关项目计算

A公司调整后本年净利润=10 500+[100(购买日应收账款公允价值减值的实现而调减资产减值损失)-1100(购买日存货公允价值增值的实现而调增营业成本)-150(固定资产公允价值增值计算的折旧而调增管理费用)]=9 350(万元)。

150万元系固定资产公允价值增值3 000万元按剩余折旧年限摊销。

A公司调整后本年年末未分配利润=2 800(年初)+9 350-2 000(提取盈余公积)-4 500(分派股利)=5 650(万元)。

权益法下甲公司对A公司投资的投资收益=9 350×70%=6 545(万元)。

权益法下甲公司对A公司长期股权投资本年年末余额=29 500+6 545-4 500(分派股利)×70%=32 895(万元)。

少数股东权益=9 350×30%=2 805(万元)。

少数股东权益的年末余额=10 800+2 805-4 500×30%=12 255(万元)。

2. 甲公司20×1年编制合并财务报表时,应当进行抵销处理的调整

(1)按公允价值对A公司财务报表项目进行调整。根据购买日A公司资产和负债的公允价值与账面价值之间的差额,调整A公司相关公允价值变动的资产和负债项目及资本公积项目。在合并工作底稿中,其调整分录如下:

借:存货　　1 100　①
　　固定资产　　3 000
　贷:应收账款　　100
　　资本公积　　4 000

因购买日A公司资产和负债的公允价值与原账面价值之间的差额对A公司本年净利润的影响。调整A公司年初未分配利润及相关项目。之所以进行这一调整,是由于子公司个别财务报表是按其资产,负债的原账面价值为基础编制的,其当期计算的净利润也是其资产、负债的原账面价值为基础计算的结果,而公允价值与原账面价值存在差额的资产或负债。在经营过程中因使用、销售或偿付而实现其公允价值,其实现的公允价值对子公司当期净利润的影响需要在净利润计算中予以反映。在合并工作底稿中其调整分录如下:

借:营业成本　　1 100　②
　　管理费用　　150
　　应收账款　　100
　贷:存货　　1 100
　　固定资产　　150
　　资产减值损失　　100

(2)按照权益法对甲公司财务报表项目进行调调。因购买日A公司资产和负债的公允价值与原账面价值之间的差额对A公司本年净利润的影响,而对甲公司对A公司长期股权投资权益法核算的影响,需要对甲公司对A公司长期股权投资及相关项目进行调调;另一方面甲公司对A公司的长期股权投资采用成本法进行核算,需要对成本法核算的结果按权益法核算的要求,对长期股权投资及相关项目进行调整。在合并工作底稿中,其调整分录如下:

借:长期股权投资　　6 545　③

投资收益 3 150
贷:投资收益 6 545
长期股权投资 3 150

(3)长期股权投资与所有者权益的抵销。将甲公司对A公司的长期股权投资与其在A公司股东权益中拥有的份额予以抵销。在合并工作底稿中,其抵销分录如下:

借:股本 20 000 ④
资本公积 12 000
盈余公积 3 200
未分配利润 5 650
商誉 4 300
贷:长期股权投资 32 895
少数股东权益 12 255

(4)投资收益与子公司利润分配等项目的抵销。将甲公司对A公司投资收益与A公司本年利润分配有关项目的全额予以抵销。在合并工作底稿中,其抵销分录如下:

借:投资收益 6 545 ⑤
少数股东损益 2 805
年初未分配利润 2 800
贷:提取盈余公积 2 000
向股东分配利润 4 500
年末未分配利润 5 650

(5)应收股利与应付股利的抵销。本例中A公司本年宣告分派现金股利4 500万元,股利款项尚未支付,A公司已将其计列应付股利4 500万元。甲公司根据A公司宣告的分派现金股利的公告,按照其所享有的金额,已确认应收股利,并在其资产负债表中计列应收股利3 150万元。这属于母公司与子公司之间的债权债务,在编制合并财务报表时必须将其予以抵销,其抵销分录如下:

借:应付股利 3 150 ⑥
贷:应收股利 3 150

3. 编制合并工作底稿并编制合并财务报表

根据上述调整分录和抵销分录,甲公司可以编制合并工作底稿如表8－11所示。

**表8－11 合并工作底稿**

20×1年度 单位:万元

| 项目 | 母公司 | 子公司 | 合计数 | 调整分录 | | 抵销分录 | | 数股东权益 | 合并数 |
|---|---|---|---|---|---|---|---|---|---|
| | | | | 借方 | 贷方 | 借方 | 贷方 | | |
| 流动资产: | | | | | | | | | |
| 货币资金 | 5 700 | 6 500 | 12 200 | | | | | | 12 200 |
| 交易性金融资产 | 3 000 | 5 000 | 8 000 | | | | | | 8 000 |
| 应收票据 | 7 200 | 3 600 | 10 800 | | | | | | 10 800 |

表 8-11(续)

| 项　目 | 母公司 | 子公司 | 合计数 | 调整分录 | | 抵销分录 | | 数股东权益 | 合并数 |
|---|---|---|---|---|---|---|---|---|---|
| | | | | 借方 | 贷方 | 借方 | 贷方 | | |
| 应收账款 | 8 500 | 5 100 | 13 600 | 100② | 100① | | | | 13 600 |
| 预付款项 | 1 500 | 2 500 | 4 000 | | | | | | 4 000 |
| 应收股利 | 4 800 | 0 | 4 800 | | | | 3 150⑥ | | 1 650 |
| 其他应收款 | 500 | 1 300 | 1 800 | | | | | | 1 800 |
| 存货 | 37 000 | 18 000 | 55 000 | 1 100① | 1 100② | | | | 55 000 |
| 其他流动资产 | 1 800 | 1 000 | 2 800 | | | | | | 2 800 |
| 流动资产合计 | 70 000 | 43 000 | 113 000 | 1 200 | 1 200 | | 3 150 | | 109 850 |
| 非流动资产： | | | | | | | | | |
| 可供出售金融资产 | 9 000 | 0 | 9 000 | | | | | | 9 000 |
| 持有至到期投资 | 14 000 | 4 000 | 18 000 | | | | | | 18 000 |
| 长期股权投资<br>其中：A 公司 | 69 500<br>29 500 | 0 | 69 500 | 6 545③ | 3 150③ | | 32 895④ | | 40 000 |
| 固定资产 | 28 000 | 26 000 | 54 000 | | | | | | 54 000 |
| 在建工程 | 13 000 | 4 200 | 17 200 | | | | | | 17 200 |
| 无形资产 | 6 000 | 1 800 | 7 800 | | | | | | 7 800 |
| 商誉 | | | | | | 4 300④ | | | 4 300 |
| 其他非流动资产 | | | | | | | | | |
| 非流动资产合计 | 139 500 | 36 000 | 175 500 | 9 545 | 3 300 | 4 300 | 32 895 | | 153 150 |
| 资产合计 | 209 500 | 79 000 | 288 500 | 10 745 | 4 500 | 4 300 | 36 045 | | 263 000 |
| 流动负债： | | | | | | | | | |
| 短期借款 | 10 000 | 4 800 | 14 800 | | | | | | 14 800 |
| 交易性金融负债 | 4 000 | 2 400 | 6 400 | | | | | | 6 400 |
| 应付票据 | 13 000 | 3 600 | 16 600 | | | | | | 16 600 |
| 应付账款 | 18 000 | 5 200 | 23 200 | | | | | | 23 200 |
| 预收款项 | 4 000 | 3 900 | 7 900 | | | | | | 7 900 |
| 应付职工薪酬 | 5 000 | 1 600 | 6 600 | | | | | | 6 600 |
| 应缴税费 | 2 700 | 1 400 | 4 100 | | | | | | 4 100 |
| 应付股利 | 5 000 | 4 500 | 9 500 | | | 3 150⑥ | | | 6 350 |
| 其他应付款 | 300 | 700 | 1 000 | | | | | | 1 000 |
| 其他流动负债 | 2 000 | 900 | 2 900 | | | | | | 2 900 |
| 流动负债合计 | 64 000 | 29 000 | 93 000 | | | 3 150 | | | 89 850 |
| 非流动负债： | | | | | | | | | |

表 8－11（续）

| 项　目 | 母公司 | 子公司 | 合计数 | 调整分录 | | 抵销分录 | | 数股东权益 | 合并数 |
|---|---|---|---|---|---|---|---|---|---|
| | | | | 借方 | 贷方 | 借方 | 贷方 | | |
| 长期借款 | 4 000 | 5 000 | 9 000 | | | | | | 9 000 |
| 应付债券 | 20 000 | 7 000 | 27 000 | | | | | | 27 000 |
| 长期应付款 | 6 000 | 0 | 6 000 | | | | | | 6 000 |
| 其他非流动负债 | 0 | 0 | 0 | | | | | | 0 |
| 非流动负债合计 | 30 000 | 12 000 | 42 000 | | | | | | 42 000 |
| 负债合计 | 94 000 | 41 000 | 135 000 | | | 3 150 | | | 131 850 |
| 股东权益： | | | | | | | | | |
| 股本 | 50 000 | 20 000 | 70 000 | | | 20 000④ | | | 50 000 |
| 资本公积 | 29 500 | 8 000 | 37 500 | | 4 000① | 12 000④ | | | 29 500 |
| 盈余公积 | 18 000 | 3 200 | 21 200 | | | 3 200④ | | | 18 000 |
| 未分配利润（见本表最后） | | | | | | | | | 21 395 |
| 股东权益合计 | 115 500 | 38 000 | 153 500 | | | | | | 118 895 |
| 少数股东权益 | | | | | | | | 12 255④ | 12 255 |
| 负债和股东权益总计 | 209 500 | 79 000 | 288 500 | | | | | | 253 000 |
| 利润表 | | | | | | | | | |
| 一、营业收入 | 150 000 | 94 800 | 244 800 | | | | | | 244 800 |
| 减：营业成本 | 96 000 | 73 000 | 169 000 | 1 100② | | | | | 170 100 |
| 营业税金及附加 | 1 800 | 1 000 | 2 800 | | | | | | 2 800 |
| 销售费用 | 5 200 | 3 400 | 8 600 | | | | | | 8 600 |
| 管理费用 | 6 000 | 3 900 | 9 900 | 150② | | | | | 10 050 |
| 财务费用 | 1 200 | 800 | 2 000 | | | | | | 2 000 |
| 资产减值损失 | 600 | 300 | 900 | | 100② | | | | 800 |
| 加：公允价值变动收益 | 0 | 0 | 0 | | | | | | 0 |
| 投资收益<br>其中：A 公司 | 9 800<br>3 150 | 200 | 10 000 | 3 150③ | 6 545③ | 6 545⑤ | | | 6 850<br>0 |
| 二、营业利润 | 49 000 | 12 600 | 61 600 | 4 400 | 6 645 | 6 545 | | | 57 300 |
| 加：营业外收入 | 1 600 | 2 400 | 4 000 | | | | | | 4 000 |
| 减：营业外支 | 2 600 | 1 000 | 3 600 | | | | | | 3 600 |
| 三、利润总额 | 48 000 | 14 000 | 62 000 | 4 400 | 6 645 | 6 545 | | | 57 700 |
| 减：所得税费用 | 12 000 | 3 500 | 15 500 | | | | | | 15 500 |
| 四、净利润 | 36 000 | 10 500 | 46 500 | 4 400 | 6 645 | 6 545 | | | 42 200 |

表 8-11（续）

| 项目 | 母公司 | 子公司 | 合计数 | 调整分录 | | 抵销分录 | | 少数股东权益 | 合并数 |
|---|---|---|---|---|---|---|---|---|---|
| | | | | 借方 | 贷方 | 借方 | 贷方 | | |
| 少数股东损益 | | | | | | | | 2 805⑤ | 2 805 |
| 归属于母公司股东损益 | | | | | | | | | 39 395 |
| 一、年初未分配利润 | 9 000 | 2 800 | 11 800 | | | 2 800⑤ | | | 9 000 |
| 二、本年增减变动金额 | | | | | | | | | |
| 三、利润分配 | | | | | | | | | |
| 1. 提取盈余公积 | 7 000 | 2 000 | 9 000 | | | | 2 000⑤ | | 7 000 |
| 2. 对股东的分配 | 20 000 | 4 500 | 24 500 | | | | 4 500⑤ | | 20 000 |
| 四、年末未分配利润 | 18 000 | 6 800 | 24 800 | 4 400 | 6 645 | 5 650④<br>14 995 | 5 650⑤<br>12 150 | 2 805 | 21 395* |

*21 395 = 24 800 + (6 645 - 4 400) + (12 150 - 14 995) - 2805

甲公司在编制上述合并工作底稿，计算各项目合并数后，根据合并数编制合并资产负债表、合并利润表以及合并股东权益变动表（略）。

## 二、合并日后以后年度合并财务报表的编制

**【例 8-3】** 接【例 8-2】，甲公司和 A 公司 20×2 年 12 月 31 日个别资产负债表、利润表和所有者权益变动表如表 8-12、表 8-13 和表 8-14 所示。

**表 8-12 资产负债表**

会企 01 表

编制单位： 20×2 年 12 月 31 日 单位：万元

| 资产 | 甲公司 | A 公司 | 负债和所有者权益（或股东权益） | 甲公司 | A 公司 |
|---|---|---|---|---|---|
| 流动资产： | | | 流动负债： | | |
| 货币资金 | 8 900 | 9 400 | 短期借款 | 8 000 | 5 800 |
| 交易性金融资产 | 4 800 | 7 800 | 交易性金融负债 | 4 000 | 2 100 |
| 应收票据 | 7 100 | 3 900 | 应付票据 | 15 000 | 5 600 |
| 应收账款 | 9 000 | 5 300 | 应付账款 | 14 800 | 5 300 |
| 预付款项 | 2 600 | 2 900 | 预收款项 | 4 000 | 3 300 |
| 应收股利 | 5 500 | 0 | 应付职工薪酬 | 5 800 | 1 800 |
| 其他应收款 | 3 700 | 1 600 | 应缴税费 | 2 200 | 1 700 |
| 存货 | 37 900 | 23 000 | 应付股利 | 8 000 | 6 000 |
| 其他流动资产 | 1 500 | 1 100 | 其他应付款 | 2 000 | 1 500 |

表 8－12（续）

| 资产 | 甲公司 | A 公司 | 负债和所有者权益（或股东权益） | 甲公司 | A 公司 |
|---|---|---|---|---|---|
| 流动资产合计 | 81 000 | 55 000 | 其他流动负债 | 1 200 | 900 |
| | | | 流动负债合计 | 65 000 | 34 000 |
| | | | 非流动负债： | | |
| 非流动资产： | | | 长期借款 | 3 000 | 4 000 |
| 可供出售金融资产 | 8 000 | 0 | 应付债券 | 20 000 | 7 000 |
| 持有至到期投资 | 14 000 | 4 200 | 长期应付款 | 4 000 | 0 |
| 长期股权投资 | 69 500 | 0 | 其他非流动负债 | 0 | 0 |
| 固定资产 | 33 000 | 25 000 | 非流动负债合计 | 27 000 | 11 000 |
| 在建工程 | 7 000 | 3 200 | 负债合计 | 92 000 | 45 000 |
| 无形资产 | 5 000 | 1 600 | | | |
| 商誉 | 0 | 股东权益： | | | |
| 其他非流动资产 | 0 | 0 | 股本 | 50 000 | 2 0000 |
| 非流动资产合计 | 136 500 | 34 000 | 资本公积 | 29 500 | 8 000 |
| | | | 盈余公积 | 24 000 | 5 600 |
| | | | 未分配利润 | 22 000 | 10 400 |
| | | | 股东权益合计 | 125 500 | 44 000 |
| 资产总计 | 217 500 | 89 000 | 负债和股东权益总计 | 217 500 | 89 000 |

表 8－13　利　润　表

会企 02 表

编制单位：　　20×2 年度　　单位：万元

| 项　　目 | 甲公司 | A 公司 |
|---|---|---|
| 一、营业收入 | 180 000 | 117 000 |
| 减：营业成本 | 135 000 | 89 300 |
| 营业税金及附加 | 2 800 | 1 900 |
| 销售费用 | 5 800 | 4 700 |
| 管理费用 | 6 900 | 4 400 |
| 财务费用 | 2 000 | 1 200 |
| 资产减值损失 | 1 000 | 100 |
| 加：公允价值变动损益（损失以"－"号填列） | 0 | 0 |
| 投资收益（损失以"－"号填列） | 11 000 | 1 300 |
| 二、营业利润（亏损以"－"号填列） | 37 500 | 16 700 |
| 加：营业外收入 | 3 700 | 1 100 |

表 8－13(续)

| 项　　目 | 甲公司 | A 公司 |
|---|---|---|
| 减:营业外支出 | 1 200 | 1 800 |
| 其中:非流动资产处置损失 | | |
| 三、利润总额(亏损总额以“－”号填列) | 40 000 | 16 000 |
| 减:所得税费用 | 10 000 | 4 000 |
| 四、净利润(净亏损以“－”号填列) | 30 000 | 12 000 |
| 五、每股收益: | | |
| (一)基本每股收益 | | |
| (二)稀释每股收益 | | |

表 8－14　股东权益变动表　　会企 04 表

编制单位:　　20×2 年度　　单位:万元

| 项　　目 | 甲公司 | | | | | A 公司 | | | | |
|---|---|---|---|---|---|---|---|---|---|---|
| | 股本 | 资本公积 | 盈余公积 | 未分配利润 | 股东权益合计 | 股本 | 资本公积 | 盈余公积 | 未分配利润 | 股东权益合计 |
| 一、上年年末余额 | 50 000 | 29 500 | 18 000 | 18 000 | 115 500 | 20 000 | 8 000 | 3 200 | 6 800 | 38 000 |
| 加:会计政策变更 | | | | | | | | | | |
| 前期差错更正 | | | | | | | | | | |
| 二、本年年初余额 | 50 000 | 29 500 | 18 000 | 18 000 | 115 500 | 20 000 | 8 000 | 3 200 | 6 800 | 38 000 |
| 三、本年增减变动金额(减少以“－”号填列) | | | | | | | | | | |
| (一)净利润 | | | | 30 000 | 30 000 | | | | 12 000 | 12 000 |
| (二)直接计入股东权益的利得和损失 | | | | | | | | | | |
| 1. 可供出售金融资产公允价值变动净额 | | | | | | | | | | |
| 2. 权益法下被投资单位其他所有者权益变动的影响 | | | | | | | | | | |
| 3. 与计入股东权益项目相关的所得税影响 | | | | | | | | | | |

表 8－14(续)

| 项目 | 甲公司 | | | | | A 公司 | | | | |
|---|---|---|---|---|---|---|---|---|---|---|
| | 股本 | 资本公积 | 盈余公积 | 未分配利润 | 股东权益合计 | 股本 | 资本公积 | 盈余公积 | 未分配利润 | 股东权益合计 |
| 4. 其他 | | | | | | | | | | |
| 上述（一）和（二）小计 | | | | | | | | | | |
| (三) 股东投入和减少资本 | | | | | | | | | | |
| 1. 所有者投入资本 | | | | | | | | | | |
| 2. 股份支付计入股东权益的金额 | | | | | | | | | | |
| 3. 其他 | | | | | | | | | | |
| (四) 利润分配 | | | | | | | | | | |
| 1. 提取盈余公积 | | | 6 000 | 6 000 | | | | 2 400 | 2400 | |
| 2. 对股东的分配 | | | | 20 000 | 20 000 | | | | 6 000 | 6 000 |
| 3. 其他 | | | | | | | | | | |
| (五) 股东权益内部结转 | | | | | | | | | | |
| 1. 资本公积转增股本 | | | | | | | | | | |
| 2. 盈余公积转增股本 | | | | | | | | | | |
| 3. 盈余公积弥补亏损 | | | | | | | | | | |
| 4. 其他 | | | | | | | | | | |
| 四、本年年末余额 | 50 000 | 29 500 | 24 000 | 22 000 | 125 500 | 20 000 | 8 000 | 5 600 | 10 400 | 44 000 |

A 公司在购买日相关资产和负债等资料同上，即购买日 A 公司股东权益总额为 32 000 万元，其中，股本为 20 000 万元、资本公积为 8 000 万元、盈余公积为 1 200 万元、未分配利润为 2 800 万元。A 公司购买日应收账款账面价值为 3 920 万元、公允价值为 3 820 万元；存货的账面价值为 20 000 万元、公允价值为 21 100 万元；固定资产账面价值为 18 000 万元、公允价值为 21 000 万元。截至 20× 2 年 12 月 31 日，应收账款按购买日公允价值的金额收回；购买日的存货，当年已全部实现对外销售；购买日固定资产公允价值增加的系公司管理用办公楼，该办公楼采用的折旧方法为年限平均法，该办公楼剩余折旧年限为 20 年，假定该办公楼评估增值在未来 20 年内平均摊销。

A 公司 20×2 年 12 月 31 日股东权益总额为 44 000 万元，其中股本为 20 000 万元、资本公积为 8 000 万元、盈余公积为 5 600 万元、未分配利润为 10 400 万元。A 公司 20×1 年全年实现净利润 12 000 万元，A 公司当年提取盈余公积 2 400 万元、向股东分配现金股利 6 000万元。

1. 甲公司编制 20×2 年度合并财务报表时相关项目的计算

A 公司调整后本年净利润 = 12 000 − 150(固定资产公允价值增值计算的折旧)
= 11 850(万元)

A 公司调整后本年年初未分配利润 = 6 800 + 100(上年实现的购买日应收账款公允价值减值) − 1 100(上年实现的购买日存货公允价值增值) − 150(固定资产公允价值增值计算的折旧)
= 5 650(万元)

A 公司调整后本年年末未分配利润 = 5 650 + 11 850 − 2 400(提取盈余公积) − 6 000(分派股利)
= 9 100(万元)

权益法下甲公司对 A 公司的投资收益 = 11 850 × 70% = 8 295(万元)

权益法甲公司对 A 公司长期股权投资本年年末余额
= 32 895(上年末长期股权投资余额) + 8 295 − 6 000(分派股利) × 70 %
= 36 990(万元)

少数股东权益 = 11 850 × 30% = 3 555(万元)

少数股东权益的年末余额 = 12 255 + 3 555 − 6 000 × 30% = 14 010(万元)

2. 甲公司 20×2 年编制合并财务报表时，应当进行的调整抵销

(1)按公允价值对 A 公司财务报表项目进行调整。因购买日 A 公司资产和负债的公允价值与账面价值之间的差额，调整 A 公司年初未分配利润及相关项目。其调整分录如下：

借：年初未分配利润　　1 100　　　①
　　固定资产　　3 000
　　贷：年初未分配利润　　100
　　　　资本公积　　4 000

因购买日 A 公司资产和负债的公允价值与原账面价值之间的差额对 A 公司上年净利润的影响，调整 A 公司年初未分配利润及相关项目。其调整分录如下：

借：年初未分配利润　　1 100　　　②
　　年初未分配利润　　150
　　年初未分配利润　　100
　　贷：年初未分配利润　　1 100
　　　　固定资产　　150
　　　　年初未分配利润　　100

上述调整分录简化为：

借：年初未分配利润　　150　　②
　　贷：固定资产　　150

因购买日 A 公司固定资产公允价值与原账面价值之间的差额对 A 公司本年净利润的

影响，调整 A 公司固定资产折旧相关的项目及累计折旧项目。至于应收账款公允价值减值和存货公允价值增值，由于在上一年已全部实现，不涉及对本年实现净利润的影响。其调整分录如下：

借：管理费用　　150　　③
　贷：固定资产　　150

（2）按照权益法对甲公司财务报表项目进行调整。因购买日 A 公司资产和负债的公允价值与原账面价值之间的差额对 A 公司上年净利润的影响而对甲公司对 A 公司长期股权投资权益法核算的影响，调整甲公司对 A 公司长期股权投资及相关项目。其调整分录如下：

借：长期股权投资　　6 545　　④
　年初未分配利润　　3 150
　贷：年初未分配利润　　6 545
　　长期股权投资　　3 150

甲公司对 A 公司长期股权投资由成本法核算的结果调整为权益法核算的结果。即根据调整后 A 公司本年实现净利润以及本年分派现金股利中所拥有的份额，调整本年甲公司对 A 公司投资收益。其调整分录如下：

借：长期股权投资　　8 295　　⑤
　投资收益　　4 200
　贷：投资收益　　8 295
　　长期股权投资　　4 200

（3）长期股权投资与子公司所有者权益的抵销。将甲公司对 A 公司的长期股权投资与其在 A 公司所有者权益中拥有的份额予以抵销。其抵销分录如下：

借：股本　　20 000　　⑥
　资本公积　　12 000
　盈余公积　　5 600
　年末未分配利润　　9 100
　商誉　　4 300
　贷：长期股权投资　　36 990
　　少数股东权益　　14 010

（4）投资收益与子公司利润分配等项目的抵销。将甲公司对 A 公司投资收益与 A 公司本年利润分配有关项目的金额予以抵销。其抵销分录如下：

借：投资收益　　8 295　　⑦
　少数股东损益　　3 555
　年初未分配利润　　5 650
　贷：提取盈余公积　　2 400
　　向股东分配利润　　6 000
　　年末未分配利润　　9 100

（5）应收股利与应付股利的抵销。本例中 A 公司本年宣告分派现金股利 6 000 万元，股利款项尚未支付，A 公司已将其一计列应付股利 6 000 万元。甲公司根据 A 公司宣告的分派现金股利的公告，按照其所享有的金额，已确认应收股利，并在其资产负债表中计列应

收股利4 200万元。这属于母公司与子公司之间的债权债务,在编制合并财务报表时必须将其予以抵销,其抵销分录如下:

借:应付股利　　4 200　⑧

　贷:应收股利　　4 200

3. 编制合并工作底稿及编制合并财务报表

根据上述调整分录和抵销分录。甲公司可以编制合并工作底稿如表8－15所示。

**表8－15　合并工作底稿**

20×2年度　　单位:万元

| 项目 | 母公司 | 子公司 | 合计数 | 调整分录 | | 抵销分录 | | 数股东权益 | 合并数 |
|---|---|---|---|---|---|---|---|---|---|
| | | | | 借方 | 贷方 | 借方 | 贷方 | | |
| 流动资产: | | | | | | | | | |
| 货币资金 | 8 900 | 9 400 | 18 300 | | | | | | 18 300 |
| 交易性金融资产 | 4 800 | 7 800 | 12 600 | | | | | | 12 600 |
| 应收票据 | 7 100 | 3 900 | 11 000 | | | | | | 11 000 |
| 应收账款 | 9 000 | 5 300 | 14 300 | | | | | | 14 300 |
| 预付款项 | 2 600 | 2 900 | 5 500 | | | | | | 5 500 |
| 应收股利 | 5 500 | 0 | 5 500 | | | | 4 200⑧ | | 1 300 |
| 其他应收款 | 3 700 | 1 600 | 5 300 | | | | | | 5 300 |
| 存货 | 37 900 | 23 000 | 60 900 | | | | | | 60 900 |
| 其他流动资产 | 1 500 | 1 100 | 2 600 | | | | | | 2 600 |
| 流动资产合计 | 81 000 | 55 000 | 136 000 | | | | 4 200 | | 131 800 |
| 非流动资产: | | | | | | | | | |
| 可供出售金融资产 | 8 000 | 0 | 8 000 | | | | | | 8 000 |
| 持有至到期投资 | 14 000 | 4 200 | 18 200 | | | | | | 18 200 |
| 长期股权投资<br>其中:A公司 | 69 500<br>29 500 | 0 | 69 500 | 6 545④<br>8 295⑤ | 3 150④<br>4 200⑤ | | 36 990⑥ | | 40 000 |
| 固定资产 | 33 000 | 25 000 | 58 000 | 3 000① | 150②<br>150③ | | | | 60 700 |
| 在建工程 | 7 000 | 3 200 | 10 200 | | | | | | 10 200 |
| 无形资产 | 5 000 | 1 600 | 6 600 | | | | | | 6 600 |
| 商誉 | | 0 | 0 | | | 4 300⑥ | | | 4 300 |
| 其他非流动资产 | 0 | 0 | 0 | | | | | | 0 |
| 非流动资产合计 | 136 500 | 34 000 | 170 500 | 17 840 | 7 650 | 4 300 | 36 990 | | 148 000 |
| 资产合计 | 217 500 | 89 000 | 306 500 | 17 840 | 7 650 | 4 300 | 41 190 | 279 800 | |

表 8－15(续)

| 项　目 | 母公司 | 子公司 | 合计数 | 调整分录 | | 抵销分录 | | 数股东权益 | 合并数 |
|---|---|---|---|---|---|---|---|---|---|
| | | | | 借方 | 贷方 | 借方 | 贷方 | | |
| 流动负债： | | | | | | | | | |
| 短期借款 | 8 000 | 5 800 | 13 800 | | | | | | 13 800 |
| 交易性金融负债 | 4 000 | 2 100 | 6 100 | | | | | | 6 100 |
| 应付票据 | 15 000 | 5 600 | 20 600 | | | | | | 20 600 |
| 应付账款 | 14 800 | 5 300 | 20 100 | | | | | | 20 100 |
| 预收款项 | 4 000 | 3 300 | 7 300 | | | | | | 7 300 |
| 应付职工薪酬 | 5 800 | 1 800 | 7 600 | | | | | | 7 600 |
| 应缴税费 | 2 200 | 1 700 | 3 900 | | | | | | 3 900 |
| 应付股利 | 8 000 | 6 000 | 14 000 | | | 4 200⑧ | | | 9 8000 |
| 其他应付款 | 2 000 | 1 500 | 3 500 | | | | | | 3 500 |
| 其他流动负债 | 1 200 | 900 | 2 100 | | | | | | 2 100 |
| 流动负债合计 | 65 000 | 34 000 | 99 000 | | | 4 200 | | | 94 800 |
| 非流动负债： | | | | | | | | | |
| 长期借款 | 3 000 | 4 000 | 7 000 | | | | | | 7 000 |
| 应付债券 | 20 000 | 7 000 | 27 000 | | | | | | 27 000 |
| 长期应付款 | 4 000 | 0 | 4 000 | | | | | | 4 000 |
| 其他非流动负债 | 0 | 0 | 0 | | | | | | 0 |
| 非流动负债合计 | 27 000 | 11 000 | 38 000 | | | | | | 38 000 |
| 负债合计 | 92 000 | 45 000 | 137 000 | | | 4 200 | | | 132 800 |
| 股东权益： | | | | | | | | | |
| 股本 | 50 000 | 20 000 | 70 000 | | | 20 000⑥ | | | 50 000 |
| 资本公积 | 29 500 | 8 000 | 37 500 | | 4 000① | 12 000⑥ | | | 29 500 |
| 盈余公积 | 24 000 | 5 600 | 29 600 | | | 5 600⑥ | | | 24 000 |
| 未分配利润 | 22 000 | 10 400 | 32 400 | | | | | | 29 490 |
| 股东权益合计 | 125 500 | 44 000 | 169 500 | | | | | | 132 990 |
| 少数股东权益 | | | | | | | | 14 010⑥ | 14 010 |
| 负债和股东权益总计 | 217 500 | 89 000 | 306 500 | | | | | | 279 800 |
| 利润表 | | | | | | | | | |
| 一、营业收入 | 180 000 | 117 000 | 297 000 | | | | | | 297 000 |
| 减：营业成本 | 135 000 | 89 300 | 224 000 | | | | | | 224 300 |
| 营业税金及附加 | 2 800 | 1 900 | 4 700 | | | | | | 4 700 |
| 销售费用 | 5 800 | 4 700 | 10 500 | | | | | | 10 500 |

表 8－15（续）

| 项　目 | 母公司 | 子公司 | 合计数 | 调整分录 | | 抵销分录 | | 数股东权益 | 合并数 |
|---|---|---|---|---|---|---|---|---|---|
| | | | | 借方 | 贷方 | 借方 | 贷方 | | |
| 管理费用 | 6 900 | 4 400 | 11 300 | 150③ | | | | | 11 450 |
| 财务费用 | 2 000 | 1 200 | 3 200 | | | | | | 3 200 |
| 资产减值损失 | 1 000 | 100 | 1 100 | | | | | | 1 100 |
| 加：公允价值变动收益 | 0 | 0 | 0 | | | | | | 0 |
| 投资收益 | 11 000 | 1 300 | 12 300 | 4 200⑤ | 8 295⑤ | 8 295⑦ | | | 8 100 |
| 二、营业利润 | 37 500 | 16 700 | 54 200 | 4 350 | 8 295 | 8 295 | | | 49 850 |
| 加：营业外收入 | 3 700 | 1 100 | 4 800 | | | | | | 4 800 |
| 减：营业外支出 | 1 200 | 1 800 | 3 000 | | | | | | 3 000 |
| 三、利润总额 | 40 000 | 16 000 | 56 000 | 4 350 | 8 295 | 8 295 | | | 51 650 |
| 减：所得税费用 | 10 000 | 4 000 | 14 000 | | | | | | 14 000 |
| 四、净利润 | 30 000 | 12 000 | 42 000 | 4 350 | 8 295 | 8 295 | | | 37 650 |
| 少数股东损益 | | | | | | | | 3 555⑦ | 3 555 |
| 归属于母公司股东损益 | | | | | | | | | 34 095 |
| 一、年初未分配利润 | 18 000 | 6 800 | 24 800 | 1100①<br>150②<br>3 150④ | 100①<br>6 545④ | 5 650⑦ | | | 21 395 |
| 二、本年增减变动金额 | | | | | | | | | |
| 净利润 | 30 000 | 12 000 | 42 000 | 4 350 | 8 295 | 8 295 | | 3 555 | 34 095 |
| 三、利润分配 | | | | | | | | | |
| 1. 提取盈余公积 | 6 000 | 2 400 | 8 400 | | | | 2 400⑦ | | 6 000 |
| 2. 对股东的分配 | 20 000 | 6 000 | 26 000 | | | | 6 000⑦ | | 20 000 |
| 四、年末未分配利润 | 22 000 | 10 400 | 32 400 | 8 750 | 14 940 | 9 100⑥<br>23 045 | 9 100⑦<br>17 500 | 3 555 | 29 490 |

合并财务报表的编制（略）。

# 第四节　内部商品交易的抵销处理

## 一、内部销售收入和内部销售成本的抵销处理

内部销售收入是指企业集团内部母公司与子公司、子公司相互之间（以下称成员企业）发生的购销活动所产生的销售收入。内部销售成本是指企业集团内部母公司与子公司、子

公司相互之间发生的内部销售商品的销售成本。

### （一）购买企业内部购进的商品当期全部实现销售时的抵销处理

在这种情况下，从销售企业来说，销售给其他成员企业商品与销售给集团外部企业情况下的会计处理相同，即在本期确认销售收入、结转销售成本、计算损益，并在其个别利润表中反映；对于购买企业来说，一方面要确认销售收入，另一方面要结转销售内部购进商品的成本，并在其个别利润表中分别作为营业收入和营业成本反映，并确认损益。这也就是说，对于同一购销业务，在销售企业和购买企业的个别利润表都作了反映。但从企业集团整体来看，这一购销业务只是实现了一次销售，其销售收入只是购买企业销售该产品的销售收入，其销售成本只是销售企业销售该商品的成本。

销售企业销售该商品的收入属于内部销售收入，相应的购买企业销售该商品的销售成本则属于内部销售成本。因此在编制合并财务报表时，就必须将重复反映的内部销售收入与内部销售成本予以抵销。进行抵销处理时，应借记“营业收入”等项目，贷记“营业成本”等项目。

**【例8-4】** 甲公司拥有A公司70%的股权，系A公司的母公司。甲公司本期个别利润表的营业收入中有3 000万元，系向A公司销售产品取得的销售收入，该产品销售成本为2 100万元。A公司在本期将该产品全部售出，其销售收入为3 750万元，销售成本为3 000万元，并分别在其个别利润表中列示。

对此，编制合并财务报表将内部销售收入和内部销售成本予以抵捎时，应编制如下抵销分录：

借：营业收入　　3 000

　　贷：营业成本　　3 000

### （二）购买企业内部购进的商品未实现对外销售时的抵销处理

在内部购进的商品未实现对外销售的情况下，从销售企业来说，同样是按照一般的销售业务确认销售收入，结转销售成本，计算销售利润，并在其利润表中列示。这一业务从整个企业集团来看，实际上只是商品存放地点发生变动，并没有真正实现企业集团对外销售，不应确认销售收入、结转销售成本以及计算损益。因此，对于该内部购销业务，在编制合并财务报表时，应当将销售企业由此确认的内部销售收入和内部销售成本予以抵销。

对于这一经济业务，从购买企业来说，则以支付的购货价款作为存货成本入账，并在其个别资产负债表中作为资产列示。这样，购买企业的个别资产负债表中存货的价值中就包含有销售企业实现的销售毛利。销售企业由于内部购销业务实现的销售毛利，属于未实现内部销售损益。

存货价值中包含的未实现内部销售损益是由于企业集团内部商品购销活动所引起的。在内部购销活动中，销售企业将集团内部销售作为收入确认并计算销售利润。而购买企业则是以支付购货的价款作为其成本入账；在本期内未实现对外销售而形成期末存货时，其存货价值中也相应地包括两部分内容：一部分为真正的存货成本（即销售企业销售该商品的成本），另一部分为销售企业的销售毛利（即其销售收入减去销售成本的差额）。对于期末存货价值中包括的这部分销售毛利，从企业集团整体来看，并不是真正实现的利润。因为从整个企业整体来看，集团内部企业之间的商品购销活动实际上相当于一个企业内部物资调拨活动，既不会实现利润，也不会增加商品的价值。正是从这一意义上来说，将期末存货价值中包括的这部分销售企业作为利润确认的部分，称之为未实现内部销售损益。如果合并财务报表将母公司与子公司财务报表中的存货简单相加，则虚增存货成本。因此，在编制合并资产负债表时，应当将存货价值中包含的未实现内部销传损益予以抵销。

**【例8-5】** 甲公司系A公司的母公司。甲公司本期个别利润表的宫业收入甲有2 000万元，系向A公司销售商品实现的收入，其商品成本为1 400万元，销售毛利率为30%。A公司本期从甲公司购入的商品在本期均未实现销售，期末存货中包含有2 000万元从甲公司购进的商品，该存货中包含的未实现内部销售损益为600万元。

编制合并利润表时，将内部销售收入、内部销售成本及存货价值中包含的未实现内部销售损益抵销时，其抵销分录如下：

借：营业收入　　　　2 000

　贷：营业成本　　　　1 400

　　存货　　　　　　600

对于第三种情况，即内部购进的商品部分实现对外销售部分形成期末存货的情况，可以将内部购买的商品分解为两部分来理解：一部分为当期购进并全部实现对外销售；另一部分为当期购进但未实现对外销售而形成期末存货。

例8-4介绍的就是前一部分的抵销处理，例8-5介绍的则是后一部分的抵销处理。将例8-4和例8-5的抵销处理合并在一起，则就是第三种情况下的抵销处理。

**【例8-6】** 甲公司本期个别利润表的营业收入中有5 000万元，系向A公司销售产品取得的销售收入，该产品销售成本为3 500万元，销售毛利率为30%。A公司在本期将该批内部购进商品的60%实现销售，其销售收入为3 750万元，销售成本为3 000万元，销售毛利率为20%，并列示于其个别利润表中；该批商品的另外40%则形成A公司期末存货，即期末存货为2 000万元，列示于A公司的个别资产负债表之中。

此时，在编制合并财务报表时，其抵销处理如下：

借：营业收入　　5 000　（3 000 + 2 000）

　贷：营业成本　　　4 400（3 000 +1 400）

　　存货　　　　　600

对于内部销售收入的抵销，也可按照如下方法进行抵销处理：(1)按照内部销售收入的数额，借记“营业收入”项目，贷记“营业成本”项目；(2)按照期末存货价值中包含的未实现内部销售损益的数额，借记“营业成本”项目，贷记“存货”项目。

**【例8-7】**甲公司与A公司内部销售业务资料见【例8-5】

将其内部销售收入、销售成本以及期末存货中包含的未实现内部销售利润抵销，编制抵销分录如下：

①借：营业收入　　　　　2 000

　贷：营业成本　　　　　2 000

②借：营业成本　　　　　600

　贷：存货　　　　　　　600

在合并工作底稿中，按上述抵销分录进行抵销的结果与8-4抵销结果相同。

### (三)购买企业内部购进的商品作为固定资产使用时的抵销处理

购买企业内部购进的商品销售给其他成员企业作为固定资产使用的情况下,对于销售企业来说是作为普通商品销售并进行会计处理的,即在销售时确认收入、结转成本和计算损益,并以此在其个别财务报表中列示;对于购买企业来说,则以购买价格(在此不考虑安装及运输费用)作为固定资产原值记账,该固定资产入账价值中既包括销售企业生产该产品的成本,也包括销售企业由于该产品销售所实现的销售利润。购买企业虽然以支付给销售企业的购买价格作为固定资产原价入账,但从整个企业集团来说,只能以销售企业生产该产品的成本作为固定资产原价在合并财务报表中反映。因此,编制合并利润表时应将销售企业由于该固定资产交易所实现的销售收入、结转的销售成本予以抵销;并将内部交易形成的固定资产原价中包含的未实现内部销售损益予以抵销。

## 二、连续编制合并财务报表时内部销售商品的抵销处理

在连续编制合并财务报表的情况下,首先必须将上期抵销的存货价值中包含的未实现内部销售损益对本期期初未分配利润的影响予以抵销,调整本期期初未分配利润的金额;然后再对本期内部购进存货进行抵销处理,其具体抵销处理程序和方法如下:

(1)将上期抵销的存货价值中包含的未实现内部销售损益对本期期初未分配利润的影响进行抵销。即按照上期内部购进存货价值中包含的未实现内部销售损益的金额,借记"未分配利润——年初"项目,贷记"营业成本"项目。

(2)对于本期发生内部购销活动的,将内部销售收入、内部销售成本及内部购进存货中未实现内部销售损益予以抵销。即按照销售企业内部销售收入的金额借记"营业收入"项目,贷记"营业成本"项目。

(3)将期末内部购进存货价值中包含的未实现内部销售损益予以抵销。对于期末内部购买形成的存货(包括上期结转形成的本期存货),应按照购买企业期末内部购入存货价值中包含的未实现内部销售损益的金额,借记"营业成本"项目,贷记"存货"项目。

存货跌价准备的抵销处理

### (一)初次编制合并财务报表时存货跌价准备的抵销处理

根据现时企业会计准则规定,企业必须定期或者至少于年度终了时,对存货进行全面清查,采用成本与可变现净值孰低法进行期末计价,按单个存货项目计提存货跌价准备。其存货清查的范围既包括从企业集团外部购进形成的存货,也包括从企业集团内部购进形成的存货;采用成本与可变现净值孰低法进行期末计价的范围,也包括从企业集团内部购进形成的期末存货。当企业本期计提的存货跌价准备中包括对内部销售形成的存货计提的跌价准备时,则涉及如何将对内部购进的存货计提的跌价准备进行抵销的问题。

某一商品因毁损、陈旧过时而导致其可变现净值下跌,从而计提跌价准备时,从整个企业集团来说,对这一毁损、陈旧的商品同样必须计提跌价准备。也就是说,某一商品在企业集团内某一成员企业计提跌价准备,对于企业集团来说也同样必须计提跌价准备。某一商品计提跌价准备的金额,从单一企业来说,为该商品可变现净值低于取得成本的差额;而从企业集团来说,则是该商品可变现净值与企业集团范围内取得该商品成本的差额。

从商品的可变现净值来说,某一商品的可变现净值,无论对于企业集团还是持有该商

品的企业来说，基本上都是一致的。从商品的取得成本来说，持有内部购进商品的企业，该商品的取得成本包括销售企业所实现的利润，而对于企业集团整体来说，则是指从外部买该商品的成本或生产这一产品的生产成本。编制合并财务报表时，计提存货跌价准备应当是将该商品的可变现净值与从企业集团的取得成本进行比较确定的计提金额。

对内部销售形成的存货计提跌价准备的抵销处理，从购买企业来看有两种情况：第一种情况是购买企业本期期末内部购进存货的可变现净值低于其取得成本，但高于销售企业销售成本。第二种情况是，购买企业本期期末内部购进存货的可变现净值既低于该存货的取得成本，也低于销售企业的该存货的取得成本。

在第一种情况下，从购买企业个别财务报表来说，购买企业按该存货的可变现净值低于其取得成本的金额，一方面，确认存货跌价准备并在其个别资产负债表中通过抵销存货项目的金额列示；另一方面，在利润表中作为资产减值损失列示。但从合并财务报表来说，随着内部购进存货包含的未实现内部销售损益的抵销，该存货在合并财务报表中列示的成本为抵销未实现内部销售损益后的成本。当该存货的可变现净值低于购买企业的取得成本，但高于该存货在合并财务报表中成本时，则不需要计提存货跌价准备。个别财务报表中计列的相应的存货跌价准备，也应予以抵销。进行抵销处理时，应当按照购买企业本期计提存货跌价准备的金额，借记“存货”项目，贷记“资产减值损失”项目。

**【例 8－8】** 甲公司系 A 公司的母公司，甲公司本期向 A 公司销售商品 2 000 万元，其销售成本为 1 400 元；A 公司购进的该商品当期全部未实现对外销售而形成期末存货。A 公司期末对存货进行检查时，发现该商品已经部分陈旧，其可变现净值已降至 1 840 万元。为此，A 公司期末对该存货计提存货跌价准备 160 万元，并在其个别财务报表中列示。

在本例中，该存货的可变现净值降至 1 840 万元，高于抵销未实现内部销售损益后的金额（1 400 万元）。此时，在编制本期合并财务报表时，应进行如下抵销处理：

（1）将内部销售收入与内部销售成本抵销：

借：营业收入　　2 000

　贷：营业成本　　2 000

（2）将内部销售形成的存货价值中包含的未实现内部销售损益抵销：

借：营业成本　　600

　贷：存货　　600

（3）将 A 公司本期计提的存货减值准备抵销：

借：存货　　160

　贷：资产减值损失　　160

其合并工作底稿略。

在第二种情况下，从购买企业个别财务报表来说，购买企业按该存货的可变现净值低于其取得成本的金额确认存货跌价准备，确认的存货跌价准备的金额，一方面，在其个别资产负债表中通过抵销存货项目列示；另一方面，在利润表中作为资产减值损失列示。购买企业在个别财务报表中确认的存货跌价准备的金额，既包括购买企业该商品取得成本高于销售企业销售成本（即取得成本）的差额（即抵销的未实现内部销售损益），也包括销售企业销售成本高于该商品可变现净值的差额。但从合并财务报表来说，随着内部购进存货价值中包含的未实现内部销售损益后的成本。相对于购买企业该存货的取得成本高于销售企业取得成本的差额部分计提的跌价准备的金额，已因未实现内部销售损益的抵销而抵销，故在编制合并财务报表时，也须将这部分金额予以抵销；而相对于销售企业取得成本高于该存货可变现净值的部分而计提的跌价准备，必须在合并财务报表中予以反映。进行抵销处理时，应当按购买企业本期计提的存货跌价准备中内部购进商品取得成本高于销售企业取得成本的数额，借记“存货”项目，贷记“资产减值损失”项目。

**【例8-9】** 甲公司为A公司的母公司。甲公司本期向A公司销售商品2 000万元，其销售成本为1 400万元，并以此在其个别利润表中列示。A公司购进的该商品当期全部未实现对外销售而形成期末存货；期末对存货进行检查时，发现该存货已经部分陈旧，其可变现净值降至1 320万元。为此，A公司期末对该存货计提存货跌价准备680万元。

在本例中，该存货的可变现净值降至1 320万元，低于抵销未实现内部销售损益后的金额（1 400万元）。在A公司本期计提的存货跌价准备680万元中，其中的600万元是相对于A公司取得成本（2 000万元）高于甲公司销售该商品的取得成本（1 400万元）部分计提的，另外80万元则是相对于甲公司销售该商品的取得成本（1 400万元）高于其可变现净值（1 320万元）的部分计提的。此时，A公司对计提存货跌价准备中相当于抵销的未实现内部销售损益的数额600万元部分，从整个企业集团来说，该商品的取得成本为1 400万元，在可变现净值高于这一金额的情况下，不需要计提存货跌价准备，故必须将其予以抵销；而对于另外的80万元的存货跌价准备，从整个企业集团来说，则是必须计提的存货跌价准备，则不需要进行抵销处理。

在编制本期合并财务报表时，应进行如下抵销处理：

（1）将内部销售收入与内部销售成本抵销：

借：营业收入　　2 000

　贷：营业成本　　2 000

（2）将内部销售形成的存货价值中包含的未实现内部销售损益抵销：

借：营业成本　　600

　贷：存货　　600

（3）将A公司本期计提的存货减值准备中相当于未实现内部销售利润的部分抵销：

借：存货　　600

　贷：资产减值损失　　600

其合并工作底稿略。

### （二）连续编制合并财务报表时存货跌价准备的抵销处理

在连续编制合并财务报表进行抵销处理时，首先，将上期资产减值损失中抵销的存货跌价准备对本期期初未分配利润的影响予以抵销，即按上期资产减值损失项目中抵销的存货跌价准备的数额借记“存货”项目，贷记“期初未分配利润”项目。其次，对于本期对内部购进存货在个别财务报表中补提或者冲销的存货跌价准备的数额也应予以抵销，借记“存货”项目，贷记“资产减值损失”项目。

至于抵销存货跌价准备的数额，应当分别不同的情况进行处理。当本期内部购进存货的可变现净值低于持有该存货企业的取得成本但高于抵销未实现内部销售损益后的取得成本（即销售企业该存货的取得成本）时，其抵销的存货跌价准备的金额为本期存货跌价准备的增加额。当本期内部购进存货的可变现净值低于抵销未实现内部销售损益后的取得成本（即销售企业的取得成本）时，其抵销的存货跌价准备的金额为相对于购买企业该存货的取得成本高于销售企业取得成本的差额部分计提的跌价准备的数额扣除期初内部购进存货计提的存货跌价准备后的余额，即本期期末存货中包含的未实现内部销售损益的金额减去期初内部购进存货跌价准备的金额后的余额。

## 第五节　内部债权债务的抵销处理

### 一、内部债权债务抵销概述

母公司与子公司、子公司相互之间的债权和债务项目，是指母公司与子公司、子公司相互之间的应收账款与应付账款、预付账款和预收账款、应付债券与债券投资等项目。对于发生在母公司与子公司、子公司相互之间的这些项目，从债权方企业来说，在资产负债表中表现为一项债权资产；而从债务方来说，一方面形成一项负债，另一方面同时形成一项资产。发生的这种内部债权债务，从母公司与子公司组成的集团整体角度来看，它只是集团内部资金运动，既不增加企业集团的资产，也不增加负债。为此，在编制合并财务报表时也应当将内部债权债务项目予以抵销。

在编制合并资产负债表时需要进行抵销处理的内部债权债务项目主要包括：(1)应收账款与应付账款；(2)应收票据与应付票据；(3)预付账款与预收账款；(4)长期债券投资与应付债券；(5)应收股利与应付股利；(6)其他应收款与其他应付款。

**【例8-10】**　甲公司系A公司的母公司。甲公司个别资产负债表应收账款中有600万元为应收A公司账款；应收票据中有400万元为应收A公司票据；持有至到期投资中有A公司发行的应付债券2 500元。

对此，甲公司在编制合并财务报表时，应当将这些内部债权债务予以抵销。其抵销分录如下：

(1)内部应收账款与应付账款抵销：

借：应付账款　　600

　　贷：应收账款　　600

(2)内部应收票据与应付票据抵销：

借：应付票据　　400

　　贷：应收票据　　400

(3)持有至到期投资与应付债券抵销：

借：应付债券　　2 500

　　贷：持有至到期投资　2 500

### 二、内部应收款项及其坏账准备的抵销处理

企业对于包括应收账款、应收票据、预付账款以及其他应收款在内所有应收款项，应当根据其公允价值变动情况，确认资产减值损失，计提坏账准备。这里的应收账款、应收票据等也包括应收子公司账款、应收子公司票据等。在对子公司的应收款项计提坏账准备的情况下，在编制合并财务报表时，随着内部应收款项的抵销，与此相联系也须将该内部应收款项计提的坏账准备予以抵销。将内部应收款项抵销时，按内部应付款项的金额，借记“应付账款”、“应付票据”等项目，贷记“应收账款”、“应收票据”等项目；将内部应收款项计提的

坏账准备抵销时，按各内部应收款项计提的相应坏账准备期末余额，借记“应收账款”、“应收票据”等项目，贷记“资产减值损失”项目。

**【例8-11】** 甲公司为A公司的母公司。甲公司本期个别资产负债表应收账款中有580万元为应收A公司账款，该应收账款账面余额为600万元，甲公司当年计提坏账准备20万元；应收票据中有390万元为应收A公司票据，该应收票据账面余额为400万元，甲公司当年计提坏账准备10万元。A公司本期个别资产负债表中应付账款和应付票据中列示有应付甲公司账款600万元和应付甲公司票据400万元。

在编制合并财务报表时，甲公司应当将内部应收账款与应付账款相互抵销，同时还应将内部应收账款计提的坏账准备予以抵销，其抵销分录为：

（1）应收账款与应付账款抵销：

借：应付账款　　600

　贷：应收账款　　600

（2）应收票据与应付票据抵销：

借：应付票据　　400

　贷：应收票据　　400

（3）坏账准备与资产减值损失抵销：

借：应收账款　　20

　应收票据　　10

　贷：资产减值损失　　30

合并工作底稿略。

### 三、连续编制合并财务报表时内部应收款项及其坏账准备的抵销处理

在连续编制合并财务报表进行抵销处理时，首先，将内部应收账款与应付账款予以抵销，即按内部应收账款的金额，借记“应付账款”项目，贷记“应收账款”项目。其次，应将上期资产减值损失中抵销的内部应收账款计提的坏账准备对本期期初未分配利润的影响予以抵销，即按上期资产减值损失项目中抵销的内部应收账款计提的坏账准备的金额，借记“应收账款——坏账准备”项目，贷记“未分配利润——年初”项目。再次，对于本期个别财务报表中内部应收账款相对应的坏账准备增减变动的金额也应予以抵销，即按照本期个别资产负债表中期末内部应收账款相对应的坏账准备的增加额，借记“应收账款——坏账准备”项目，贷记“资产减值损失”项目，或按照本期个别资产负债表中期末内部应收账款相对应的坏账准备的减少额，借记“资产减值损失”项目，贷记“应收账款——坏账准备”项目。

## 第六节　内部固定资产交易的抵销处理

### 一、内部固定资产交易概述

内部固定资产交易，是指企业集团内部发生交易一方的成员企业与固定资产有关的购销业务。根据销售企业销售的是产品还是固定资产，可以将企业集团内部固定资产交易划分为两种类型：第一种类型是企业集团内部企业将自身使用的固定资产变卖给企业集团内的其他企业作为固定资产使用；第二种类型是企业集团内部企业将自身生产的产品销售给

企业集团内的其他企业作为固定资产使用。此外，还有另一类型的内部固定资产交易，即企业集团内部企业将自身使用的固定资产变卖给企业集团内的其他企业作为普通商品销售。这种类型的固定资产交易，属于固定资产的内部处置。在企业集团内部发生的情况极少，一般情况下发生的数量也不大。

严格说来，内部固定资产交易属于内部商品交易，其在编制合并财务报表时的抵销处理与一般内部商品交易的抵销处理有相同之处。但由于固定资产取得并投入使用后，往往要跨越若干个会计期间，并且在使用过程中通过计提折旧将其价值转移到产品生产成本或各会计期间费用之中去，因而其抵销处理也有其特殊性。由于其跨越若干会计期间，则涉及使用该固定资产期间编制合并财务报表的期初未分配利润的阔整问题；由于固定资产需要计提折旧，则涉及每一次计提折旧中包含的未实现内部销售损益的抵销问题。也涉及每期累计折旧中包含的未实现内部销售损益的抵销问题。相对来说，内部固定资产交易的抵销处理，要比一般的内部商品交易的抵销处理复杂得多。

## 二、内部固定资产交易当期的抵销处理

### （一）内部固定资产交易的抵销处理

1. 企业集团内部固定资产变卖交易的抵销处理

在合并工作底稿中编制抵销分录时，应当按照该内部交易固定资产的转让价格与其原账面价值之间的差额，借记“营业外收入”项目，贷记“固定资产原价”项目。如果该内部交易的固定资产转让价格低于其原账面价值，则按其差额，借记“固定资产原价”项目，贷记“营业外支出”项目。

**【例 8－12】**　A 公司和 B 公司为甲公司控制下的两个子公司。A 公司将其净值为1 280万元的某厂房。以 1 500 万元的价格变卖给 B 公司作为固定资产使用。A 公司因该内部固定资产交易实现收益 220 万元。并列示于其个别利润表之中。B 公司以 1 500 万元的金额将该厂房作为固定资产的原价入账，并列示其个别资产负债表之中。

在该内部固定资产交易中，A 公司因交易实现营业外收入 220 万元。编制合并财务报表时，甲公司必须将因该固定资产交易实现的营业外收入与固定资产原值中包含的未实现内部销售损益的数额予以抵销。其抵销分录如下：

借：营业外收入　　220

　贷：固定资产原价　　220

通过上述抵销处理后，该内部固定资产交易所实现的损益予以抵销，该厂房的原价通过抵销处理后调整为 1 280 万元。

2. 企业集团内部产品销售给其他企业作为固定资产的交易的抵销处理

在合并工作底稿中编制抵销分录将其抵销时，应当借记“营业收入”项目，贷记“营业成本”项目和“固定资产原价”项目。其中借记“营业收入”项目的数额，为销售企业销售该产品的销售收入；贷记“营业成本”项目的数额为销售企业销售该产品结转的销售成本；贷记“固定资产原价”项目的数额为销售企业销售该产品的销售收入与销售成本之间的差额，即该内部交易所形成的固定资产原价中包含的未实现内部销售损益的数额。

**【例 8－13】**　A 公司和 B 公司为甲公司控制下的两个子公司。A 公司于 20×1 年 12 月，将自己生产的产品销售给 B 公司作为固定资产使用，A 公司销售该产品的销售收入为

1 680万元，销售成本为 1 200 万元，B 公司以 1 680 万元的价格作为该固定资产的原价入账。

此时，与一般的内部商品交易的抵销处理相似，编制合并财务报表时，甲公司应当将该产品的销售收入 1 680 万元及其销售成本 1 200 万元，以及 B 公司固定资产原价中包含的未实现内部销售损益 480 万元（1 680 - 1 200）予以抵销。在合并工作底稿中应进行如下抵销处理：

借：营业收入　　　　1 680
　　贷：营业成本　　　　1 200
　　　　固定资产原价　　480

其合并工作底稿略。

### （二）内部固定资产交易当期且计提折旧的抵销处理

在发生内部固定资产交易当期编制合并财务报表时，首先必须将该内部固定资产交易相关销售收入、销售成本以及形成的固定资产原价中包括的未实现内部销售损益予以抵销。其次，购买企业使用该内部交易固定资产并计提折旧，其折旧费用计入当期损益，由于购买企业是以该固定资产的取得成本作为其原价计提折旧，在取得成本中包含有销售企业由于该内部固定资产交易所实现的损益（即未实现内部销售损益），相应地在该内部交易固定资产使用过程中其各期计提的折旧额中，也包含有未实现内部销售损益摊销的金额。因此还必须将当期该内部交易固定资产计提的折旧额中相当于未实现内部销售损益的摊销金额即多计提折旧的数额，从该内部交易固定资产当期计提的折旧费用和该固定资产累计折旧中予以抵销。其合并抵销处理如下：

（1）将内部交易固定资产相关的销售收入、销售成本以及其原价中包含的未实现内部销售损益予以抵销，即按销售企业由于该固定资产交易所实现的销售收入，借记“营业收入”项目，按照其销售成本，贷记“营业成本”项目，按照该内部交易固定资产的销售收入与销售成本之间的差额（即原价中包含的未实现内部销售损益的数额），贷记“固定资产原价”项目。

（2）将内部交易固定资产当期因未实现内部销售损益而多计提的折旧费用和累计折旧予以抵销。对固定资产计提折旧，企业进行会计处理时，一方面增加当期的费用，另一方面形成累计折旧。对因内部交易固定资产当期使用多计提的折旧进行抵销处理时，应按当期多计提的数额，借记“累计折旧”项目，贷记“管理费用”等项目（为便于理解，本节有关内部交易固定资产均假定为管理用固定资产，其各期多计提的折旧费用均通过“管理费用”项目进行抵销处理）。

**【例 8 - 14】** A 公司和 B 公司为甲公司控制下的两个子公司。A 公司于 20×1 年 1 月 1 日，将自己生产的产品销售给 B 公司作为固定资产使用，A 公司销售该产品的销售收入为 1 680 万元，销售成本为 1 200 万元。B 公司以 1 680 万元的价格作为该固定资产的原价入账。B 公司购买的该固定资产用于公司的行政管理，该固定资产属于不需要安装的固定资产，当月投入使用，其折旧年限为 4 年，预计净残值为零。为简化抵销处理，假定该内部交易固定资产在交易当年按 12 个月计提折旧。

甲公司在编制合并财务报表时，应当进行如下抵销处理：

（1）将该内部交易固定资产相关销售收入与销售成本及原价中包含的未实现内部销售

利润予以抵销。本例中,A 公司因该内部交易确认销售收入 1 680 万元,结转销售成本1 200 万元;B 公司该固定资产的原价为 1 680 万元,其中包含的未实现内部销售损益为 480 万元（1 680 - 1 200）。在合并工作底稿中应进行如下抵销处理:

借:营业收入　　1 680
　贷:营业成本　　1 200
　　固定资产原价　　480

(2)将当年计提的折旧和累计折旧中包含的未实现内部销售损益予以抵销。该固定资产在 B 公司按 4 年的折旧年限计提折旧,每年计提折旧 420 万元,其中每年计提的折旧和累计折旧中均包含未实现内部销售损益的摊销额 120 万元。在合并工作底稿中应进行如下抵销处理:

借:累计折旧　　120
贷:管理费用　　120

其合并工作底稿略。

通过上述抵销分录,在合并工作底稿中累计折旧额减少 120 万元,其合并数为 300 万元;管理费用减少 120 万元,其合并数为 300 万元。

## 三、内部交易固定资产取得后至处置前期间的抵销处理

在以后的会计期间,具体抵销程序如下:

(1)将内部交易固定资产原价中包含的未实现内部销售损益抵销,并调整期初未分配利润,即按照固定资产原价中包含的未实现内部销售损益的数额,借记"期初未分配利润"项目,贷记"固定资产原价"项目。

(2)将以前会计期间内部交易固定资产多计提的累计折旧抵销,并调整期初未分配利润,即按照以前会计期间抵销该内部交易固定资产因包含未实现内部销售损益而多计提(或少计提)的累计折旧额,借记"累计折旧"项目,贷记"期初未分配利润"项目。

(3)将当期由于该内部交易固定资产因包含未实现内部销售损益而多计提的折旧费用予以抵销,并调整本期计提的累计折旧额,即按照本期该内部交易的固定资产多计提的折旧额,借记"累计折旧"项目,贷记"管理费用"等费用项目。

**【例 8 - 15】**　接【例 8 - 14】,B 公司 20×2 年其个别资产负债表中,该内部交易固定资产原价为 1 680 万元,累计折旧为 840 万元,该固定资产净值为 840 万元。该内部交易固定资产 20×2 年计提折旧为 420 万元。

甲公司编制 20×2 年度合并财务报表时,应当进行如下抵销处理:

(1)借:期初未分配利润　　480
　　贷:固定资产原价　　480
(2)借:累计折旧　　120
　　贷:期初未分配利润　　120
(3)借:累计折旧　　120
　　贷:管理费用　　120

## 四、内部交易固定资产清理期间的抵销处理

对于销售企业来说,因该内部交易固定资产实现的利润,作为期初未分配利润的一部

分结转到以后的会计期间，直到购买企业对该内部交易固定资产进行清理的会计期间。从购买企业来说，对内部交易固定资产进行清理的会计期间，在其个别财务报表中表现为固定资产原价和累计折旧的减少；该固定资产清理收入减去该固定资产净值以及有关清理费用后的余额，则在其个别利润表中以营业外收入（或营业外支出）项目列示。固定资产清理时可能出现三种情况：(1)期满清理；(2)超期清理；(3)提前清理。编制合并财务报表时，应当根据具体情况进行抵销处理。

### （一）内部交易固定资产使用期限届满进行清理期间的抵销处理

在内部交易固定资产使用期限届满进行清理的会计期间期末，购买企业内部资产固定资产实体已不复存在，因此不存在着未实现内部销售损益抵销问题，包括未实现内部销售损益在内的该内部交易固定资产的价值全部转移到各会计期间实现的损益之中。从整个企业来说，随着该内部交易固定资产的使用期满，其包含的未实现内部销售损益也转化为已实现利润。从销售企业来说，因该内部销售所实现的利润，作为期初未分配利润的一部分已结转到购买企业对该内部交易固定资产使用期满进行清理的会计期间。为此，编制合并财务报表时首先必须调整期初未分配利润。其次，在固定资产进行清理的会计期间，在未进行清理前仍处于使用之中，仍须计提折旧，本期计提折旧中仍然包含因内部未实现销售损益而多计提的折旧额，因此也需要将当期多计提的折旧额予以抵销。

### （二）内部交易固定资产超期使用进行清理期间的抵销处理

内部交易固定资产超期使用进行清理时，在内部交易固定资产清理前的会计期间，该固定资产仍然按包含未实现内部销售损益的原价及计提的累计折旧，在购买企业的个别资产负债表中列示；销售企业因该内部交易固定资产所实现的利润，作为期初未分配利润的一部分结转到购买企业对该内部交易固定资产进行清理的会计期间。因此，首先需要将该固定资产原价中包括的未实现内部销售损益予以抵销，并调整期初未分配利润。其次，要将以前会计期间因内部交易固定资产原价中包含的未实现内部销售利润而多计提的累计折旧予以抵销。最后，由于在该固定资产使用期满的会计期间仍然需要计提折旧，本期计提折旧中仍然包含有多计提的折旧，因此需要将多计提的折旧费用予以抵销，并调整已计提的累计折旧。

在内部交易固定资产超期使用未进行清理前，由于该内部交易的固定资产仍处于使用之中，并在购买企业资产负债表中列示，因此，必须将该固定资产原价中包含的未实现内部销售损益予以抵销；其次，由于该固定资产的累计折旧仍然是按包含有未实现内部销售损益的原价计提折旧，为此也必须将其多计提的累计折旧予以抵销。但由于固定资产超期使用不计提折旧，所以不存在抵销多计提折旧问题。

对于超期使用后再进行清理的内部交易的固定资产，由于清理当期其实物已不存在，不存在着固定资产原价中包含未实现内部销售损益的抵销问题；同时，该固定资产累计折旧也随着固定资产清理而转销，也不存在着固定资产使用多计提折旧的抵销问题。也可以这样理解，即当内部交易固定资产超期使用进行清理的情况下，其包含的未实现内部销售损益，随着其折旧计提完毕，其包含的未实现内部销售损益已实现。因此，在编制对该内部交易固定资产进行清理的会计期间的合并财务报表时，不需要进行抵销处理。

### （三）内部交易固定资产使用期限未满提前进行清理期间的抵销处理

在这种情况下，购买企业内部交易固定资产实体已不复存在，因此不存在着未实现内部销售损益抵销问题，但由于固定资产提前报废，固定资产原价中包含的未实现内部销售损益随着清理而成为实现的损益。对于销售企业来说，因该内部交易固定资产所实现的利润，作为期初未分配利润的一部分结转到购买企业对该内部交易固定资产进行清理的会计期间。为此，首先必须调整期初未分配利润；其次在固定资产进行清理前仍需计提折旧，本期计提折旧中仍然包含有多计提的折旧，需要将多计提的折旧费用予以抵销。

**【例 8－16】** 接【例 8－15】，20×4 年 12 月该内部交易固定资产使用期满，B 公司于 20×4 年 12 月对其进行清理。B 公司对该固定资产清理时实现固定资产清理净收益 14 万元，在 20×4 年度个别利润表中以营业外收入项目列示。随着对该固定资产的清理，该固定资产的原价和累计折旧转销，在 20×4 年 12 月 31 日个别资产负债表固定资产中已无该固定资产的列示。

此时，甲公司编制合并财务报表时，应当进行如下抵销处理：

（1）按照内部交易固定资产原价中包含的未实现内部销售利润，调整期初未分配利润：

借：期初未分配利润　480

　贷：营业外收入　480

（2）按以前会计期间因固定资产原价中包含的未实现内部销售利润而多计提累计折旧的数额，调整期初未分配利润：

借：营业外收入　360

　贷：期初未分配利润 360

（3）将本期因固定资产原价中包含的未实现内部销售利润而多计提的拆旧额抵销：

借：营业外收入　120

　贷：管理费用　120

随着内部交易固定资产的清理，该固是资产的原价、累计折旧和净值在 B 公司个别资产负债表中均无列示，故涉及调整期初未分配利润项目的抵销处理，均通过营业外收入项目或营业外支出项目进行。

以上三笔抵销分录，可以合并为以下抵销分录：

借：期初未分配利润　120

　贷：管理费用　　120

## 第七节　内部无形资产交易的抵销处理

内部无形资产交易是企业集团内部发生交易的一方涉及无形资产的交易，如企业集团内部某一成员企业将自身拥有的专利权、专有技术等转让出售给其他成员企业作为无形资产继续使用。对于内部无形资产交易，在编制合并财务报表时，首先必须将由于转让出售无形资产所产生的收入、成本及购入企业无形资产入账价值中包含的未实现内部销售损益予以抵销；其次，随着无形资产价值的摊销，无形资产价值中包含的未实现内部销售损益也随之计入当期费用，为此也必须对内部交易无形资产摊销计入相关费用项目进行抵销处理。

## 一、内部无形资产交易当期的抵销处理

进行抵销处理时，按照内部交易时该无形资产账而价值中包含的未实现内部销售损益的数额，借记“营业外收入”项目，按交易时该内部交易无形资产账面价值中包含的未实现内部销售损益的数额，贷记“无形资产”项目；同时按本期该内部交易无形资产摊销额中包含的未实现内部销售损益的数额（即该无形资产价值中包含的未实现内部销售损益除以该无形资产的摊销年限得出的金额）借记“累计摊销”项目，贷记“管理费用”项目。

**【例8－17】** 甲公司系A公司的母公司，甲公司20×1年1月8日向A公司转让无形资产一项，转让价格为820万元，该无形资产的账而成本为700万元。A公司购入该无形资产后，即投入使用，确定使用年限为5年。A公司20×1年12月31日资产负债表中无形资产项目的金额为656万元，利润表管理费用项目中记有当年摊销的该无形资产价值164万元。

此时，A公司该无形资产入账价值为820万元，其中包含的未实现内部销售利润为120万元；按5年的期限，本期摊销的金额为164万元（与固定资产不同，无形资产从取得的当月起开始摊销），其中包含的未实现内部销售利润的摊销额为24万元。

甲公司在编制20×1年度合并财务报表时，应当对该内部无形资产交易进行如下抵销处理：

（1）将A公司受让取得该内部交易无形资产时其价位中包含的未实现内部销售利润抵销：

借：营业外收入　　　　120

　贷：无形资产　　　　　120

（2）将A公司本期该内部交易无形资产价值摊销额中包含的未实现内部销售利润抵销：

借：累计摊销　　　　24

　贷：管理费用　　　　24

对于抵销分录（1），可以理解为将购入时该无形资产价值中包含的未实现内部销售损益予以抵销。对于抵销分录（2），则可以理解为将本期无形资产累计摊销中因内部交易无形资产价值中包含未实现内部销售损益而多计算的摊销以及当期多计列入无形资产摊销费用予以抵销。

## 二、内部交易无形资产持有期间的抵销处理

进行抵销处理时，按受让时内部交易无形资产价值中包含的未实现内部销售损益的数额，借记“期初未分配利润”项目，贷记“无形资产”项目；按上期期末该内部交易无形资产累计摊销金额中包含的已摊销未实现内部销售损益的数额，借记“累计摊销”项目，贷记“期初未分配利润”项目；按本期因该内部交易无形资产价值中包含未实现内部销售损益而多计算的摊销金额，借记“累计摊销”项目，贷记“管理费用”项目。

## 三、内部无形资产交易摊销完毕的期间的抵销处理

从购买企业来说，该内部交易无形资产到期时，其账面价值已摊销完毕，包含于其中的未实现内部销售损益的数额也摊销完毕，无形资产账面价值经摊销后为零。对于转让企业

来说，因该内部交易无形资产实现的收益，作为期初未分配利润的一部分结转到以后的会计期间，直到购买企业对该内部交易无形资产到期的会计期间。从整个企业来说，随着该内部交易无形资产的使用期满，其包含的未实现内部销售损益也转化为已实现损益。由于销售企业因该内部交易无形资产所实现的收益，作为期初未分配利润的一部分结转到购买企业该内部交易无形资产到期的会计期间，为此首先必须调整期初未分配利润。其次，在该无形资产到期的会计期间，本期无形资产摊销额中仍然包含无形资产价值中包含的未实现内部销售损益的摊销额，这一数额仍须进行抵销处理。

## 第八节 合并现金流量表的编制

### 一、合并现金流量表概述

现金流量表作为第三张主要报表已经为世界上一些主要国家的会计实务所采用，现金流量表要求按照收付实现制反映企业经济业务所引起的现金流入和流出，其编制方法有直接法和间接法两种。我国已经明确规定企业对外报送的现金流量表采用直接法编制。所谓直接法，是将按照权责发生制确认的营业收入调整与营业活动有关的流动资产和流动负债的增减变动，列示营业收入和其他收入的收现数，将按照配比原则确认的营业成本和营业费用调整为付现数。在采用直接法的情况下，以合并利润表有关项目的数据为基础，调整得出本期的现金流入和现金流出数量；分别经营活动产生的现金流量投资活动产生的现金流量、筹资活动产生的现金流量等三大类，反映企业一定会计期间的现金流量情况。

合并现金流量表是综合反映母公司及其子公司组成的企业集团在一定会计期间现金流入、现金流出数量以及其增减变动情况的财务报表。合并现金流量表以母公司和子公司的现金流量表为基础，在抵销母公司与子公司、子公司相互之间发生内部交易对合并现金流量表的影响后，由母公司编制。合并现金流量表也可以合并资产负债表和合并利润表为依据进行编制。

### 二、编制合并现金流量表需要抵销的项目

在以母公司和子公司个别现金流量表为基础编制合并现金流量表时，需要进行抵销的内容主要有：

（1）母公司与子公司、子公司相互之间当期以现金投资或收购股权增加的投资所产生的现金流量应当抵销。当母公司从子公司中购买其持有的其他企业的股票时，由此所产生的现金流量，在购买股权方的母公司的个别现金流量表中，表现为“投资活动产生的现金流量”中的“投资支付的现金”的增加，而在出售股权方的子公司的个别现金流量表中则表现为“投资活动产生的现金流量”中的“收回投资收到的现金”的增加。在母公司对子公司投资的情况下，其所产生的现金流量表在母公司的个别现金流量表中表现为“投资活动产生的现金流量”中的“投资支付的现金”的增加，而在接受投资的子公司个别现金流量表中则表现为“筹资活动产生的现金流量”中的“吸收投资收到的现金”的增加。因此，编制合并现金流量表时将其予以抵销。

（2）母公司与子公司、子公司相互之间当期取得投资收益收到的现金，应当与分配股利、利润或偿付利息支付的现金相互抵销。母公司对子公司投资以及子公司之间进行投资

分配现金股利或利润时，由此所产生的现金流量，在股利或利润支付方的个别现金流量表中表现为“筹资活动产生的现金流量”中的“分配股利、利润或偿付利息支付的现金”的增加，而在收到股利或利润方的个别现金流量表中则表现为“投资活动产生的现金流量”中的“取得投资收益收到的现金”的增加，为此，在编制合并现金流量表时必须将其予以抵销。

(3)母公司与子公司、子公司相互之间以现金结算债权与债务所产生的现金流量应当抵销。以现金结算内部债权债务，对于债权方来说表现为现金的流入，而对于债务方来说则表现为现金的流出。在现金结算的债权与债务属子母公司与子公司、子公司相互之间内部销售商品和提供劳务所产生的情况下，从其个别现金流量表来说，在债权方的个别现金流量表中表现为“销售商品、提供劳务收到的现金”的增加；而在债务方的个别现金流量表中则表现为“购买商品、接受劳务支付的现金”的增加。在编制合并现金流量表时必须将由此所产生的现金流量予以抵销。在现金结算的债权与债务属于内部往来所产生的情况下，在债权方的个别现金流量表中表现为“收到的其他与经营活动有关的现金”的增加，在债务方的个别现金流量表中表现为“支付的其他与经营活动有关的现金”的增加，在编制合并现金流量表时由此所产生的现金流量也必须将其予以抵销。

(4)母公司与子公司、子公司相互之间当期销售商品所产生的现金流量应当抵销。母公司与子公司、子公司相互之间当期销售商品没有形成固定资产、在建工程、无形资产等资产的情况下，该内部销售商品所产生的现金流量，在销售方的个别现金流量表中表现为“销售商品、提供劳务收到的现金”的增加，而在购买方的个别现金流量表中则表现为“购买商品、接受劳务支付的现金”的增加。而在母公司与子公司、子公司相互之间当期销售商品形成固定资产、工程物资、在建工程、无形资产等资产的情况下，该内部销售商品所产生的现金流量，在购买方的个别现金流量表中表现为“购建固定资产、无形资产和其他长期资产所支付的现金”的增加。为此，在编制合并现金流量表时必须将由此所产生的现金流量予以抵销。

(5)母公司与子公司、子公司相互之间处置固定资产、无形资产和其他长期资产收回的现金净额，应当与购建固定资产、无形资产和其他长期资产支付的现金相互抵销。内部处置固定资产时，由于处置固定资产等所产生的现金流量，对于处置方个别现金流量表来说，表现为“处置固定资产、无形资产和其他长期资产收回的现金净额”的增加；对于购置该资产的接受方来说，在其个别现金流量表中表现为“购置固定资产、无形资产和其他长期资产支付的现金”的增加。故在编制合并现金流量表时此所必须将由此所产生的现金流量予以抵销。

(6)母公司与子公司、子公司相互之间当期发生的其他内部交易所产生的现金流量应当抵销。合并现金流量表的格式与个别现金流量表的格式基本相同，在“投资活动产生的金流量”中增加“处置子公司及其他营业单位收到的现金净额”项目。

**【例 8－18】** 母公司及其子公司 20×9 年度涉及有关经济业务为：母公司以银行存款 50 万元增加对子公司的投资；子公司本年度分配 20×8 年度现金股利 100 万元，其中母公司取得 60 万元，该股利已全部支付；子公司以 20 万元偿还所欠母公司 20×8 年商品款；本年度子公司向母公司销售产品共计 46.8 万元，母公司以银行存款结清；母公司将不需用的一辆汽车销售给子公司，售价 5 万元。

母公司 20×9 年编制合并现金流量表时，应当进行如下抵销处理：

借：投资支付的现金　　　　500 000

贷:吸收投资收到的现金 500 000

借:分配股利、利润或偿付利息支付的现金 600 000

贷:取得投资收益收到的现金 600 000

借:购买商品、接受劳务支付的现金 200000

贷:销售商品、提供劳务收到的现金 200000

借:购买商品、接受劳务支付的现金 468 000

贷:销售商品、提供劳务收到的现金 468 000

借:购建固定资产、无形资产和其他长期资产支付现金 50 000

贷:处置固定资产、无形资产和其他长期资产收到的现金净额 50 000

## 复习思考题

**【简答题】**

1. 编制合并资产负债表需要调整抵销的项目
2. 编制合并利润表需要调整抵销的项目
3. 编制合并现金流量表需要调整抵销的项目
4. 编制合并所有者权益变动表需要调整抵销的项目

**【计算分析题】**

1. A公司于20×4年1月1日以9 500万元购入B公司股票4 000万股,每股面值1元,占B公司实际发行在外普通股股数的80%,取得该项股权后,A公司能够对B公司实施控制。20×4年1月1日B公司股东权益总额为10 000万元,其中股本为5 000万元,资本公积为5 000万元,无盈余公积和未分配利润;可辨认净资产公允价值为11 500万元。取得投资时B公司的一项管理用无形资产公允价值为2 000万元,账面价值为500万元,该项无形资产的预计尚可使用年限为15年,净残值为零,按照直线法摊销。20×4年B公司实现净利润3 000万元,提取盈余公积300万元,宣告并发放现金股利1 000万元,资本公积增加1 000万元。B公司20×4年6月20日出售一批产品给A公司,售价(不含增值税)为500万元,增值税为85万元,产品成本为400万元,A公司购入后作为存货,至当年末没有对外出售。假定A、B公司在合并前无关联方关系,不考虑所得税等其他因素。

要求:编制20×4年A公司与长期股权投资业务相关的会计分录及年末编制合并财务报表时的相关调整分录和抵销分录。

2. 甲公司为一家大型国有企业集团公司,20×4年度,甲公司发生的相关业务如下:

(1)20×4年3月31日,甲公司与境外A公司的某股东签门一股权收购协议,甲公司以110 000万元的价格收购八公司股份的80%;当日,A公司可辨认净资产的公允价值为120 000万元,账面价值为110 000万元,6月30日,甲公司支付了收购款并完成股权划转手续,取得了对A公司的控制权,当日A公司可辨认净资产的公允价值为135 000万元,账面价值为125 000万元,收购前,甲公司与A公司之间不存在关联方关系,甲公司与A公司采用的会计政策相同。

(2)20×4年7月31日甲公司向其在西部地区注册的控股子公司B公司销售一批商品,销售价格为10 000万元,增值税销项税额为1 700万元,销售成本为8 000万元;至12月31日,全部货款未收到,甲公司为该应收账款计提坏账准备600万元,B公司将该批商品作为存货管理，并在20×4年对外销售了其中的60%，取得销售收入5 800万元；12月31日，B公司为尚未销售的部分计提存货跌价准备100万元

(3)20×4年10月1日，甲公司以一项专利权交换B公司生产的产品交换日甲公司专利权的成本为2 800万元，累计摊销110万元，未计提减值准备，公允价值为1500万元；B公司换入专利权作为管理用无形资产，采用直线法摊销，预计尚可使用5年，预计净残值为零。B公司用于交换的产品成本为1 300万元，未计提跌价准备，交换日的公允价位为1 400万元，应缴增值税238万元，甲公司另支付了138万元给B公司；甲公司换入的产品作为存货，至年末对外出售80%，上述两项资产已于10月10日办理了资产划转和交接手续，且交换资产未发生减值。

(4)甲公司持有C公司有表决权股汾的20%，能够对C公司的生产经营决策施加重大影响，20×4年11月，甲公司将其账面价值为600万元的商品以900万元的价格出售给C公司，C公司将取得的商品作为管理用固定资产核算，预计使用年限为10年净残值为0；假定甲公司取得该项投资时，C公司各项可辨认资产、负债的公允价值与账面价值相等，两者在以前期间未发生过内部交易。C公司20×4年实现净利润1 000万元，假定在确认投资收益时不考虑所得税影响。

(5)甲公司还开展了以下股权投资业务，且已经完成所有相关手续。

①20×4年10月31日，甲公司的两个子公司与境外D公司三方签订投资协议，约定甲公司的两个子公司分别投资20 000万元和10 000万元，D公司投资10 000万元，在境外设立合资企业E公司从事煤炭资源开发业务。甲公司通过其两个子公司向E公司董事会委派7名董事中的4名董事，按照E公司注册地政府相关规定，D公司对E公司的财务和经营政策拥有否决权。

②20×4年11月30日，甲公司以现金50 000万元取得F公有表决权股份的40%，F公司章程规定，其财务和经营政策需经占50%以上股份的股权代表决定，12月10日甲公司与F公司另一股东签订股权委托管理协议，受委托管理该股东所持25%F股份，并取得相应的表决权。

本题上述各公司均为独立的纳税主体，除B公司适用的所得税税率为15%外，其他各公司适用的所得税税率均为25% ，除题中条件外，不考虑其他因素。

要求：

(1)根据资料(1)，判断甲公司收购A公司股份是否属于企业合并，并简要说明理由；如果属于企业合并，判断属于同一控制下企业合并还是非同一控制下的企业合并，同时指出合并日(或购买日)，并分别简要说明理由。

(2)根据资料(1)确定甲公司在合并日(购买日)对A公司长期股权投资的初始投资成本；计算甲公司在合并财务报表中应确认的商誉余额。

(3)根据资料(2)和(3)，编制20×4年度合并财务报表中甲公司与B公司内部交易抵销的会计分录。

(4)根据资料(4)，计算甲公司20×4年度个别利润表中对C公司投资应确认的投资收益并编制相关会计分录；计算并简要说明对甲公司20×4年度合并利润表中营业收入和营业成本的影响并编制相关会计分录。

(5)根据资料(5)，分别判断甲公司是否应将E公司、F公司纳入其合并财务报表范围，并分别说明理由。

# 第九章　通货膨胀会计(一)——通货膨胀会计概述

本章介绍了通货膨胀会计的产生、通货膨胀会计的模式和通货膨胀会计对传统财务会计理论和方法的发展等内容。

**【考核知识点】**

通货膨胀会计的计价单位和计价基准;通货膨胀会计模式的种类。

**【重要概念】**

通货膨胀会计 计价单位 计价基准 通货膨胀会计模式。

## 第一节　通货膨胀会计的产生

### 一、通货膨胀会计产生的社会经济条件

通货膨胀是在商品经济条件下,由于货币发行量超过商品流通正常需要而造成的单位币值降低和以货币计量的商品价格上涨的经济现象。它表现为一般物价水平的持续上升和货币购买力的持续下降。

货币购买力的变动是通过物价指数来反映的。

物价指数是反映两个时期商品、劳务价格动态的指标。其通常是指某一时期商品或劳动力价格与基期的商品或劳动力价格的比率。它反映相同的商品所需要的纸质的货币数量的变化。

物价指数可分为一般物价指数和个别物价指数。

(1)一般物价指数反映范围广泛的商品综合价格的变动情况,即反映社会全部商品、劳务价格变动的指数。因此,一般物价指数的变动又称为一般物价水平变动。

(2)个别物价指数反映个别商品的价格变动的情况,又称为个别物价水平变动。

在通货膨胀的经济条件下,由于币值不断大幅降低,造成实务计量单位、劳动(时间)计量单位的固定不变与货币计量单位不断变动的矛盾,使得不同时期相等数量的货币单位所计量的实物数量或劳动(时间)数量不等。货币计量单位与其他计量单位相互依存的比例关系遭到破坏,不同时期提供的会计数据和财务比率失去了可比性。

通货膨胀的发生使会计的计量基础遭到很大破坏,因而使得会计作为企业经营管理重要工具和向与企业有经济利害关系者提供相关会计信息的重要作用,受到严重的不良影响。这主要表现在:

(1)传统财务会计报表提供的会计信息不能真实地反映企业现时的财务状况和经营成果;

(2)企业经营过程中消耗的资产得不到应有的补偿,企业的生产经营能力受到削弱;

(3)无法正确反映企业产权资本的维护情况和使业主权益得到保护;

(4)根据失实的会计信息难以对企业的经营业绩作出正确的评价,据以做出的经营决策甚至会给企业带来重大失误;

（5）失实的会计信息难以满足企业债权人和投资人做出信贷及投资决策的需要，影响企业的资金筹措和金融资本市场的正常运转；

（6）失实的会计信息不能满足政府部门对国民经济进行宏观调控和对企业进行微观管理的需要。

通货膨胀会计是在通货膨胀条件下，将传统历史成本会计按照一般物价指数或现实成本数据进行调整，借以反映和消除物价上涨因素对传统会计报表的影响，或彻底改变某些传统会计原则，从而更真实地反映企业财务状况和经营成果的一种会计程序和方法。

## 二、通货膨胀会计产生和发展的几个阶段

综观通货膨胀会计的产生与发展，在实践中大致经历了三个阶段。

### （一）在传统财务会计中采用适当方法消除通货膨胀对传统财务会计信息的影响

（1）付出存货成本计算的后进先出法（2007 年后已取消）。以最后收进存货的成本作为最先付出存货成本的原则，使得计算的存货售出或者耗用的成本接近现时价格水平。

（2）固定资产加速折旧法。使固定资产磨损的大部分价值能在较前的几个使用期间内收回，保证所耗资产价值得到及早补偿。

（3）固定资产定期重置估价法。企业对拥有的固定资产按固定时期和当时的重置完全价值进行重估并调整账面价值和计提折旧，以反映现时价值。

（4）固定资产不提折旧法。对使用中的固定资产不计提折旧，使其账面价值接近通货膨胀条件下的实际净值。

### （二）按一般物价水平变动调整传统财务会计信息反映和消除通货膨胀的影响

将通货膨胀条件下的各项会计数据，经过一般物价水平变动的换算调整使会计报表的各期会计数据成为等值货币计价的会计数据，然后重新计算损益，重新编制会计报表，反映和消除通货膨胀的影响。这一做法否定了传统财务会计的货币计价中币值不变的假设。

这种通货膨胀会计，在美国称为“一般物价水平会计”，英国则称其为“现时购买力会计”或“不变购买力会计”。在一般物价水平与个别物价水平变动相差较大时，按一般物价水平变动调整传统财务会计各数据并不能确切反映某些企业所受通货膨胀影响的程度，甚至歪曲。

### （三）按现时成本反映企业资产在通货膨胀中的变动，向报表使用者提供个别物价水平变动对传统财务会计影响的会计信息

以市场不断变动的现时成本对资产进行计价，反映资产规模及其增减变动，按企业的现时收入和所耗资产的现时成本配比计算损益，并以此为基础编制财务报表。

这种会计方法称为“现时成本会计”，它完全否定了传统财务会计的币值不变假设和历史成本的计价原则，被会计界认为是较一般物价水平会计更为完善的一种通货膨胀会计。

# 第二节 通货膨胀会计的模式

在会计核算中将一定的计价单位和计价基准，一定会计方法与一定会计程序相互结合的固定程式，称为会计模式。

## 一、通货膨胀会计的计价单位和计价基准

### （一）通货膨胀会计的计价单位

计价单位即计量单位。在会计核算中，货币是主要的计价单位，企业发生的各项经济业务均要通过货币单位进行统一计量。在通货膨胀会计中所涉及的货币计量单位包括名义货币和等值货币两种。

在通货膨胀的条件下单位货币的价值一跌再跌，虽然在会计核算中依旧以货币作为主要计量单位，可是不同时期的币值是不相等，不同时期的货币量并不代表相同的价值量。故货币这一计量单位变成了富于伸缩的"橡皮尺"。对于这种在现时流通中货币单位虽然不变但其单位货币所含价值量不断改变的货币，称其为名义货币（官方发行货币）。在通货膨胀条件下传统财务会计所应用的货币实际是名义货币。

与名义货币相对应的概念是等值货币，即单位货币不同时期所含价值量相等的货币。等值货币在不同时期的购买力被看作是相等的。在通货膨胀的条件下等值货币实际是不存在的。

### （二）通货膨胀会计的计价基准

计价基准（也称计量属性）是指会计对象计价所依据的基础与标准，是影响会计对象计价结果的重要因素。如果对企业资产的计价，可以按历史成本也可以按现时成本为不同的基准。

历史成本是指取得某项资产时的实际成本。

现时成本是在现时市场价格条件下取得与企业现有的某项相同（或类似）的资产所需付出的实际成本。

资产的现时成本还可以按其取得的不同，划分为现时重置成本和现时再生产成本。

在通货膨胀会计中遵循的计价基准之一是物价变动因素，对物价变动这一计价基准还可进一步划分为一般物价水平变动和个别物价水平变动。

## 二、通货膨胀会计模式的种类

通货膨胀会计形成四种不同模式：一般物价水平会计、现时成本会计、现时成本/等值货币会计和变现价值会计。

### （一）一般物价水平会计

一般物价水平会计是以期末名义货币为等值货币作计价单位，以资产的历史成本和一般物价水平变动为计价基准，将传统财务会计报表中各项会计数据换算调整为按现时货币购买力计价的企业财务状况和经营成果的各项会计数据，反映和消除一般物价水平变动对

传统财务会计信息影响的会计程序和方法。

（二）现时成本会计

现时成本会计是以名义货币为计价单位和以资产的现时成本与个别物价水平变动为计价基准，提供企业的财务状况和经营成果的各项会计数据，以反映和消除通货膨胀中个别物价水平变动对传统财务会计信息影响的会计程序和方法。

（三）现时成本/等值货币会计

现时成本/等值货币是一种以一般物价水平会计和现时成本会计两种模式相结合，以克服各自缺点和全面反映通货膨胀影响的会计模式。先按现时成本会计模式提供一套以名义货币为计价单位和以现时成本与个别物价水平变动为计价基准的会计数据；再将此数据换算成按一般物价水平变动为计价基准和以期末名义货币为等值货币计价的会计指标，从而全面反映和消除通货膨胀影响的一种会计模式。

（四）变现价值会计

变现价值会计是以名义货币为计价单位和以企业正常经营过程中资产的变现价值为计价基准，通过各会计期间扣除投资因素影响后的期末和期初资产变现价值的变动，确定企业损益的一种会计程序和方法。

资产的变现价值是指企业资产按现时销售价格计价销售后所能获得的收入净额，也就是将企业资产按现时销售价格销售后可能收入的现金扣除其拆除运输等处置成本费用后的收入数额。

## 第三节　通货膨胀会计的理论和方法

通货膨胀会计是财务会计的一个分支，与传统财务会计同属一个范畴，因此，在很大程度上遵循着传统财务会计的基本理论。但通货膨胀会计是在新的社会经济条件下产生的，有其特有的基本理论和方法。

### 一、通货膨胀会计的基本理论

（一）通货膨胀会计特有的会计假设

通货膨胀会计实际上已否定了传统财务会计的货币计价假设的重要条件——币值不变假设；同时又确立了通货膨胀会计的特有前提——币值不断大幅度降低假设。

货币单位价值大幅度降低是通货膨胀会计存在的先决条件，也是通货膨胀会计特有的假设。

（二）通货膨胀会计特有会计概念

1. 名义货币和等值货币

名义货币是指在现实流通的，单位名称虽然不变但其单位所含实际价值量不断改变的货币。

等值货币是指不同时期单位货币所含价值量相等的货币,又称“币值不变货币”。

2. 历史成本和现时成本

历史成本是指取得某项资产时的实际成本。

现时成本是指在当前市场条件下为取得与现有资产相同或类似的资产,按现时价格所需付出的现金或其等价物。

3. 财务资本和实物资本

财务资本是以货币数量,即与其相当的购买力表示的资本。

实物资本是将资本看作是所有者投入企业的实物生产能力或经营能力,或获得该项能力所拥有的资源或资金,它反映企业所拥有的一定生产能力或经营能力,以与其相当的实物量的现时购买力的货币数量表示。

4. 财务资本维护和实物资本维护

财务资本维护是指维护企业资本所拥有的购买力规模。所需收回的已耗资本的数额应当以收回相当于已耗资本购买力的价值量确定。在通货膨胀条件下,财务资本维护是以回收经一般物价水平变动换算调整后的所耗资本购买力的货币数量加以确定。

实物资本维护是指维护企业资本所拥有的生产经营能力的规模。所需维护的资本数额需要用表现其生产能力具体实物数量的价值量表示,即以企业所拥有生产经营能力具体实物的现时价格表示。在通货膨胀条件下,以收回已耗实物资产的现时价格作为实物资产维护的前提。

5. 会计收益和经济收益

会计收益是以财务资本维护为基础所确定的收益,是在从本期收入中回收或维护了企业以货币计量的本期所有耗资本的购买力后所确定的利益。

经济收益是以所耗实物资本得到回收为计量基础计算确定的收益。它要求对经营过程中发生的耗费以所耗实物资本的现时成本计量和回收。

6. 营业收益和持有资产收益

营业收益是由企业在本期过程中销售产(商)品或提供劳务而发生的各项收入和本期成本费用支出相抵后,使企业资产净额增加。

持有资产收益是指由于企业持有资产现时价格变动而使企业净资产增加的价值,又称为“资产置存收益”或“持产利得”。企业持有资产收益是在资产售出或耗用后从营业收入中收回,因此对收回的这部分持产收益,称为已实现持产收益;同时对在通货膨胀中形成而尚未售出或耗用的持有资产所形成的收益称为未实现持产收益。

7. 货币性项目和购买力损益

货币性项目是指企业持有的货币资金和将以固定或可确定的金额收取的资产或偿付的负债。

在通货膨胀的条件下,企业持有货币性资产通常会遭到货币购买力下降的损失,持有货币性负债和权益会带来货币购买力下降的利得。这些由于持有货币性项目的资产、负债和权益因通货膨胀而给企业带来的损失和利得,称为购买力损益。

### (三)特有的会计计量属性和会计原则

1. 现时价格计量属性

资产计价实行现时价格原则是指当企业提出财务报告时,对企业各项财产物资的计价应以其现时的价格（现实重置价格或现时销售价格）为标准。

2. 变革及增加了会计原则

（1）收入确认原则　将报告期不同时点的产品销售收入或劳动收入用一定的方法换算为提供报告时的现时收入额。收入确认原则与传统财务会计相同，只是改变了确认收入的方法。

（2）配比原则　通货膨胀会计采用一定的方法，消除成本费用与收入由于通货膨胀造成的不可比因素，排除或弥补传统财务会计以历史成本和币值不变为计价基准的配比原则的不足，通过换算形成以同一计价标准为基准的收入与成本费用的配比，从而使之获得较为科学正确的结果。在现时成本会计中现时收入与现时成本配比。

（3）谨慎性原则　在一些不同的通货膨胀会计的方法中，为反映通货膨胀对企业财务状况和经营成果的影响，将由于通货膨胀使企业持有的实物资产带来的可能的收益一并列入企业资产负债表中权益的增加或利润表的收益项目中，因而在一定的程度上否定传统财务会计的谨慎性原则。在选择的处理方法中，应尽量选择那些导致乐观程度最小的信息和最充分揭示通货膨胀影响的调整方案。在估算各项指标时，应尽量采用避免导致乐观数据的方法。

（4）成本效益原则　使采用的某种通货膨胀会计模式所带来的效益大于实施这种模式所花费的成本；

（5）重要性原则　对于是否采用通货膨胀会计模式从重要性原则出发考虑。当通货膨胀严重，持续时间长，趋势不可遏止，对传统会计信息的正确提供和会计目标的全面实现有较大影响时，才考虑采用通货膨胀会计；反之，则不考虑应用通货膨胀会计。

（6）客观性原则　对传统财务会计信息消除通货膨胀因素的影响时的物价资料取舍、计算方法的选择及调整项目的确定等方面，尽量符合客观实际。

## 二、通货膨胀会计的基本方法

### （一）会计核算方法

会计核算的基本方法是设置会计科目、复式记账、填制和审核会计凭证、登记账簿、财产清产、成本计算、编制财务报表等。

通货膨胀会计的基本方法如表9－1所示。

**表9－1　通货膨胀会计核算方法的具体内容**

| 项　　目 | 具体要求 |
|---|---|
| 设置会计科目 | 除一般物价水平会计不单独设置会计科目和有关账户外，其余各种通货膨胀会计设置了自身业务特有的会计科目，在变现价值会计模式中，取消了损益类科目 |
| 账簿的设置 | 采用显示成本会计和现时成本/等值货币会计模式：在实行传统财务会计核算的同时，另设了一套完整的现时成本会计账簿体系；在变现价值会计中，废止了传统财务会计大不相同的账簿体系 |
| 编制财务报表 | 各种通货膨胀会计要设置和编制一套反映不同通货膨胀影响的财务报表，特别是变现价值会计资产负债表和利润表，采取与传统财务报表完全不同的编制。此外，在一般物价水平会计模式中，为了计算和反映货币性项目购买力损益，增加了购买力损益计算表，采用了特有的编制方法 |

### （二）财务指标计算方法

财务指标的计算方法或账务处理要根据一般物价水平变动，以期末名义货币为等值货币，计算本期的收入和支出的配比；在一般物价水平会计和现时成本/等值货币会计模式中，要根据一般物价指数的变动，计算货币性项目购买力损益；在现时成本会计/等值货币要按个别物价变动指数计算企业自从变动所产生的持有资产损益，要按固定资产的个别物价指数变动计算期末较期初应增补的折旧费用等等。

### （三）会计核算程序

会计核算程序：在会计核算中为取得会计信息所需指标而采取的相互配合的先后步骤。

（1）增加了划分货币性项目和非货币性项目，计算货币性项目购买力损益；

（2）增加了根据传统财务会计报表编制一般物价水平报表的会计程序；

（3）现实成本/等值货币会计采用了与传统财务会计完全不同的计价基准和收益确定原则与方法。

## 复习思考题

**【简答题】**

1. 什么是通货膨胀会计，是如何产生的？
2. 通货膨胀会计的计价单位和计价基准有哪些？
3. 简述通货膨胀会计的模式。
4. 通货膨胀会计与传统会计比较有哪些特殊的理论与方法？

# 第十章　通货膨胀会计(二)——一般物价水平会计

本章介绍了一般物价水平会计的含义、会计程序和方法以及一般物价水平会计的优缺点。

**【考核知识点】**

划分货币性项目和非货币性项目;按一般物价水平变动调整传统财务会计报表的各项数据;计算货币性项目的购买力损益;编制一般物价水平会计报表;一般物价水平会计资产负债表各项数据的换算调整;一般物价水平会计利润及其分配表各项数据的换算调整;一般物价水平会计的优点;一般物价水平会计的缺点。

**【重要概念】**

一般物价水平会计　货币性项目　非货币性项目　货币性项目购买力损益

## 第一节　一般物价水平会计的程序

### 一、一般物价水平会计的含义

一般物价水平会计,又称一般购买力会计、不变购买力会计或不变币值会计,它是用一般物价指数将历史成本财务报表中的各项数据加以调整,按货币的现时购买力反映企业的财务状况和经营成果的一种会计程序与方法。一般物价水平会计是通货膨胀条件下的产物,它没有脱离传统财务会计,其日常核算仍按传统会计模式进行,只是在期末根据传统会计报表,对某些项目按一般物价指数进行调整。这种做法,使传统会计报表仍然可对外公开发布,而按一般物价指数调整后的会计数据,则可向报表的使用者提供更为相关的信息,以供他们决策参考。

### 二、一般物价水平会计的会计程序和方法

一般物价水平会计是一种消除物价变动对会计信息影响的会计程序和方法,主要程序有:

(1)将传统财务报表中的项目划分为货币性项目和非货币性项目;

(2)确定一种适用的一般物价指数对非货币性项目按物价指数进行调整;

(3)运用物价指数调整计算货币性项目的货币购买力损益;

(4)按调整后的数据重新编制财务报表。

(一)划分货币性项目和非货币性项目

在编制一般物价水平的会计报表前,必须将企业的会计要素划分为货币性项目与非货币性项目,这是一般物价水平会计的第一个重要程序。在物价变动情况下,货币性项目和非货币性项目的账面余额受货币购买力变化的影响不同,需要采取不同的会计处理方法。

1. 货币性项目

货币性项目是指金额固定,或是以货币直接反映,不因物价变动而发生金额变动的

项目。

(1)货币性资产项目 货币性资产项目是指企业持有的货币资金和将以固定或可确定的金额收取的资产。主要包括:以货币直接反映的各种货币资金,按合同规定以固定金额收回的各种应收款项,按面值和固定利率到期收回本利或定期收取利息的各种票据,以及收取固定利息或股利的各类证券投资等。

(2)货币性负债项目 货币性负债项目是指企业所承担的应在未来期间偿还的金额固定的债务。主要包括:按固定金额支付的各种应付款项,按面值和固定利率到期支付本利或定期支付利息的各种票据,以及各项长期或短期借款等。

(3)货币性权益项目 货币性权益项目是指收取固定红利的优先股和企业停业清理时对剩余资产只有固定求偿权的优先股。

货币性项目有两个特点:第一,金额固定不变,不因物价的变动而变动。例如企业年初持有现金20 000元,如未发生相关业务,年终现金账面上仍为20 000元。根据此特点,期末不需要按物价指数调整货币性项目的金额。第二,在一般物价水平变动中所持货币性项目的实际购买力发生变化,并产生购买力损益。尽管货币性项目的金额不因物价变化而变化,但它们必然受到一般物价水平的影响。也就是说,它们实际代表的购买力会因物价水平的影响而上下波动。在通货膨胀时期,持有货币性资产者因购买力下降而遭受损失,持有货币性负债者则因货币购买力下降而获得利益。相反,在通货紧缩时期,持有货币性资产者因货币购买力上升而得益,持有货币性负债者因货币购买力上升而受到损失。

2. 非货币性项目

非货币性项目是指其金额并不是固定不变,而是随着物价变动而发生变化的项目。当物价上涨时,非货币性项目的金额提高,当物价下跌时,非货币性项目的金额降低。

(1)非货币性资产项目,主要包括存货、按非固定金额结算的预付货款、按合同规定收取商品或劳务的应收款项、固定资产以及无形资产等。

(2)非货币性负债项目,主要是按合同规定以商品或劳务偿还的应付账款。

(3)非货币性权益,主要包括普通股、参与分红的优先股和可兑回优先股等。

非货币性项目有两个特点:第一,在物价变动时期,其金额随物价变动而变动,应按一般物价水平变动的幅度加以调整。例如企业年初拥有设备100 000元,一般物价指数由年初的100上升为年末的200,则按现时购买力单位,年末设备金额应调整为200 000元。第二,在一般物价水平会计中非货币性项目换算后的金额,随物价变动的同时不产生购买力损益。这是因为非货币性项目的金额可以随物价变动而变动,所代表的购买力与币值的升降保持同步,因而不会发生货币购买力变动。

从现实的角度看,划分货币性项目与非货币性项目是企业理财方针的重要内容,在通货膨胀时期应缩减货币性资产,在物价下降时期应缩减货币性负债,否则会造成损失。从物价变动会计的角度看,划分货币性项目与非货币性项目又是会计处理的重要程序之一。对货币性项目不作数额调整,但要计算由于持有货币性项目而影响的本期购买力损益;对非货币性项目要随物价变动水平而进行数据调整。

### (二)按一般物价指数调整非货币性项目金额

对会计报表中按历史成本反映的非货币性项目金额,用本期一般物价指数进行调整,借以反映其价值的变化。物价指数常有年初的物价指数、年末的物价指数和全年平均的物价指数三种，不同的调整对象应使用不同的物价指数。利润表项目中，企业的收入、费用是年内不同时期发生额的合计，为了简化换算的工作量，一般假设收入、费用在年内均衡发生，故采用全年平均物价指数进行调整。资产负债表应反映企业年末的财务状况，其非货币性项目就需采用年末一般物价指数进行调整。有关计算如下：

某非货币性项目调整后的金额 = 该项目的历史成本金额 × 调整系数

调整系数 = 现时一般物价指数/历史期一般物价指数

重点非货币性项目的调整方法如下：

1. 固定资产项目

固定资产的原值、累计折旧等，应按其购入时的物价指数进行调整。

**【例 10－1】** 某企业 20×7 年购进设备一台，历史成本为 150 000 元，以 20×7 年为基年，20×7 年物价指数为 120，假定 20×9 年的物价指数为 200，20×9 年年末对该设备进行调整：

调整后的金额 = 150 000 × 200/120 = 250 000（元）

2. 存货项目

存货主要来自外购，企业平时都有进货记录。但不同企业存货的流转及其计价方法有所不同，故存货项目的调整应区分两种情况：一是存货的发出能逐项确认时，可较容易确定年末存货的取得时期及当时的一般物价指数，从而计算年末存货调整后的金额。二是存货的发出不能逐项辨认，只能依靠存货流转假设确定发出批次。如果采用先进先出法，年末存货的取得日应为进货的最近月份；如果采用加权平均法计算发出存货的成本，则应将年末存货的进货日期确定为其购买日；如果存货的购入、耗用是在年内均衡地发生，为了简化核算，也可选用年平均物价指数进行调整。

**【例 10－2】** 某企业按先进先出法计算存货成本，期末存货的成本为 120 000 元，最近月份进货的物价指数为 120，年末的物价指数为 130。

调整后的金额 = 120 000 × 130/120 = 130 000（元）

3. 留存收益项目

应先按一般物价指数对上年末留存收益进行调整，然后再使其与本年度已调整过的净收益相加而求得。实际工作中，多采用“余额法”计算求得。计算公式如下：

留存收益 =（按一般物价水平计算的资产数额 － 按一般物价水平计算的负债数额）－按一般物价水平计算的股本数额

如果企业的所得税与应付股利是在年末一次性缴纳和支付，则其报表数额无须调整，但如果所得税于年内各月预缴、年终汇算清缴，也应按全年平均物价指数和年末物价指数予以调整。

4. 利润表中的有关项目

营业收入、除折旧费以外的营业费用，大多为年内均衡发生，可按年度内平均物价指数作为计算调整系数的分母。折旧费的调整应与固定资产项目的调整相一致。按某项固定资产原价计提的折旧费，应以取得该项固定资产时的一般物价指数作为调整系数的分母，据此计算折旧费的调整金额。营业成本要考虑期初存货成本、本期购货成本和期末存货成本。年初存货成本可按上年末时的物价指数进行调整；本期期末的存货按年末的物价指数进行调整；本年购货成本可考虑为平均进货成本，采用年内的平均物价指数调整。

### （三）计算货币性项目购买力损益

货币性项目购买力损益是指在通货膨胀条件下，由于单位货币购买力的不断降低，持有货币性资产而给企业带来的购买力损失，以及持有货币性负债和权益而给企业带来购买力收益。在通货紧缩的情况下，企业持有货币性项目则会带来相反的损益。

货币性项目购买力损益的计算大致分为以下几步：

（1）确认、调整期初货币性资产净额在期末的货币购买力；

（2）按年末物价指数调整货币性收入和费用；

（3）计算货币购买力损益。

**【例 10－3】**　某企业期初库存现金 200 000 元，应收账款 400 000 元，应付账款 500 000 元。假定期初物价指数为 130，期末物价指数 195。该企业年度销售收入 600 000 元，年度费用总额 400 000 元，年度平均物价指数 160。该企业货币性项目购买力损益计算如下：

（1）期初货币性资产净额 = 600 000 − 500 000 = 100 000（元）；

（2）调整后期初货币性资产净额 = 100 000 × 195/130 = 150 000（元）；

（3）调整货币性收入和费用：

调整货币性收入金额 = 600 000 × 195/160 = 731 250（元）；

调整货币性费用金额 = 400 000 × 195/160 = 487 500（元）；

（4）计算货币性项目购买力损益：

期末调整后货币性资产净额 = 150 000 + 731 250 − 487 500 = 393 750（元）；

期末未调整货币性资产净额 = 100 000 + 600 000 − 400 000 = 300 000（元）；

货币性项目购买力损益 = 393 750 − 300 000 = 93 750（元）。

### （四）编制按一般物价水平调整的财务报表

编制一般物价水平财务报表是一般物价水平会计的最后一个会计程序，是在通货膨胀条件下，以等值货币为计价单位，以历史成本和一般物价水平变动为计价基准，综合反映企业因一般物价水平变动影响而形成的财务状况和经营成果的财务会计报表，包括一般物价水平会计资产负债表、一般物价水平会计利润表、购买力损益计算表等。

1. 一般物价水平会计资产负债表的编制方法

该表可按传统财务会计资产负债表各项目经一般物价水平变动换算后的金额，填入一般物价水平会计资产负债表相应各项目，并重新计算各类合计和总计即可。

2. 一般物价水平会计利润表的编制方法

一般物价水平会计利润及其分配表的格式与传统财务会计的利润及其分配表的格式基本相同，只是在“税后利润”项目之后增加了“货币性项目净额购买力损益”和“等值货币净收益”两个项目。

**【例 10－4】**　A 公司于 20×7 年实行一般物价水平会计，有关换算资料及相关资料如下：

（1）20×7 年 A 公司传统财务会计资产负债表和利润表及所有者权益变动表的部分项目如表 10－1 和表 10－2 所示。

有关 A 公司业务情况及物价变动资料在资产负债表各项目数据换算调整金额已计算得出，可直接选用。

**表 10－1　资产负债表**

编制单位:A公司　　　　20×7年12月31日　　　　单位:元

| 项　目 | 20×7年1月1日 | 20×7年12月31日 |
| --- | --- | --- |
| 货币资金 | 560 000 | 910 000 |
| 存货 | 700 000 | 840 000 |
| 固定资产原值 | 1 680 000 | 1 680 000 |
| 其中:设备 | 420 000 | 420 000 |
| 土地 | 1 260 000 | 1 260 000 |
| 累计折旧 | — | 28 000 |
| 固定资产净值 | 1 680 000 | 1 652 000 |
| 资产合计 | 2 940 000 | 3 402 000 |
| 短期借款(货币性) | 280 000 | 560 000 |
| 长期借款(货币性) | 1 820 000 | 1 820 000 |
| 负债合计 | 2 100 000 | 2 380 000 |
| 股本 | 840 000 | 840 000 |
| 未分配利润 | — | 182 000 |
| 所有者权益合计 | 840 000 | 1 022 000 |
| 负债和所有者权益合计 | 2 940 000 | 3 402 000 |

**表 10－2　利润表及所有者权益变动表的部分项目**

编制单位:A公司　　　　20×7年度　　　　单位:元

| 项　目 | 金　额 | |
| --- | --- | --- |
| 营业收入 | | 2 240 000 |
| 营业成本 | | 1 316 000 |
| 期初存货(1月1日) | 700 000 | |
| 本期购进 | 1 456 000 | |
| 可供销售存货 | 2 156 000 | |
| 期末存货(12月31日) | 840 000 | |
| 毛利 | | 924 000 |
| 销售与管理费用、财务费用 | | 476 000 |
| 折旧费用 | | 28 000 |
| 税前利润 | | 420 000 |
| 所得税费用 | | 210 000 |
| 税后利润 | | 210 000 |
| 年初未分配利润 | | 0 |
| 可供分配利润 | | 210 000 |
| 对所有者(或股东)的分配 | | 28 000 |
| 未分配利润 | | 182 000 |

(2)A公司有关经济业务资料如下:

①20×7年1月1日购进固定资产设备原值为420 000元,当日交付使用,预计使用15年,无残值,采用直线法计提折旧(假定20×7年按12月计提折旧),购进土地原值为260 000元,不提折旧;

②存货为年内均匀购进;

③发出存货成本采用先进先出法计价;

④长短期借款均为年初借入,年末尚未归还;

⑤年内全部销售收入和销售费用、管理费用均为年内均匀发生;

⑥所需发放现金股利为年终结算后决定。

(3)有关年内物价资料如下:

①20×7年1月1日一般物价指数为100;

②20×7年12月31日一般物价指数为180;

③20×7年全年平均一般物价指数为150;

④期末存货购进期间一般物价指数为160。

要求:

(1)根据一般物价水平会计对传统财务会计资产负债表中货币性项目和非货币性项目数据进行换算调整;

(2)根据一般物价水平会计对传统财务会计利润表及所有者权益变动表部分项目数据进行换算调整;

(3)根据以上资料,编制购买力损益计算表;

(4)根据以上结果,编制A公司一般物价水平会计资产负债表和利润表及所有者权益变动表的部分项目。

1.资产负债表项目的调整

(1)货币性项目数据的换算调整

在以期末名义货币为等值货币时,各货币性项目期末数均保持原值,不需要再进行计算,各货币性项目期初数需根据一般物价水平的变动进行换算,由于各货币性项目年初数均为当年1月1日发生,故基期一般物价指数均为年初一般物价指数。

①"货币性资产项目":

期初数换算后金额=560 000×180/100=1 008 000(元)

②"货币性流动负债项目":

期初数换算后金额=280 000×180/100=504 000(元)

③"货币性长期负债项目":

期初数换算后金额=1 820 000×180/100=3 276 000(元)

(2)非货币性项目的换算调整

①"存货"项目:

期初数换算后金额=700 000×180/100=1 260 000(元)

期末数换算后金额=840 000×180/160=945 000(元)

②"固定资产原值"项目中:

设备期初数换算后金额=420 000×180/100=756 000(元)

土地期初数换算后金额=1 260 000×180/100=2 268 000(元)

“固定资产原值”项目期末数据换算时所用的基期一般物价指数应为其取得时的一般物价指数。由于该会计期间设备和土地均未发生增减，故其换算结果应与期初数相同。

③“累计折旧”项目中“土地”不计提折旧，故不计算折旧。“设备项目”折旧期初数为0，期末数计算时采用与固定资产原值计算时相同的基期一般物价指数。

“设备”项的“累计折旧”期末数换算后金额 = 28 000 × 180/100 = 50 400（元）

④“固定资产净值”项目根据换算后的“固定资产原值”项目和“累计折旧”项目分别求得。

“设备”净值的换算调整期初数 = 756 000 − 0 = 756 000（元）

“设备”净值的换算调整期末数 = 756 000 − 50 400 = 705 600（元）

“土地”不计提折旧，故其换算调整后的期初数和期末数均 = 1 260 000 × 180/100 = 2 268 000（元）

⑤股本项目期初数换算后金额 = 840 000 × 180/100 = 1 512 000（元）。

股本项目期末数换算后金额为：因股本项目为历史成本，故与年初数的计算相同。

⑥未分配利润项目是在各项目的金额换算后，依据资产总计和负债所有者权益总计相等的平衡原理计算的结果，所以该项目期末数为

未分配利润项目期末数 = （910 000 + 945 000 + 2 973 600） − （560 000 + 1 820 000） − 1 512 000 = 936 600（元）

2. 利润表及所有者权益变动表部分项目的调整

（1）“营业收入”项目调整换算后的金额 = 2 240 000 × 180/150 = 2 688 000（元）。

（2）“营业成本”及各有关项目金额的换算调整：

“期初存货”项目换算后金额 = 700 000 × 180/100 = 1 260 000（元）

“本期进货”项目换算后金额 = 1 456 000 × 180/150 = 1 747 200（元）

“可供销售存货”项目金额按换算后的期初存货加本期进货金额 = 1 260 000 + 1 747 200 = 3 007 200（元）

“期末存货”项目换算后金额 = 840 000 × 180/160 = 945 000（元）

“营业成本”项目换算后金额 = 3 007 200 − 945 000 = 2 062 200（元）

（3）“销售与管理费用、财务费用”项目换算后金额 = 476 000 × 180/150 = 571 200（元）。

（4）“折旧费用”项目换算后金额 = 28 000 × 180/100 = 50 400（元）。

（5）“所得税费用”项目换算后金额 = 210 000 × 180/150 = 252 000（元）。

（6）“对所有者（或股东）的分配”项目换算后金额 = 28 000 × 180/180 = 28 000（元）。

3. 编制 A 公司购买力损益计算表

A 公司购买力损益计算表如表 10 − 3 所示。

**表 10 − 3　A 公司购买力损益计算表（按等值货币计算）**

20×7 年度　　　　单位：元

| 项目 | 未调整金额 | 换算系数 | 调整后金额 |
|---|---|---|---|
| 期初货币资产 | 560 000 | 180/100 | 1 008 000 |
| 期初短期借款（货币性） | 280 000 | 180/100 | 504 000 |
| 期初长期借款（货币性） | 1 820 000 | 180/100 | 3 276 000 |
| 期初货币性项目净额 | − 1 540 000 | 180/100 | − 2 772 000 |

表 10－3(续)

| 项　　目 | 未调整金额 | 换算系数 | 调整后金额 |
|---|---|---|---|
| 本期货币性项目增减变动 | | | |
| 加:销售收入 | 2 240 000 | 180/150 | 2 688 000 |
| 减:发出本期进货 | 1 456 000 | 180/150 | 1 747 200 |
| 销售、管理、财务费用 | 476 000 | 180/150 | 571 200 |
| 所得税费用 | 210 000 | 180/150 | 252 000 |
| 对所有者(或股东)的分配 | 28 000 | 180/180 | 28 000 |
| 付出合计 | 2 170 000 | | 2 598 400 |
| 期末应有货币性项目净额 | | | －2 682 400 |
| 期末实有货币性项目净额 | | | －1 470 000 |
| 货币购买力损益 | | | －1 212 400 |

4. 编制调整后的财务报表

A 公司调整后资产负债表、利润表及所有者权益变动表的部分项目如表 10－4 和表 10－5 所示。

**表 10－4　A 公司资产负债表(以等值货币为基准)**

编制单位:A 公司　　　　20×7 年 12 月 31 日　　　　单位:元

| 项　　目 | 20×7 年 1 月 1 日 | 20×7 年 12 月 31 日 |
|---|---|---|
| 货币资金 | 1 008 000 | 910 000 |
| 存货 | 1 260 000 | 945 000 |
| 固定资产原值 | 3 024 000 | 3 024 000 |
| 其中:设备 | 756 000 | 756 000 |
| 　　土地 | 2 268 000 | 2 268 000 |
| 累计折旧 | — | 50 400 |
| 固定资产净值 | 3 024 000 | 2 973 600 |
| 资产合计 | 5 292 000 | 4 828 600 |
| 短期借款(货币性) | 504 000 | 560 000 |
| 长期借款(货币性) | 3 276 000 | 1 820 000 |
| 负债合计 | 3 780 000 | 2 380 000 |
| 股本 | 1 512 000 | 1 512 000 |
| 未分配利润 | — | 936 600 |
| 所有者权益合计 | 1 512 000 | 2 448 600 |
| 负债和所有者权益合计 | 5 292 000 | 4 828 600 |

表 10－5　利润表及所有者权益变动表的部分项目（按等值货币计算）

编制单位：A 公司　　　　20×7 年度　　　　单位：元

| 项　　目 | 金　　额 | 金　　额 |
|---|---|---|
| 销售收入 | | 2 688 000 |
| 销售成本 | | |
| 期初存货(1 月 1 日)<br>本期购进<br>可供销售存货<br>期末存货(12 月 31 日) | 1 260 000<br>1 747 200<br>3 007 200<br>945 000 | 2 062 200 |
| 毛利 | | 625 800 |
| 销售与管理费用、财务费用 | | 571 200 |
| 折旧费用 | | 50 400 |
| 税前利润 | | 4 200 |
| 所得税费用 | | 252 000 |
| 税后利润 | | －247 800 |
| 货币性项目净额购买力损益 | | 1 212 400 |
| 等值货币净收益 | | 964 600 |
| 年初未分配利润 | | 0 |
| 可供分配利润 | | 964 600 |
| 对所有者(或股东)的分配 | | 28 000 |
| 未分配利润 | | 936 600 |

## 第二节　一般物价水平会计的评价

### 一、一般物价水平会计的优点

#### (一)简便易行

主要表现在：

(1)不改变传统的历史成本计量基础，不改变会计日常核算的方法和程序，只是按一般物价指数对历史成本会计报表的数字进行调整，既简单又容易理解，因此所耗费的人力和物力较少；

(2)选用的物价指数一般情况下是政府公布的，具有客观、可验证性；同时该指数现时可用，不会耽搁报表的公布时间。

### （二）增强了财务数据的可比性

对于特定企业来说，因其按照一般物价指数调整了财务报表的各项数据，因而统一了同期报表中不同时点形成的数据的计量单位。如果将这种方法连续应用于相邻会计期间，将会提高各期报表财务数据之间的可比性。如果相关企业都采用这一会计模式，则由于所采用的物价指数相同，将会增强企业之间财务信息的可比性。

### （三）易于监督

由于所有企业依据相同物价指数（一般由政府公布）进行调整，使调整后的财务报表具有客观性，选用的物价指数具有可验证性，从而便于进行审计等监督。

## 二、一般物价水平会计的缺点

### （一）不能确切反映企业真实的财务状况和经营成果

一般物价水平会计是按一般物价指数调整财务报表中的数值，没有考虑企业各类资产价值的实际变化。物价指数一般只能依靠政府提供，而政府提供物价指数主要不是为了满足物价变动会计的需要。大多数国家选用消费品价格指数。由于消费品价格指数主要由食品、服装、房租等构成，它与企业所要调整的各项生产资料价格走向不一定完全相关。此外，一般物价指数是一个综合的物价指数，因而它并不能确切的反映某一具体类别资产价值的变化。在大多数情况下，一般物价水平和个别物价水平的差异是较大的。加上各企业资本的结构不同，按一般物价指数统一调整不同类型的企业报表，使调整后的报表容易引起误解。

### （二）易造成误解

一般物价水平会计中的货币性项目的购买力损益，只是一种计算上的差额，并不意味着企业的股东因此可以分享相应的股利，也不意味着企业可因此而积累更多的盈余来扩大经营规模。如果企业承担着巨额负债，将会出现这样的情况：一方面，在历史成本会计模式下，将沉重的利息支出计入了历史成本经营费用；另一方面，在一般物价水平会计下，又会出现巨额的购买力利得。这很可能给人以错觉，导致决策失误。

### （三）对报表的所有项目要求明确划分货币性项目和非货币性项目难以完全做到

尽管大多数项目按照划分标准，可以区分为货币性项目和非货币性项目，但是有少数项目很难以明确划分，至今仍难以确定其性质。

## 复习思考题

**【简答题】**

1. 什么是一般物价水平会计，物价水平会计有什么特点？
2. 运用一般物价水平会计时，如何划分货币性项目和非货币性项目？

3. 对非货币性项目如何按物价指数进行调整？

4. 对货币性项目如何计算其货币购买力损益？

【计算分析题】

1. 某公司本期持有货币性项目情况如下：

期初的货币性资产为 100 000 元，货币性负债为 80 000 元；该公司全年取得的营业收入为 500 000 元，系均匀取得；全年发生的存货购买成本和营业费用 300 000 元，也系均匀发生；期末的货币性资产为 310 000 元，货币性负债为 90 000 元。已知该年年初的物价指数为 110，年末为 165，年度平均物价指数为 150。

要求：计算货币购买力损益。

2. 某公司本期持有非货币性项目情况如下：

20×7 年 12 月 31 日固定资产的账面余额为 800 000 元，其购置期间为 20×5 年500 000 元，20×6 年为 200 000 元，20×7 年为 100 000 元。在这三年期间一般物价指数的变动情况分别为：20×5 年 105，20×6 年 120，20×7 年 150。

要求：按一般物价指数调整固定资产的账面价值。

3. 编制按一般物价水平调整的会计报表：

某公司 20×9 年按历史成本编制的会计报表如下所示：

**资产负债表**

20×9 年 12 月 31 日　　　　单位：元

| 项　目 | 20×8 年 12 月 31 日 | 20×9 年 12 月 31 日 |
|---|---|---|
| 货币资金 | 120 000 | 135 000 |
| 应收账款 | 45 000 | 42 000 |
| 存货 | 100 000 | 105 000 |
| 固定资产 | 520 000 | 520 000 |
| 　减：累计折旧 | (85 000) | (105 800) |
| 资产合计 | 700 000 | 696 200 |
| 应付账款 | 40 000 | 45 000 |
| 长期借款 | 150 000 | 141 000 |
| 普通股 | 500 000 | 500 000 |
| 留存收益 | 10 000 | 10 200 |
| 权益合计 | 700 000 | 696 200 |

**利　润　表**

20×9 年度　　　　单位：元

| 项　目 | 金　额 | |
|---|---|---|
| 营业收入 | | 500 000 |
| 　减：营业成本 | | 345 000 |
| 期初存货 | 100 000 | |
| 本期购货 | 350 000 | |

**利 润 表**(续)

| 项 目 | 金 额 | |
|---|---|---|
| 可供销售存货 | 450 000 | |
| 期末存货 | 105 000 | |
| 折旧费用 | 20 800 | |
| 其他费用 | | 44 000 |
| 所得税费用 | | 40 000 |
| 净利润 | | 50 200 |
| 加:期初留存收益 | | 10 000 |
| 减:现金股利 | | 50 000 |
| 期末留存收益 | | 10 200 |

其他有关资料有:

(1)年初存货购置时的平均物价指数为105,本年存货购置是在年内均衡发生,存货发出采用先进先出法,年末存货购置时的平均物价指数为125。

(2)固定资产购置时的物价指数为110,年折旧率为4%,无残值。

(3)应收账款和应付账款的收支时间在年内均衡发生。

(4)普通股发行时的物价指数为108。

(5)销售收入、其他费用、所得税费用在年内均衡发生。

(6)现金股利宣告分派时的物价指数为145。

(7)20×8年12月31日的物价指数为115,20×9年12月31日的物价指数为145,20×9年度平均物价指数为130。

要求:(1)按一般物价指数调整会计报表。

(2)编制货币性项目购买力变动净损益计算表。

# 第十一章　通货膨胀会计(三)——现时成本会计

本章介绍了现时成本会计的含义、会计程序和方法、优缺点以及现时成本与一般物价水平结合会计的处理方法。

**【考核知识点】**

现时成本会计的作用;确定和反映资产的现时成本;计算企业持有资产损益;计算现时成本会计收益;编制现时成本会计报表;现时成本会计的日常核算方法;现时成本会计的定期核算方法;现时成本会计的优点;现时成本会计的缺点。

**【重要概念】**

现时成本会计　直接定价法　价格指数法　持有损益

## 第一节　现时成本会计的程序

### 一、现时成本会计的含义

现时成本会计,又称现时重置成本会计,也叫现行会计,是以资产的现时成本或现时重置成本作为计价基础,从而反映和消除物价变动对企业财务状况和经营成果影响的一种会计程序和方法。

在现时成本法下,会计人员要根据资产的现时成本对资产的计价基础进行调整,在调整的基础上,确定对资产的持有损益(或称置存损益),最终再以财务报表中的现时收入与产生收入所耗的现时成本相配比,确定出本期损益。

现时成本会计模式的提出,主要基于以下两点考虑:

(1)是根据马克思的社会再生产理论;

(2)是从报表使用者的角度看,他们最关心的是企业资产的现行价值而非历史成本。

在物价发生结构性变动的情况下,无论历史成本会计或一般物价水平会计均无法做到。而现时成本会计,对企业本期耗费的资产及期末持有资产的价值均采用现时成本(重置成本)计量,从而满足了实物资本保全和提供资产现行价值的要求。现时成本会计虽然仍然使用名义货币单位,但已充分考虑了物价变动的具体情形,故而被认为是比较完善的物价变动会计。

现时成本会计模式与其他物价变动会计模式相比的主要特征是:

(1)资产按现时重置成本计价。现时成本会计的一个主要特点,是随着物价的波动,不断地对同一资产进行重新计量。现时成本会计正是通过企业资产价值变化的不断计量,来提供更为相关的会计信息。现时成本即重新购置在品种、规格等方面与现有资产相同的资产的成本。现时重置成本可以按市场的现时重置价格直接确定。

(2)反映资产的持有损益。历史成本会计的收益是收入与成本相配比的结果,它不反映由于物价变动而引起持有资产价值变化给企业带来的损益。在物价变动时,物价上涨将带来资产持有收益;物价下跌将会发生资产持有损失。历史成本会计对资产持有损益在资产未出售前不予以确认，只是在销售时才体现于经营收益中，但现时成本会计对资产在持有期间按现时重置成本的变化不断进行计量，以反映物价变动所带来的损益。

## 二、现时成本会计的会计程序和方法

现时成本会计的处理一般步骤为：

(1)确定各种非货币性资产的现时成本；

(2)计算非货币性资产持有损益；

(3)按现时成本调整财务报表。

### (一)现时成本的确定

《企业会计准则》基本准则中规定会计的计量属性包括历史成本、重置成本、可变现净值和公允价值。一般情况下，现时成本是指现时重置成本，现时重置成本的确定方法一般有两类：直接定价法和价格指数法。

(1)直接定价法。采用直接定价法确定实物资产的现时成本时，一般可以采用：现时发票价格、供货方的价目表或报价单、能反映现时成本的标准制造成本等。

(2)价格指数法。在最近没有发生交易、没有价目表或者价目表已不适用的情况下，一般可用个别物价指数计算个别项目的现时成本。个别物价指数有两个来源：①政府或其他权威机构提供的特种或分类物价指数；②企业自行编制的某种或某类商品物价指数。

确定企业资产的现时成本既是现时成本会计的首要程序，也是贯彻始终的会计核算内容。

### (二)资产持有损益的确定

在现时成本会计中，计算资产持有损益是一个核心问题。在现时成本会计下，货币性项目的购买力损益是不计的，因为从现时成本会计的观点看，不认为不同时期的计量单位已经改变，而当非货币性项目被重新表述时，持有损益就出现了。持有损益主要发生在存货、房屋、设备等具有实物形态的资产上，并延及销货成本和折旧费等利润表项目。在初次实行现时成本会计的情况下，持有损益是当年现时成本总额与财务报表显示的历史成本总额的差额。在前期已经实行现时成本会计的情况下，由于每年年末都曾确认过当时的现时成本金额，因此在报告期末，只需确认本期现时成本变动额与上期现时成本变动额的差额。

持有损益分为已实现和未实现两部分。已实现持有损益是指已经销售或转换的资产的持有损益，主要包括已销售存货上的持有损益和当期计提折旧的资产在当期现时成本折旧额中的持有损益等，计算金额为已被消耗资产的现时成本与其历史成本之差。未实现持有损益是指尚未销售或处置的资产上的持有损益，主要产生于期末存货、房屋、设备等这类实物资产，计算金额为企业期末持有的资产按现时成本计算与其历史成本之差。

持有损益的计算可分为两个步骤：

(1)汇总有关项目的历史成本与现时成本(其差额就是持有损益)；

(2)汇总有关项目上已实现和未实现的持有损益。

现时成本会计下，资产持有损益如何列示：

(1)根据财务资本保全观念的处理方法，对资产持有损益单独设项、列入利润表中，最终调整企业的期末留存利润；

（2）根据实物资本保全观念，因物价变动而产生的资产持有损益，反映在资产负债表中的股东权益项下。这样做的好处是可以保证企业实物资本保全，因而被广泛采用。

1. 存货持有损益的确定

**【例 11－1】** A 公司在 20×9 年 1 月 1 日购入商品 2 000 千克，每千克 12 元；6 月 1 日此项存货商品的现时重置成本上升为每千克 16 元；8 月 18 日销售该存货 1 200 千克，每千克 20 元，当时每千克存货的重置成本为 16 元。年末该存货商品的重置成本为 18 元。

对上述业务按现时成本会计方法处理如下：

（1）20×9 年 1 月 1 日存货购入

借：存货　　(2 000 ×12)24 000

　　贷：银行存款　　24 000

（2）6 月 1 日按现时重置成本计算持有收益

借：存货　　(2 000 ×4)8 000

　　贷：未实现存货持有收益　　8 000

（3）8 月 18 日销售存货结转销货成本

借：银行存款　　(1 200 ×20)24 000

　　贷：销售收入　　24 000

借：销售成本　　(1 200 ×16)19 200

　　贷：存货　　19 200

（4）8 月 18 日结转已实现存货持有收益

借：未实现存货持有收益　　(1 200 ×4)4 800

　　贷：已实现存货持有收益　　4 800

（5）12 月 31 日按现时重置成本计算持有收益

借：存货　　(800 ×2)1 600

　　贷：未实现存货持有收益　　1 600

2. 固定资产持有损益的确定

**【例 11－2】** A 公司年初购入一台管理用设备，成本 1 000 000 元，该设备预计可使用 5 年，假定本年按 12 个月计提折旧，直线法提取的折旧额为 200 000 元。年末该项资产的重置成本为 1 200 000 元。

A 公司应作的会计处理为两部分，即在物价变动后调整资产价值，使其与现时成本相一致；调整已提取的折旧额，并按已提折旧的情况确定出资产的已实现、未实现持有损益。

根据固定资产的特点，应将固定资产价格上升的金额部分视为持有损益；而且将已补提折旧部分视为已实现持有损益，未提折旧部分视为未实现持有损益。

固定资产持有损益 = 1 200 000 － 1 000 000 = 200 000（元）

固定资产已实现持有损益 = 1 200 000/5 － 1 000 000/5 = 40 000（元）

固定资产未实现持有损益 = 200 000 － 40 000 = 160 000（元）

编制会计分录为：

借：固定资产——设备　　200 000

　　贷：已实现持有损益　　40 000

　　　　未实现持有损益　　160 000

按现时成本计算折旧费用的一个主要问题是，由于年初与年末资产重置成本不同，按年末重置成本计算的折旧费用大于按年初重置成本所计算的折旧费用，其差额称为积欠折旧，即按现时成本会计，对这部分积欠折旧，可以追加折旧费用，也可以不计入当期的折旧费用，而是冲减留存利润（即未分配利润）调整增加本年度的累计折旧，并相应降低资产的年末净值。

借：管理费用——增补折旧费　　40 000

　贷：累计折旧　　　　　　　　　　40 000

### （三）按现时成本调整财务报表

首先要按现时成本对报表内的资产项目进行调整，使其账面价值与现时成本趋于一致；然后，再按调整后各账户的余额编制资产负债表，按计算过的资产持有损益编制利润表。

1. 资产负债表项目的调整

在对资产负债表项目进行调整时，对货币性项目和非货币性项目要区别对待。由于货币性项目是按固定金额表述的，不受个别物价变动影响，各年末的历史成本就是其现时成本，因此，对货币性项目按历史成本表述，不用进行任何调整。非货币性项目受个别物价变动的影响，其形成时的历史成本就是当时的现时成本，会计期末要根据有关资产市场价值的变动情况将其调整为资产负债表日的现时成本。

2. 利润表项目的调整

利润表中的某些项目（如销售收入、除折旧费用以外的费用、所得税等）是按当期的物价水平或接近于当期的物价水平逐渐累积的，其历史成本和现时成本极为接近，为简化调整工作，通常不对其进行调整。至于折旧费用和销售成本，因其与特定的、较早取得的资产的历史成本相联系，与相应资产当期的价格距离较近，应按相应资产的现时成本调整确定它们的现时成本。

**【例 11－3】** 假设 A 公司 20×9 年年末按历史成本编制的资产负债表和利润表如表 11－1 和表 11－2 所示。

**表 11－1　资产负债表（历史成本）**

编制单位：A 公司　　　　20×9 年 12 月 31 日　　　　单位：元

| 项　　目 | 20×8 年 12 月 31 日 | 20×9 年 12 月 31 日 |
|---|---|---|
| 资产 | | |
| 流动资产： | | |
| 货币资金 | 108 000 | 90 000 |
| 应收账款（净额） | 152 000 | 160 000 |
| 存货 | 160 000 | 190 000 |
| 流动资产合计 | 420 000 | 440 000 |
| 固定资产原价 | 600 000 | 600 000 |
| 减：累计折旧 | 200 000 | 240 000 |
| 资产总计 | 820 000 | 800 000 |
| 负债及所有者权益 | | |
| 流动负债： | | |

表 11－1(续)

| 项　　目 | 20×8 年 12 月 31 日 | 20×9 年 12 月 31 日 |
|---|---|---|
| 应付账款 | 180 000 | 150 000 |
| 应付股利 | 20 000 | 30 000 |
| 流动负债合计 | 200 000 | 180 000 |
| 长期负债 | 220 000 | 220 000 |
| 所有者权益： | | |
| 实收资本 | 300 000 | 300 000 |
| 盈余公积及未分配利润 | 100 000 | 100 000 |
| 负债及所有者权益总计 | 820 000 | 800 000 |

表 11－2　利润表(历史成本)

编制单位:A 公司　　　　20×9 年度　　　　单位:元

| 项　　目 | 金　　额 |
|---|---|
| 一、营业收入 | 560 000 |
| 减:营业成本 | 234 000 |
| 销售费用、税金 | 112 000 |
| 管理费用、财务费用 | 96 000 |
| 折旧费用 | 40 000 |
| 二、营业利润 | 78 000 |
| 加:营业外收支净额 | (20 000) |
| 三、利润总额 | 58 000 |
| 减:所得税费用 | 18 000 |
| 四、税后利润 | 40 000 |
| 加:年初未分配利润 | |
| 五、可供分配的利润 | 40 000 |
| 减:提取的盈余公积 | 10 000 |
| 应付利润 | 30 000 |
| 六、未分配利润 | 0 |

其他有关补充资料如下：

(1)本期不同日期发生的现时销售成本为 260 000 元,20×8 年年底存货的现时成本为 180 000 元,20×9 年年底存货的现时成本为 210 000 元。

(2)固定资产 20×8 年年底现时成本为 1 380 000 元,累计折旧 440 000 元。20×9 年年底固定资产现时成本为 1 420 000 元。该项固定资产预计使用 15 年,假定无残值。

(3)其他项目的历史成本与现时成本一致。

根据上述资料,重编现时成本会计报表如下：

1. 将历史成本报表的有关项目调整为现时成本。

在调整过程中,对货币性项目无需调整,对某些项目,如实收资本等也暂不调整,下面仅列示需要调整的项目如表 11－3 所示。

表 11－3　相关项目调整表

单位:元

| 项　　目 | 历史成本 | | 现时成本 | |
|---|---|---|---|---|
| | 20×8 年 12 月 31 日 | 20×9 年 12 月 31 日 | 20×8 年 12 月 31 日 | 20×9 年 12 月 31 日 |
| 存货 | 160 000 | 190 000 | 180 000 | 210 000 |
| 固定资产 | 600 000 | 600 000 | 1 380 000 | 1 420 000 |
| 累计折旧 | 200 000 | 240 000 | 440 000 | 533 334[注] |

注:20×8 年 12 月 31 日累计折旧现时成本加上本期现时成本折旧费用 93 333.33 元。(1 380 000 + 1 420 000)/2/15 = 93 333.33(元)

2. 计算资产持有损益

资产持有损益计算过程及持有收益汇总表如表 11－4、表 11－5 所示。

表 11－4　资产持有收益计算表

单位:元

| 项　　目 | 历史成本 | 现时成本 | 差　　额 |
|---|---|---|---|
| 存货 20×8 年 12 月 31 日 | 160 000 | 180 000 | 20 000 |
| 　　20×9 年 12 月 31 日 | 190 000 | 210 000 | 20 000 |
| 固定资产净值 | | | |
| 　　20×8 年 12 月 31 日 | 400 000 | 940 000 | 540 000 |
| 　　20×9 年 12 月 31 日 | 360 000 | 886 666 | 526 666 |
| 营业成本 | 234 000 | 260 000 | 26 000 |
| 折旧费 | 40 000 | 93 334 | 53 334 |

表 11－5　持有收益汇总计算表

单位:元

| 项　　目 | 存货 | 固定资产 | 合计 |
|---|---|---|---|
| 未实现的资产持有收益 | | | |
| 20×8 年 12 月 31 日 | 20 000 | 526 666 | 546 666 |
| 20×9 年 12 月 31 日 | 20 000 | 540 000 | 560 000 |
| 未实现资产持有收益的增加(减少) | 0 | (13 334) | (13 334)[注] |
| 已实现的资产持有收益 | 26 000 | 53 334 | 79 334 |
| 资产持有收益合计 | 26 000 | 40 000 | 66 000 |

注:这是对重复计算的已实现资产持有收益的冲减,并非本期发生的资产持有损失。

3. 编制以现时成本为基础的财务报表

以现时成本为基础的编制的财务报表如表 11－6 和表 11－7。

表 11-6　资产负债表(现时成本)

编制单位:A 公司　　20×9 年 12 月 31 日　　单位:元

| 项　目 | 20×8 年 12 月 31 日 | 20×9 年 12 月 31 日 |
| --- | --- | --- |
| 资产 | | |
| 流动资产: | | |
| 货币资金 | 108 000 | 90 000 |
| 应收账款(净额) | 152 000 | 160 000 |
| 存货 | 180 000 | 210 000 |
| 流动资产合计 | 440 000 | 460 000 |
| 固定资产原价 | 1 380 000 | 1 420 000 |
| 减:累计折旧 | 440 000 | 533 334 |
| 资产总计 | 1 380 000 | 1 346 666 |
| 负债及所有者权益 | | |
| 流动负债: | | |
| 应付账款 | 180 000 | 150 000 |
| 应付股利 | 20 000 | 30 000 |
| 流动负债合计 | 200 000 | 180 000 |
| 长期负债 | 220 000 | 220 000 |
| 所有者权益: | | |
| 实收资本 | 300 000 | 300 000 |
| 盈余公积及未分配利润 | 660 000 | 646 666 |
| 负债及所有者权益总计 | 1 380 000 | 1 346 666 |

表 11-7　利润表(历史成本)

编制单位:A 公司　　20×9 年度　　单位:元

| 项　目 | 金　额 |
| --- | --- |
| 一、营业收入 | 560 000 |
| 减:营业成本 | 260 000 |
| 销售费用、税金 | 112 000 |
| 管理费用、财务费用 | 96 000 |
| 折旧费用 | 93 334 |
| 二、营业利润(无损) | (1 334) |
| 加:营业外收支净额 | (20 000) |
| 已实现资产持有收益 | 79 334 |
| 三、利润总额 | 58 000 |
| 减:所得税费用 | 18 000 |
| 四、税后利润 | 40 000 |
| 加:年初未分配利润 | |
| 五、可供分配的利润 | 40 000 |
| 减:提取的盈余公积 | 10 000 |
| 应付利润 | 30 000 |

表 11-7(续)

| 项　　目 | 金　　额 |
|---|---|
| 加:未实现资产持有收益的增加(减少) | (13 334) |
| 六、未分配利润 | (13 334) |
| 加:年初盈余公积及未分配利润 | 660 000[注] |
| 七、年末盈余公积及未分配利润 | 646 666 |

注:根据表 11-6 中 20×8 年年底盈余公积及未分配利润项目金额填列。

## 第二节　现时成本会计评价

### 一、现时成本会计的优点

#### (一)能为经济决策提供更相关的会计信息

现时成本会计模式,能真实反映企业的财务状况和经营成果,增强了会计信息质量的相关性和有用性。例如,对企业管理者来说,历史成本是沉没成本,存在由于资产购置年代不同而在计价上有较大差异的不合理现象,制定未来决策往往需要现时成本,现时成本会计恰好能提供这种相关信息,信息的有用性也相应提高。另外,利润是现实收入与现时成本相互配比的基础上得出的,避免了在历史成本会计下产生的虚假利润。

#### (二)能全面评价企业的经营管理业绩

现时成本会计明确区分企业的经营损益与资产持有损益,两者性质不同,前者经营损益的大小取决于经营管理水平,反映企业管理者的真实经营管理水平,后者持有损益虽然取决于物价的变动因素,但也与管理者的应变能力有关。将两者分别列示于利润表中,有利于对企业管理人员的业绩作出全面、客观的评价。

#### (三)有利于实物资本保全

现时成本会计按现时重置成本补偿成本费用,保证了实物资产更新的资金来源。尤其是将通货膨胀时期产生的资产持有收益反映在所有者权益内,可较好地保持企业的生产经营能力,杜绝资本金的暗中流失。

### 二、现时成本会计的缺点

#### (一)现时成本的确定比较困难

严格说来,现时成本会计对资产收进、付出和储存的核算均应以现时成本为基础。但要想准确地确定资产的现时成本,尤其对专项设备和季节性生产,要确定其在任何时点的重置成本相当困难,往往需要大量的物价资料,由此可能导致大量的时间和花费,这对于大多数企业来说是困难的。如果采用直接估价或是按物价部门公布的分类物价指数进行调整,又势必加进主观意志,从而影响会计信息的可靠性。

（二）没有考虑一般物价水平的变化

在现时成本会计下，企业各期资产的现时成本或重置成本只是反映了资产在不同时期的现时价值，并没有考虑一般物价水平的变化，因此，在进行多期比较时，无法反映企业财务状况和经营成果的真实变动情况。另外，不计列一般物价水平影响的货币性项目购买力损益，未必能真正反映和消除物价变动对会计信息的影响。

（三）应用成本较高

在现时成本会计下，取得必要的物价变动资料必然要花费较多的人力物力，增加企业的负担。另外，现时成本的变动可能会导致投保额、所得税和财产税的变动，使审计的难度和成本增加，会给现时成本会计的实施带来很大的难度。

## 第三节　现时成本与一般物价水平结合会计

按照国际会计准则的要求，以现时成本法编制的财务报表也要按一般物价指数进行上一报告期的重述，因此，会计实务中有了将两种方法结合起来的会计。目的是要将一般物价指数未能反映的个别物价变动的影响再予以反映，在此基础上，还需要计算持有货币性项目的购买力损益，从而更准确的报告收益，揭示企业的财务状况。

### 一、现时成本与一般物价水平结合会计的特征

一般物价水平方法只是依据物价指数调整财务报表中的数额，没有改变会计记录的内容，且调整的依据是各期的一般物价指数，因此，该方法未能确切的表达固定资产、存货等的期末价值。

现时成本会计虽按期末固定资产、存货等的重置成本进行了实际的调整，但对各期的货币性项目不作改变，不计算货币性购买力损益，调整范围不涉及企业上期的权益数额。

将二者结合起来的会计既要变动会计计量基础，即要以会计分录的形式改变各项资产的计价；又要改变会计计量单位，即要用物价指数进行上述其他项目的调整。其特点如下：

（1）该方法在现时成本法的基础上再采用一般物价指数调整所有者权益数额，从而反映企业在一般购买力条件下所有者权益的保持程度；

（2）该方法在现时成本法的基础上还要按一般物价指数对各货币性项目进行换算，从而反映企业在一定时期内的货币购买力损益；

（3）该方法在账户记录的基础上又对各项目按一般物价指数进行调整，其报表的数额在某些项目上（如“持有损益”“资本保全调整”）仍会有与账户记录不一致的差异；

（4）用该方法编制报表比前述两种方法都费时费力，阅读者也难以对其中的某些项目全部理解；

（5）从实际工作的角度看，该方法的编制基础是现时成本法，先按现时成本法编制调整后的财务报表，再按一般物价指数调整。

### 二、资产负债表的调整与编制

资产负债表的调整是指依一般物价指数对已编制出的现时成本会计报表再进行调整。

资产负债表的调整包括：

(1)对年初资产负债表中各项目按年末物价指数的调整，调整时用年末的一般物价指数；

(2)对本期所有者权益数额的调整，此调整要通过换算得出。

## 三、资产持有损益的计算

资产持有损益应为年末一般物价水平基础上的现时成本与历史成本的差异，因此，按现时成本法确定的有关项目的持有损益必须扣除因一般物价水平变动的资产持有损益。

四、货币购买力损益与利润表其他项目数额的确定

该方法下的货币购买力损益是按一般物价水平方式对现时成本的调整，现时成本法将期初期末的货币性项目都视为现时成本，因此，该方法下的货币购买力损益的计算与一般物价水平方式下的完全相同。

营业收入、营业成本、折旧费用、营业费用、所得税、前期未分配利润等均需要在按现时成本法调整的数字的基础上，再按一般物价指数进行调整。而对于年末一次性支付的费用，如提取盈余公积和未分配利润，同一般物价水平会计一样，不需要调整。

## 五、现时成本与一般物价水平结合会计的评价

### (一)现时成本与一般物价水平结合会计的优点

1. 能够为决策提供更为相关的信息

一般物价水平会计改变了传统会计的计量单位，在按历史成本计价的基础上反映了物价变动的影响，但它采用的计量属性决定了它所提供信息的局限性。现时成本会计改变了传统会计的计量属性，能够提供比历史成本计价更为相关的会计信息，但它仍采用名义货币计量单位，不能全面反映和消除物价变动的影响。而现时成本与一般物价水平结合会计既改变了传统会计的计量单位，又改变了它的计量属性。因而，综合了一般物价变动会计和现时成本会计的优点，它以不变币值作为计量单位，以现时成本作为计量属性，因而能够提供对决策更为相关的会计信息。

2. 可以更加真实地反映企业收益和更好地评价管理人员的业绩

传统的会计以现时收入和历史成本相配比，计算出收益，而且以名义货币单位计量，从而使收益水分更大。现时成本与一般物价水平结合会计以不变币值计量的现时收入和现时成本相配比，使计算出的收益更为客观。同时，将收益分为经营收益和持有收益，并对持有收益进一步加以区分，能够较科学地评价管理人员运用资本获取利润的能力和科学地管理资产及资产保值增值的水平。

### (二)现时成本与一般物价水平结合会计的缺点

1. 所需要的资料难以得到

现时成本与一般物价水平结合会计为了反映和消除物价变动对会计信息的影响，采用现时成本计价。但各项资产的现时成本资料难以取得，实际上主观随意性大。此外，用不变币值作为计量单位需要各种与各企业资产结构相适应的物价指数，而这些物价指数同样难以取得。这就使现时成本与一般物价水平结合会计的推广运用受到限制。

2. 会计程序和方法过于繁杂

采用现时成本与一般物价水平结合会计对以现时成本为计量基础的财务报表还需要按不变币值进行换算，既要反映货币购买力损益，又需要反映资产的持有损益，还要对持有损益加以区分，其调整计算过程比较复杂。经多次调整计算后得到的报表资料，在理解上有一定的难度，能真正看懂这种报表所提供的信息的使用者很少。

3. 需要花费较高的成本

由于现时成本与一般物价水平结合会计的程序和方法较复杂，因而大大增加了其工作量，相应地增加了信息的取得成本，从而使其效益是否一定大于成本成为一个值得探讨的问题。甚至从开始实行现时成本与一般物价水平结合会计，就有很多企业认为现时成本与一般物价水平结合会计的效益小于成本，因而难以被人们接受。

## 复习思考题

**【简答题】**

1. 什么是现时成本会计，有什么特点？
2. 如何确认、计算资产的持有损益？
3. 现时成本会计有哪些优缺点？
4. 如何编制现时成本会计报表？

**【计算分析题】**

1. 已知某公司期初购入存货 2 000 件，每件 15 元；该公司年中按每件 20 元售出该种存货 1 500 件，当时该种商品的重置成本为每件 17 元；期末公司的持有存货为 500 件，重置成本为每件 18 元。

要求：(1) 计算本期的已实现和未实现的持有损益；

(2) 进行账务处理。

2. 某公司年初按 100 000 元价格购入一成套项目的固定资产，该资产预计可使用 5 年，本年度按直线法计提折旧，数额为 20 000 元。年末该资产的重置成本为 200 000 元。

要求：(1) 计算固定资产的持有损益；

(2) 进行账务处理。

3. 编制以现时成本为基础的会计报表：

某公司 20×9 年按历史成本编制的会计报表如下表所示：

**资产负债表**

20×9 年 12 月 31 日　　　　单位：元

| 项　　目 | 20×8 年 12 月 31 日 | 20×9 年 12 月 31 日 |
|---|---|---|
| 货币资金 | 120 000 | 135 000 |
| 应收账款 | 45 000 | 42 000 |
| 存货 | 100 000 | 105 000 |
| 固定资产 | 520 000 | 520 000 |
| 减：累计折旧 | (85 000) | (105 800) |
| 资产合计 | 700 000 | 696 200 |

资产负债表(续)

| 项　　目 | 20×8 年 12 月 31 日 | 20×9 年 12 月 31 日 |
|---|---|---|
| 应付账款 | 40 000 | 45 000 |
| 长期借款 | 150 000 | 141 000 |
| 普通股 | 500 000 | 500 000 |
| 留存收益 | 10 000 | 10 200 |
| 权益合计 | 700 000 | 696 200 |

利　润　表

20×9 年度　　　　单位:元

| 项　　目 | 金　　额 | |
|---|---|---|
| 营业收入 | | 500 000 |
| 　减:营业成本 | | 345 000 |
| 期初存货 | 100 000 | |
| 本期购货 | 350 000 | |
| 可供销售存货 | 450 000 | |
| 期末存货 | 105 000 | |
| 折旧费用 | | 20 800 |
| 其他费用 | | 44 000 |
| 所得税费用 | | 40 000 |
| 净利润 | | 50 200 |
| 　加:期初留存收益 | | 10 000 |
| 　减:现金股利 | | 50 000 |
| 期末留存收益 | | 10 200 |

其他有关资料有:

(1)存货。20×8 年 12 月 31 日和 20×9 年 12 月 31 日的重置现时成本分别为 108 000 元和 112 000 元。

(2)固定资产。20×8 年 12 月 31 日的重置现时成本为 600 000 元,净值为 502 000 元;20×9 年 12 月 31 日的重置现时成本为 650 000 元。

(3)营业成本。20×9 年度平均现时成本为 390 000 元。

要求:(1)编制以现时成本为基础的会计报表;

(2)编制资产持有损益计算表。

# 第十二章 清 算 会 计

本章主要介绍了企业破产清算的原因、类型、业务程序以及企业破产的处理；企业清算会计工作的内容；普通清算和破产清算的会计核算。

**【考核知识点】**

清算会计工作的内容；清算会计对传统财务会计理论的改变；企业破产的处理程序；破产企业和管理人破产清算会计工作的内容；破产清算的会计核算；普通清算会计的一般核算程序；普通清算的会计核算。

**【重要概念】**

普通清算　破产清算　清算程序

## 第一节 清算会计概述

### 一、企业清算会计的概述

#### （一）企业清算的原因

企业清算是指企业按章程规定解散以及由于破产或其他原因宣布终止经营后，对企业的财产、债权、债务进行全面清查，并进行收取债权、清算债务和分配剩余财产的经济活动。导致企业清算的原因很多，通常有以下几种：

（1）公司章程规定的经营期限届满，投资方无意继续经营，自行终止；

（2）企业合并或者分立，企业需要解散；

（3）投资一方或各方不履行协议、合同、章程规定的义务，致使企业无法继续经营；

（4）企业发生严重亏损，无力继续经营；

（5）企业因自然灾害、战争等不可抗拒因素遭受严重的损失，无法继续经营；

（6）企业因违反国家法律、法规，危害社会公共利益被依法撤销；

（7）企业宣告破产；企业因经营管理不善造成严重亏损，无法偿还到期债务，由企业的债权人或企业申请，由人民法院宣告破产，即终止进入清算程序；

（8）股份有限公司和有限责任公司的股东决定公司解散；

（9）法律、企业章程所规定的其他解散事由已经出现。

无论上述哪种原因，都会使企业解体，失去法人资格；而清算是企业解体过程中最重要的业务事项。

#### （二）企业清算的类型

1. 普通清算。普通清算是指对因经营期满或者其他经营方面的原因，导致不宜或不能继续经营而自愿或被迫解散的企业所进行的清算。按企业规定的经营期限是否届满和企业终止法人资格的程序不同，普通清算可分为完全解散清算和非完全解散清算。完全解散清算,是指对宣告解散并且各方都不再继续经营的企业所进行的清算。非完全解散清算也称产权转让清算,是指对因营业期满或其他原因,由合营一方将其所拥有的产权转让给另一方继续经营的解散企业所进行的清算。

2. 破产清算。破产清算是指对依法宣告破产的企业所进行的清算。

### (三)企业清算的业务程序

企业清算的程序无论是哪一种清算,其清算的业务程序基本上是一致的。清算业务的一般程序为:

1. 确定清算人或成立清算组

企业宣布经营终止时,不同于公司的正常经营活动,它涉及许多法律问题,同时具有较强专业性,应当在规定的期限内成立清算组。清算组指清算委员会,是企业经营终止后执行清算事务并代表企业行使职权的权力组织,清算组负责企业清算期间的一切事宜。有限责任公司的清算组,由股东组成;股份有限公司的清算组,由股东大会来确定人选;宣告破产的企业,则由人民法院组成清算组。

2. 清查债务

清算组成立后,应按有关的规定时间通知或公告债权人;债权人应在规定的时间内向清算组申报债权,并提供证明材料和有关债权说明;清算组应逐步审核、登记、编制企业债务明细表。

3. 清查财产和债权

清算企业的财产,包括宣布清算时企业的财产和清算期间所取得的财产。

4. 清偿债务

清算组在进行全面的企业财产、债权、债务清查后,清算财产应该首先支付清算期间开展全面清算工作所支出的所有清算费用。对支付清算费用后的剩余财产,按下列顺序逐项清偿企业债务:首先支付应付未付的职工工资、劳动保险等,其次缴纳企业的所得税款,最后清偿其他各项无担保债务。

如果企业的财产不能够完全清偿债务,要立即向法院申请宣告破产,待法院宣告破产后,清算组应将清算事务移交给法院。对宣告破产的企业,当破产财产不足以清偿同一顺序债务时,则在同一顺序内按比例清偿。

5. 分配剩余财产

企业清偿债务后的剩余财产,应在投资者之间进行分配。有限责任公司,应按投资各方的出资比例或企业章程、协议规定的办法进行分配。股份有限公司,应首先按优先股股份面值对优先股股份进行分配;优先股股东分配后的剩余部分,再按普通股股东的持股比例分配给普通股股东。如果剩余财产不足以全额偿付优先股股本,则按优先股股份面值的比例进行分配。

6. 编制清算报告和办理企业注销手续

企业清算工作全部结束后,清算组应编制清算报告并编制清算期内收支报表和各种财务账册。清算报告经注册会计师验证后,报股东大会或企业主管机关和企业原注册登记机关,办理公司注销手续,同时公告企业终止。至此,企业的清算过程全部结束。

## 二、破产清算会计工作的内容

### （一）破产申请与受理

1. 破产申请

债务人、债权人以及依法负有清算责任的人都是破产申请的主体。

债务人向人民法院申请破产需要提交以下材料：

(1)企业主体资格证明；

(2)企业法定代表人与主要负责人名单；

(3)企业职工情况与安置备案；

(4)企业亏损情况的书面说明，并附审计报告；

(5)企业至破产申请日的资产状况明细表；

(6)企业在金融机构开设账户的详细情况；

(7)企业债务(债权)情况表；

(8)列明企业的债权(债务)人名称、住所、数额、发生时间等情况；

(9)企业涉及的担保情况；

(10)企业已发生的诉讼情况；

(11)人民法院认为应当提交的其他材料。

债权人申请债务人破产，应向人民法院提交有关债权发生的事实与证据，债权性质、数额、有无担保，并附证据，以及债务人不能到期清偿债务的证据。

2. 破产受理

人民法院收到破产申请后，应在7日内决定是否立案；决定受理破产案件的，要填制案件受理通知书，送达申请人和债务人。人民法院受理企业破产案件后，应通知债务人在15日内向人民法院提交有关会计报表、债权债务清册以及其他应当提交的材料。

### （二）管理人

管理人是人民法院依法受理破产申请的同时指定的全面接管破产企业并负责破产财产的保管、清理、估价、处理和分配，总管破产事务的人。管理人可以由有关部门、机构的人员组成的清算组或者依法设立的律师事务所、会计师事务所、破产清算事务所等社会中介机构担任。管理人的主要职责是：

(1)接管债务人的财产、印章和账簿、文书等资料；

(2)调查债务人财产状况，制作财产状况报告；

(3)决定债务人的内部管理事务；

(4)决定债务人的日常开支和其他必要开支；

(5)在第一次债权人会议召开之前，决定继续或者停止债务人的营业；

(6)管理和处分债务人的财产；

(7)代表债务人参加诉讼、仲裁或者其他法律程序；

(8)提议召开债权人会议；

(9)人民法院认为管理人应当履行的其他职权。

### （三）债务人财产

债务人财产，在破产法理论中又称为破产财团。依据《企业破产法》第一百零七条的规定，债务人财产在破产宣告后被称为“破产财产”。由此可见《企业破产法》对债务人的财产在破产宣告前后的不同阶段，赋予了不同的称谓。根据《企业破产法》第三十条规定可知，债务人财产是指破产申请受理时属于债务人的全部财产，以及破产申请受理后至破产程序终结前债务人取得的财产。

### （四）破产费用和共益债务

1. 破产费用。破产费用是指人民法院受理破产申请后，为破产程序的顺利进行及对债务人财产的管理、变价、分配过程中，必须支付的且用债务人财产优先支付的费用。《企业破产法》规定，人民法院受理破产申请后发生的下列费用为破产费用：

（1）破产案件的诉讼费用；

（2）管理、变价和分配债务人财产的费用；

（3）管理人执行职务的费用、报酬和聘用工作人员的费用。

2. 共益债务。共益债务是指人民法院受理破产申请后，管理人为全体债权人的共同利益，管理债务人财产时所负担的或产生的债务，以及因债务人财产而产生的，以债务人财产优先支付的债务。《企业破产法》规定，人民法院受理破产申请后发生的下列债务为共益债务：

（1）以管理人或者债务人请求对方当事人履行双方均未履行完毕的合同所产生的债务；

（2）债务人财产受无因管理所产生的债务；

（3）因债务人不当得利所产生的债务；

（4）为债务人继续营业而应支付的劳动报酬和社会保险费用以及由此产生的其他债务；

（5）管理人或者相关人员执行职务致人损害所产生的债务；

（6）债务人财产致人损害所产生的债务。

### （五）债权申报

债权申报是指债务人的债权人在接到人民法院的破产申请受理裁定通知或者公告后，在法定期限内向人民法院申请登记债权，以取得破产债权人地位的行为。《企业破产法》规定，人民法院受理破产申请后，应当确定债权人申报债权的期限。申报债权的期限自人民法院发布受理破产申请公告之日起计算，最短不得少于30日，最长不得超过3个月。

### （六）债权人会议

债权人会议由申报债权的债权人组成。债权人会议设主席1人，由人民法院从有表决权的债权人中指定，债权人会议主席主持债权人会议。债权人会议的职权是：核查债权；申请人民法院更换管理人，审查管理人的费用和报酬；监督管理人；选任和更换债权人委员会成员；决定继续或者停止债务人的营业；通过重整计划；通过和解协议；通过债务人财产的管理方案；通过破产财产的变价方案；通过破产财产的分配方案；人民法院认为应当由债权人会议行使的其他职权。

### （七）破产财产的变价

《企业破产法》规定，管理人应及时拟定破产财产变价方案。由于破产财产变价方案关系破产案件当事人尤其是债权人的利益，因此，管理人拟定的破产财产变价方案应提交债权人会议讨论通过。

### （八）破产财产的分配

根据《企业破产法》规定，破产财产按照下列顺序进行分配：

（1）破产财产优先清偿破产费用和共益债务（但是它对破产企业特定财产享有优先受偿权的债权没有优先权）；

（2）破产人所欠职工的工资和医疗、伤残补助、抚恤费用，所欠的应当划入职工个人账户的基本养老保险、基本医疗保险费用，以及法律、行政法规规定应当支付给职工的补偿金；

（3）破产人欠缴的除前项规定以外的社会保险费用和破产人所欠税款；

（4）普通破产债权。

### （九）破产终结

破产程序的终结，又称破产程序的终止，是指人民法院受理破产案件后，在出现法定事由时，由人民法院依法裁定终结破产程序，结束破产案件的审理。《企业破产法》规定，下列情况终结破产程序：

（1）债务人财产不足以清偿破产费用的，管理人应当提请人民法院终结破产程序；

（2）人民法院受理破产申请后，债务人与全体债权人就债权债务的处理自行达成协议的，可以请求人民法院裁定认可，并终结破产程序；

（3）破产人无财产可供分配的，管理人应当请求人民法院裁定终结破产程序；

（4）破产财产分配完毕。

# 第二节　普通清算的会计处理

## 一、普通清算会计的一般核算程序

企业进入清算期，清算组应变卖企业所有财产，清偿所有债务，并将剩余财产在投资者之间进行分配。普通清算会计的核算程序一般为：

1. 全面清算财产，编制财产盘点表和清算日的资产负债表；
2. 核算监督财产和物资的处置、债权的回收、债务的偿付以及清算费用的支付和结转；
3. 计算清算损益，编制清算费用表、利润表和清算结束日的资产负债表；
4. 归还投资各方的资本，并分配剩余财产，结平各账户。

## 二、普通清算的会计核算

企业解散清算属于对企业正常终止的清算，不需要另设新的账户体系。但清算组对解散清算进行核算时,要增设"清算费用"和"清算损益"两个账户。"清算费用"账户是用来核算清算过程中发生的各项费用,如清算人员酬金、咨询费、诉讼费、利息支出等;"清算损益"账户是用来核算清算过程中发生的收益或损失。由于解散清算沿用旧账,因此也就不需结转账户的余额。

下面举例说明企业普通清算的会计核算。

**【例12-1】** 昊海股份有限公司近几年经营不善,连续发生亏损,经股东大会决定终止经营,自20×3年7月1日起办理清算。

清算组的清算过程如下:

(1)编制清算日的资产负债表(如表12-1所示)。

**表12-1 资产负债表(清算前)**

编制单位:昊海公司　　20×3年6月30日　　单位:元

| 资　产 | 金　额 | 负债和所有者权益 | 金　额 |
|---|---|---|---|
| 流动资产: | | 流动负债: | |
| 库存现金 | 9 152 | 短期借款 | 880 000 |
| 银行存款 | 968 000 | 应付票据 | 352 000 |
| 应收票据 | 968 000 | 应付账款 | 16 720 000 |
| 应收账款 | 12 178 848 | 应付职工薪酬 | 352 000 |
| 减:坏账准备 | 352 000 | 应缴税费 | 528 000 |
| 应收账款净额 | 11 826 848 | 流动负债合计 | 18 832 000 |
| 存货 | 16 860 800 | 非流动负债: | |
| 流动资产合计 | 30 632 8000 | 长期借款 | 1 760 000 |
| 非流动资产: | | 负债合计 | 20 592 000 |
| 固定资产原值 | 22 580 800 | 股东权益: | |
| 减:累计折旧 | 4 461 60 | 股本 | 35 200 000 |
| 固定资产净值 | 18 119 200 | 资本公积 | 3 520 000 |
| | | 盈余公积 | 1 760 000 |
| | | 未分配利润 | (12 320 000) |
| | | 股东权益合计 | 28 160 000 |
| 资产总计 | 48 752 000 | 负债和股东权益总计 | 48 752 000 |

(2)核算清算费用。

20×3年7月1日至7月31日期间共支付各项清算费用308 000元,其中清算人员酬金140 800元,咨询费用70 400元,诉讼费用96 800元。

账务处理如下:

借:清算费用　　308 000

　贷:库存现金　　9 152

　　银行存款　　298 848

(3)核算变卖财产物资的损益。

①处理存货,其中原材料账面价值3 520 000元,产成品账面价值8 800 000元,溢价出售原材料4 224 000元,产成品10 736 000元。在产品账面价值3 520 000元,低值易耗品账

面价值1 020 800元，折价出售在产品3 168 000元，低值易耗品352 000元。

账务处理如下：

借：银行存款　　18 480 000

　贷：原材料　　　4 224 000

　　　生产成本　　3 168 000

　　　库存商品　　10 736 000

　　　周转材料　　352 000

借：原材料　　704 000

　　库存商品　1 936 000

　贷：清算损益　　2 640 000

借：清算损益　　1 020 800

　贷：生产成本　　352 000

　　　周转材料　　668 800

②处理固定资产收入19 360 000元，超过账面净值1 240 800元。

先将变价收入入账。

借：银行存款　19 360 000

　贷：固定资产　　19 360 000

再将累计折旧冲销固定资产，并将溢价部分转入“清算损益”科目。

借：累计折旧　　4 461 600

　贷：固定资产　　3 220 800

　　　清算损益　　1 240 800

（4）核算企业收回债权和清偿债务

①收回应收票据968 000元，支付贴现利息26 400元。

借：银行存款　　941 600

　　清算费用　　26 400

　贷：应收票据　　968 000

②收回应收账款11 792 000，冲销坏账准备352 000元，其余34 848元无法收回，作为坏账损失。

借：银行存款　　11 792 000

　　坏账准备　　352 000

　　清算损益　　34 848

　贷：应收账款　　12 178 848

③清偿应付职工薪酬。

借：应付职工薪酬　　352 000

　贷：银行存款　　352 000

④交清税费。

借：应缴税费　　528 000

　贷：银行存款　　528 000

⑤归还短期借款880 000元，并支付利息26 400元。

借：短期借款　　880 000

清算费用　　26 400

贷:银行存款　　906 400

⑥偿还应付票据及应付账款。

借:应付票据　　352 000

应付账款　　16 720 000

贷:银行存款　　17 072 000

⑦归还长期借款,并支付利息 88 000 元。

借:长期借款　　1 760 000

清算费用　　88 000

贷:银行存款　　1 848 000

(5)核算剩余股东权益。

①将“清算费用”转入“清算损益”科目。

借:清算损益　　448 800

贷:清算费用　　448 800

②计算清算损益,结转到“利润分配”科目。

“清算损益”借方合计为 1 504 448 元,贷方合计为 3 880 800 元,则清算经损益为 2 376 352元。

借:清算损益　　2 376 352

贷:利润分配　　2 376 352

清算损益应先弥补以前年度亏损,若有剩余,再计算并缴纳所得税。本例题清算损益 2 376 352元,不足以弥补以前年度亏损 12 320 000 元。不用计算缴纳企业所得税。

③计算剩余财产。

(6)编制清算费用表(表 12 –2)、利润表(表 12 –3)、清算后资产负债表(表 12 –4)。

**表 12 –2　清算费用表**

编制单位:昊海公司　　20×3 年 7 月 31 日　　单位:元

| 费用项目 | 金　额 |
|---|---|
| 清算人员酬金 | 140 800 |
| 咨询费用 | 70 400 |
| 诉讼费用 | 96 800 |
| 利息支出 | 140 800 |
| 合　计 | 448 800 |

**表 12 –3　清算利润表**

编制单位:昊海公司　　20×3 年 7 月 31 日　　单位:元

| 清算损失及清算费用 | 金额 | 清算收益 | 金额 |
|---|---|---|---|
| 清算费用 | 448 800 | 存货溢价收益 | 2 640 000 |
| 应收账款坏账损失 | 34 848 | 固定资产溢价收益 | 1 240 800 |
| 存货折价损失 | 1 020 800 | | |
| 合　计 | 1 504 448 | 合　计 | 3 880 800 |

表 12－4　资产负债表(清算后)

编制单位:昊海公司　　20×3 年 7 月 31 日　　单位:元

| 资　产 | 金　额 | 股东权益 | 金　额 |
|---|---|---|---|
| 银行存款 | 30 536 352 | 股本 | 35 200 000 |
| | | 资本公积 | 3 520 000 |
| | | 盈余公积 | 1 760 000 |
| | | 未分配利润 | (9 943 648) |
| 合　计 | 30 536 352 | 合　计 | 30 536 352 |

(7)归还股东股款。

将剩余财产分配给普通股股东。

# 第三节　破产清算的会计处理

## 一、破产清算会计的一般核算程序

破产清算的特殊性决定了其核算程序与普通清算程序有所区别。破产清算会计核算的一般程序为:

(1)设置账户科目,建立新的账户体系;

(2)结转各破产清算账户的起初余额;

(3)在财产清查的基础上,编制清查后的财产盘点表和资产负债表;

(4)核算和监督破产企业财产的处置;

(5)核算和监督清算费用的支付;

(6)核算和监督破产企业财产的分配,结平各账户;

(7)编制清算会计报表,办理企业注销登记。

## 二、破产清算的会计处理

### (一)设置会计账户

(1)“清算费用”账户,用来核算被清算企业在清算期间发生的各项费用。支付各项清算费用时,计入该账户的借方;清算结束,将该账户发生额转入“清算损益”账户时,计入该账户的贷方。

(2)“土地转让收益”账户,用来核算被清算企业转让土地使用权取得的收入和发生的有关成本、税费等。取得土地使用权转让收入时,计入该账户的贷方;结转转让成本、土地使用权所得支付职工安置费以及支付转让的有关税费时,计入该账户的借方;清算终结时,应将本账户的余额转入“清算损益”账户。

(3)“清算损益”账户,用来核算被清算企业在破产清算期间处置资产、确认债务等发生的损益和被清算企业的所有者权益。在清算结束后,清算损益账户的余额可能在贷方,也可能在借方,分别表示清算收益和损失。

## (二)破产清算会计处理程序

(1)编制破产清算日的资产负债表;

(2)核算清算费用、变价收入、收回的债权及清偿的债务和剩余股东权益;

(3)编制清算报表;

(4)归还各类股东权益。

**【例 12－2】** 兴隆公司因经营管理不善,严重亏损,不能清偿到期债务,经股东大会同意申请破产。该公司清算前的资产负债表如表 12－5 所示:

**表 12－5　资产负债表(清算前)**

编制单位:兴隆公司　　　　单位:元

| 资　　产 | 金　　额 | 负债和所有者权益 | 金　　额 |
|---|---|---|---|
| 流动资产: | | 流动负债: | |
| 库存现金 | 12 000 | 短期借款 | 2 400 000 |
| 银行存款 | 3 840 000 | 应付票据 | 1 200 000 |
| 应收票据 | 480 000 | 应付账款 | 22 800 000 |
| 应收账款 | 13 200 000 | 应付职工薪酬 | 1 200 000 |
| 减:坏账准备 | 360 000 | 应缴税费 | 720 000 |
| 应收账款净额 | 12 840 000 | 流动负债合计 | 28 320 000 |
| 存货 | 8 400 000 | 非流动负债: | |
| 流动资产合计 | 25 572 000 | 长期借款 | 12 000 000 |
| | | 负债合计 | 40 320 000 |
| 非流动资产 | | 股东权益: | |
| 固定资产原值 | 9 120 000 | 优先股 | 36 000 000 |
| 减:累计折旧 | 3 000 000 | 普通股 | 36 000 000 |
| 固定资产净值 | 6 120 000 | 资本公积 | 4 800 000 |
| | | 盈余公积 | 2 400 000 |
| | | 未分配利润 | (63 828 000) |
| | | 股东权益合计 | |
| 合　计 | 31 692 000 | 合　计 | 31 692 000 |

在清算过程中,发生如下经纪业务:

(1)支付各项清算费用 1 212 000 元,包括清算人员酬金 168 000 元,公告费用 48 000 元,咨询费用 48 000 元,诉讼费用 60 000 元,利息净支出 888 000 元;

(2)处理存货共获得价款 8 400 000 元,其中,原材料和产成品溢价出售超过账面价值 720 000 元,在产品和低值易耗品折价出售低于账面价值 720 000 元;

(3)处理固定资产收入 6 840 000 元,超过账面净值 720 000 元;

(4)在上述被处理固定资产中有一建筑物原来作价 2 400 000 元,用作长期借款的担保物,现在应当优先偿还有抵押的借款;

(5)收回应收票据 480 000 元,应收账款 12 000 000 元,冲销坏账准备后还有 840 000 元无法收回，作为坏账损失，记入"清算损益"的借方；

（6）经过上述处理后，剩余财产仅剩下银行存款 27 960 000 元。

以上会计事项的处理与前述普通清算业务一样，不再一一列出。

在进行破产公司剩余财产分派时，必须按照法律规定的程序清偿：

首先，支付应付职工薪酬、应缴税费：

借：应付职工薪酬　　1 200 000
　　应缴税费　　720 000
　贷：银行存款　　1 920 000

其次，清偿应归还债权人的款项。兴隆公司欠债权人款项 36 000 000 元，包括短期借款 2 400 000 元、应付票据 1 200 000 元、应付账款 22 800 000 元、长期借款 9 600 000（12 000 000－2 400 000），而现在剩余财产为 26 040 000 元（27 960 000－1 920 000）。因此，只能按 72.33% 的偿还比例偿还（26 040 000/36 000 000 求得）。

计算偿还：

借：短期借款　　1 736 000
　　应付票据　　868 000
　　应付账款　　16 492 000
　　长期借款　　6 944 000
　贷：银行存款　　26 040 000

无力归还的部分 10 956 000 元，转入"清算损益"科目。

借：短期借款　　664 000
　　应付票据　　332 000
　　应付账款　　6 308 000
　　长期借款　　2 656 000
　贷：清算损益　　9 960 000

再次，将清算费用转入清算损益，并结转清算损益。

借：清算损益　　1 212 000
　贷：清算费用　　1 212 000

同时，

借：清算损益　　8 628 000
　贷：利润分配　　8 628 000

经过上述会计处理后，编制清算费用表（略）、清算利润表（表 12－6）、清算后资产负债表（表 12－7）。

**表 12－6　清算利润表**

编制单位：兴隆公司　　　　单位：元

| 清算损失及清算费用 | 金　额 | 清算收益 | 金　额 |
|---|---|---|---|
| 清算费用 | 1 212 000 | 存货溢价收益 | 720 000 |
| 应收账款坏账损失 | 840 000 | 固定资产溢价收益 | 720 000 |
| 存货折价损失 | 720 000 | 短期借款偿还后的差额收入 | 664 000 |

表 12-6(续)

| 清算损失及清算费用 | 金　额 | 清算收益 | 金　额 |
|---|---|---|---|
| | | 应付票据偿还后的差额收入 | 332 000 |
| | | 应付账款偿还后的差额收入 | 6 308 000 |
| | | 长期借款偿还后的差额收入 | 2 656 000 |
| 合　计 | 2 772 000 | 合　计 | 11 400 000 |

表 12-7　资产负债表(清算后)

编制单位:兴隆公司　　　　单位:元

| 资产 | 金额 | 股东权益 | 金额 |
|---|---|---|---|
| 银行存款 | 55 200 000 | 优先股 | 12 000 000 |
| | | 普通股 | 36 000 000 |
| | | 资本公积 | 4 800 000 |
| | | 盈余公积 | 2 400 000 |
| 合　计 | 55 200 000 | 合　计 | 55 200 000 |

最后,作账务处理。兴隆公司不能抵偿负债,除按比例清偿债务外,不能支付优先股股利和股本,账务处理如下:

借:资本公积　　　4 800 000
　　盈余公积　　　2 400 000
　　股本——优先股　　12 000 000
　　　　——普通股　　36 000 000
　贷:利润分配　　　　55 200 000

# 复习思考题

**【简答题】**

1. 什么是企业清算?
2. 企业清算会计有什么特点?
3. 企业普通清算与企业破产清算的会计处理有什么区别?
4. 试述企业破产清算会计的程序及其核算。
5. 破产清算会计报表的种类有哪些?说明其基本结构和格式?

**【计算分析题】**

1. 甲有限公司有 A、B、C 三方,所占的投资比例分别为 50%、30% 和 20%。由于经营期满,于 2014 年 12 月 1 日解散公司,12 月 31 日清算结束。该公司注册资本 200 万元,解散时 12 月 1 日的资本公积为 60 万元,留存收益 40 万元,解散过程中发生的清算收益为 50 万元。

要求:计算公司解散时甲、乙、丙应收回的投资额,并进行相关会计处理。

2. 大龙公司因经营管理不善,严重亏损,无法进行重组计划,便于 2014 年 2 月向法院申请破产。法院于4月初宣告该公司实行破产清算，清算组由债权、债务相关责任部门组成。截止到4月初各项账户余额如下：

**账户余额表**

2014年4月1日　　　　货币单位：元

| 总账科目 | 借方余额 | 总账科目 | 贷方余额 |
|---|---|---|---|
| 货币资金 | 63 250 | 应付账款 | 110 500 |
| 应收账款 | 122 300 | 应付职工薪酬 | 202 250 |
| 其他应收款 | 15 000 | 应缴税费 | 200 700 |
| 原材料 | 48 250 | 其他应付款 | 229 050 |
| 库存商品 | 62 050 | 长期借款 | 438 250 |
| 长期股权投资 | 179 000 | 实收资本 | 125 000 |
| 固定资产(净额) | 353 500 | 资本公积 | 15 750 |
| 无形资产 | 125 000 | 盈余公积 | 22 070 |
| 长期待摊费用 | 266 250 | 利润分配 | 42 780 |
| 待处理资产损益 | 151 750 | | |
| 合　计 | 1 386 350 | 合　计 | 1 386 350 |

其他资料：

清算组对该企业的财产、债权、债务进行全面审查之后得出以下结论：

(1)应收账款11 295元无法收回，准予核销。

(2)清查中发现短缺库存原材料6 735元。

(3)注销无形资产15 000元。

要求：根据上述资料，计算清算净损失。

# 参 考 文 献


1. 罗金明,等. 高级财务会计[M]. 北京:科学出版社,2011.
2. 祝焰. 高级财务会计[M]. 武汉:华中科技大学出版社,2009.
3. 会计准则编审委员会. 企业会计准则案例讲解[M]. 北京:立信会计出版社,2014.
4. 宗先臻. 西方财务会计[M]. 天津:南开大学出版社,2009.
5. 武玉荣,赵天燕. 高级会计[M]. 北京:首都经贸大学出版社,2013.
6. 张劲松,邱玉兴. 高级财务会计[M]. 北京:科学出版社,2013.
7. 耿建新. 高级会计学[M]. 北京:中国人民大学出版社,2014.
8. 刘永泽,傅荣. 高级财务会计[M]. 大连:东北财经大学出版社,2014.
9. 周华. 高级财务会计[M]. 北京:人民大学出版社,2013.
10. 罗绍德. 高级财务会计[M]. 成都:西南财经大学出版社,2013.
11. 李大诚. 高级财务会计[M]. 北京:中国财政经济出版社,2009.
12. 部会计司编写组. 企业会计准则—基本准则及 41 项具体准则[S]. 北京:中国财政经济出版社,2006.
13. 财政部会计司编写组. 企业会计准则—应用指南[K]. 北京:中国财政经济出版社,2006.
14. 财政部会计司编写组. 企业会计准则讲解[M]. 北京:人民出版社,2010.